개념부터 운영까지 단계별로 실천하는

SNS 마케팅

최신
개정판

강진영, 유영진 지음

창업부터 운영까지 단계별로 실천하는 SNS 마케팅(최신 개정판)

ⓒ 2024. 강진영, 유영진 All rights reserved.

1판 1쇄 발행 2020년 4월 6일
최신 개정판 1쇄 발행 2024년 9월 5일

지은이 강진영, 유영진
펴낸이 장성두
펴낸곳 주식회사 제이펍

출판신고 2009년 11월 10일 제406-2009-000087호
주소 경기도 파주시 회동길 159 3층 / **전화** 070-8201-9010 / **팩스** 02-6280-0405
홈페이지 www.jpub.kr / **투고** submit@jpub.kr / **독자문의** help@jpub.kr / **교재문의** textbook@jpub.kr

소통기획부 김정준, 이상복, 안수정, 박재인, 송영화, 김은미, 배인혜, 권유라, 나준섭
소통지원부 민지환, 이승환, 김정미, 서세원 / **디자인부** 이민숙, 최병찬

진행 박재인 / **교정·교열** 강민철 / **표지 및 내지 디자인** 다람쥐생활 / **내지 편집** 인투
용지 타라유통 / **인쇄** 해외정판사 / **제본** 일진제책사

ISBN 979-11-93926-45-1 (13000)
책값은 뒤표지에 있습니다.

제이펍은 여러분의 아이디어와 원고를 기다리고 있습니다. 책으로 펴내고자 하는 아이디어나 원고가 있는 분께서는
책의 간단한 개요와 차례, 구성과 지은이/옮긴이 약력 등을 메일(submit@jpub.kr)로 보내주세요.

\# 창업부터 운영까지 단계별로 실천하는

SNS 마케팅

인스타그램, 유튜브, 블로그, 페이스북, 구글까지
모든 도구를 활용하라!

최신
개정판

강진영, 유영진 지음

Jpub
제이펍

SNS 마케팅을 위한 준비 6단계

소상공인을 위한 콘텐츠 마케팅

CHAPTER 5 · 이벤트와 광고의 기획 및 실행   N ⬚ ◎ f

CHAPTER 6 가치의 네트워킹으로 경쟁을 넘어서기

CHAPTER 7 SNS 마케팅에서 AI 활용하기

마켓 5.0으로 가는 진화의 핵심은 SNS 마케팅 전략

요즘 디지털 환경의 변화와 그 속도에 대해 어떻게 생각하시나요? 마켓 5.0에 대한 대응은 기본이고 당근의 약진, 알리와 테무의 국내 진출 등 온라인 비즈니스 생태계가 급변하고 있습니다. 다양한 생성형 AI 서비스의 출현에서 기존 온라인 서비스와의 융복합까지 현장에서 많은 도전을 받고 계실 것이라고 생각합니다.

그럴수록 고객 관계 관리의 근간이 되는 소셜 네트워크 서비스(SNS)의 꾸준한 진화는 마케팅 전략의 변혁을 감당하는 큰 힘이 되고 있습니다. 이 책은 그러한 변화의 물결 속에서 SNS 마케팅의 기본을 탄탄히 다지고자 하는 독자들을 위해 처음 기획되었습니다. 실용적이고 체계적인 접근을 통해 마케터들이 효과적으로 SNS를 활용할 수 있도록 돕는 데 목적이 있었습니다.

이전 판은 출간 이후 큰 호응을 얻었으며, 여러 교육 현장과 지자체 홍보, 기업의 실무에 활용되면서 그 효용성을 인정받았습니다. 그러나 시간이 지나게 되니 독자들과의 소통 과정에서 여러 한계점과 추가 요구 사항이 있었습니다. 예를 들어, 빠르게 변하는 SNS 트렌드와 기술을 반영한 최신 정보, 구체적인 실무 사례의 보강, 일부 내용에 대한 개선과 같은 요구가 있었습니다.

저희는 이러한 피드백을 바탕으로 이번 개정판을 출간하게 되었습니다. 이번 판의 주요 목적은 최신 트렌드와 신기술을 반영하면서도 실무에서 중요한 내용을 전반적으로 업데이트하고, 현업에 바로 적용 가능한 새로운 기법과 전략을 추가하는 것입니다.

변화의 물결 속에서도 빛나는 마케팅을 위한 SNS 실용 가이드

이번 개정판에서는 AI의 영향을 받은 여러 도구를 활용한 기술, 콘텐츠 생성 등 최근에 등장한 새로운 마케팅 도구와 활용법을 함께 소개하고 있습니다. 또한, SNS 마케팅 기획, 고객 네트워크 구성, 다양한 소통, 비주얼 콘텐츠 생성, 데이터 기반 이벤트 기획 등 현장에서 직면할 수 있는 다양한 상황에 대한 구체적인 해결책을 제공합니다.

이전 판을 아껴 주신 분들의 의견을 철저히 검토하고 보완하였으며, 이를 통해 더욱 정확하고 신뢰할 수 있는 내용을 제공하고자 노력하였습니다.

이 책은 소상공인, 마케터, 기업인뿐만 아니라 SNS 마케팅에 관심 있는 다양한 분들께 유용할 것입니다. 각 장은 독립적으로 구성되어 있어 필요한 부분을 선택적으로 읽을 수 있습니다. 각 주제에 대한 심층적인 이해를 돕기 위해 목차를 충분히 조정하고 내용을 새로 구성했습니다.

이 책의 개정 작업에 참여해 주신 모든 분들께 깊은 감사를 드립니다. 그들의 노력과 인내, 헌신 없이는 이 책이 완성될 수 없었을 것입니다.

이 책이 독자 여러분의 SNS 마케팅 활동에 실질적인 가이드가 되기를 바라며, 여러분의 다양한 피드백을 페이스북, 인스타그램 등 여러 채널에서 기다리고 있겠습니다. 현장에서 부딪히는 다양한 상황에 대해서 SNS를 통해 소통하며 함께 헤쳐 나갈 생각에 기쁩니다. 여러분의 성공적인 마케팅 활동을 기대하며 이 책이 그 길에서 함께할 수 있기를 바랍니다.

Thanks to

마지막으로, 책을 쓰는 동안 가까이에서 응원해 준 나의 남편 전용호 님 그리고 지원, 병준, 명준, 가족들에게 감사합니다.

강진영 드림

이번에도 무사히 마무리할 수 있도록 묵묵히 격려해 준 나의 아내 강영미 님 그리고 일상, 준상, 효상, 서연, 영상, 지상에게 고마움을 전합니다.

유영진 드림

수많은 SNS 서비스가 유사 서비스와의 경쟁에서 살아 남기 위해서 끊임없이 발전하고 있습니다. 교육을 듣기 위해 비용과 시간을 투자하고, 그사이 기회비용을 포기해야 하는 여러분에게는 썩 반갑지 않은 이야기입니다. 게다가 궁금한 것이 있을 때 바로 질문할 사람이 없으니 이 또한 답답할 노릇입니다. 지금 책을 펼친 독자 여러분도 이 책을 읽고, 또 실행하면서 다양한 상황에 직면할 것입니다. 그 모든 상황을 책이 다 해결해 줄 수는 없습니다. 그럴 때 바로 도움말이 여러분을 도울 수 있습니다.

책의 저자가 이런 말을 한다고 이상하게 여길지 모르지만, 실무를 하면서 가장 도움이 되는 것은 도움말(고객센터)이고, 그다음으로 검색(유튜브, 네이버 등), 책 순서입니다. 그러니 책으로 기초를 다지고, 다양한 상황이나 문제에 직면했을 때 검색이나 도움말을 활용해 보세요.

도움말의 장점

1. 대부분 기능 추가 및 변경과 동시에 해당 내용이 업데이트됩니다.

2. 기본 서비스로 무료이며, 간결하고 명확하게 보편적인 표현을 사용합니다.

3. URL을 제공하며 내용 복사가 가능해서 활용 범위가 넓습니다.

4. 앱이나 웹에서의 사용 위치에 따라 맞춤 도움말을 제공하는 경우가 많습니다.

5. 상담 챗봇 형태로 좀 더 깊이 있는 내용까지 제공되기도 합니다.

도움말 활용 요령

- **문장보다는 서비스 명칭 또는 단어로 검색하기:** 도움말을 검색할 때는 해당 서비스가 제공하는 명칭을 그대로 사용하는 편이 효과적입니다.

- **자주 사용하는 것들은 공유하기로 기록 남기기:** 자주 사용하는 도움말은 공유 기능을 사용하여 별도로 저장해 둡니다.

- **도움말로 해결되지 않으면 유튜브 검색하기:** 도움말은 대부분 글로 설명되어 있어 이해하고 따라 하기 어려울 수 있습니다. 그럴 땐 유튜브 검색으로 영상을 찾아보세요.

도움말의 위치와 표현

- **스마트폰 및 반응형 웹:** 보통 메뉴(≡) 아이콘을 터치하면 하위 메뉴로 표시됩니다.

- **명칭:** 도움말이나 고객센터라고 표기되어 있습니다.

- **웹:** 메인 메뉴의 맨 오른쪽 하위 메뉴에 포함된 경우가 있고, 하위 메뉴 없이 메인 메뉴의 맨 오른쪽에 있기도 합니다.

- 하단의 바닥글에 [도움말]이나 [고객센터]라는 링크가 있거나, 드물게 맨 앞 메뉴의 가장 하단부에 위치할 때도 있습니다.

- **도움말 표시:** 대부분 [?] 표시나 아이콘으로 되어 있습니다. 화면을 넓게 쓰는 앱이라면 하단 오른쪽에 동그란 아이콘을 활용하기도 합니다.

도움말 관련 단축키 및 주소

- F1: 컴퓨터와 마찬가지로 웹서비스에서도 도움말 단축키가 할당된 경우가 있으며, 주로 F1을 사용합니다.

- /, Shift + /, Ctrl + /: 구글이나 페이스북 등 서비스가 다양하고 키보드를 많이 활용하는 서비스에서는 별도로 단축키 도움말을 제공합니다.

- **도움말 주소(URL):** 각 도움말은 독립된 URL을 가지고 있으므로 검색한 내용을 즐겨찾기로 등록하거나 댓글이나 메신저 등으로 공유할 수 있습니다.

CHAPTER 1

SNS 마케팅을 위한 준비 6단계

#마케팅기획서 #검색등록 #앉아서하는_시장조사 #온라인마케팅_성공적진입

소규모 사업자, 예를 들어 소상공인, 직거래 위주의 농업인, 1인 기업 등은 온라인 영역을 어렵다고 여길지 모릅니다. 지금부터 차근차근 각 사업 콘셉트에 맞춰 자리 잡아 갈 수 있도록 접근해 보겠습니다. 시장 조사부터 시작해 기획하고 마케팅의 기본 환경을 마련하는 방법을 알려드리겠습니다.

1

SNS 마케팅
기획서 쓰기

누군가에게 맛집을 추천받으면 가장 먼저 무엇을 하시나요? 아마 대부분은 바로 '검색'을 할 것입니다. 이때 검색해도 결과가 나오지 않거나 부정적인 후기를 보게 되면, 방문이나 구매를 망설이게 됩니다. 배달 앱에서 리뷰와 평점이 활성화된 가게는 권리금을 받고 양도할 수 있을 정도로, 온라인 마케팅의 가치는 그 비중과 중요성이 점점 더 커지고 있습니다. 이제 온라인은 오프라인의 수많은 상점의 신뢰도를 검증하고, 구매 결정의 순간에 큰 영향을 미치게 되었습니다.

따라서 오프라인에 상점을 여는 것만큼 온라인에서도 사업 영역을 확보하는 것이 중요합니다. 단순히 홍보를 위해 사진이나 동영상을 올리는 영역부터 스토어를 통한 주문, 고객과의 소통, 단골 확보, 브랜드 이미지 향상, 제품과 서비스의 품질 관리, 비용 절감, 직원 간 혹은 타 상점과의 제휴 이벤트에 이르기까지 그 범위는 점점 넓어지고 있습니다.

Marketing은 Market(시장)과 ing의 결합입니다. 말 그대로 마케팅은 고정된 것이 아니라, 내 상품이나 서비스의 소비자를 찾아내고 소통하며 비즈니스를 하는 것입니다. 고객, 유통, 환경 등을 비롯해 시장은 항상 변화하며, 이런 시장에 맞도록 상품과 서비스도 변화해야 합니다. 다양한 환경의 변화를 가장 빠르게 읽고, 대처하고, 제품과 서비스를 만들고 홍보하는 것까지 마케팅에서 고객과의 소통은 가장 중요합니다. 즉, 마케팅이란 비즈니스 전체의 과정을 고객과 함께하는 것입니다.

이런 마케팅에서 SNS는 다양한 변화를 가져왔습니다. 가장 먼저, 시간과 비용 측면에서 매우 효율적입니다. 같은 시간 동안 오프라인보다 더 많은 고객과 소통할 수 있습니다. 두 번째로, 고객의 다양한 맥락을 알 수 있습니다. 고객과 SNS 친구가 되면 방문이나 구매 시점의 맥락만이 아니라 고객의 다양한 삶의 정보를 보고 공감할 수 있습니다. 이런 소통 활동은 결국 고객에 대한 이해를 높여 주며 마케팅 전략과 실행에 많은 도움이 됩니다.

따라서 개업(창업) 전 단계부터 상품, 서비스의 구체적인 설계보다 비용은 낮으면서 매출에 큰 영향을 줄 마케팅이 선행되어야 합니다. 특히, SNS 마케팅을 활용하면 다양한 관계 속에서 소통하며 콘텐츠로서의 이야깃거리를 준비할 수 있습니다. 본격적인 창업 전부터 콘텐츠를 쌓아 두면 창업 후 마케팅 결과가 나오기까지 걸리는 시간도 줄어듭니다.

이제 본격적으로 마케팅 기획서를 작성하는 방법을 알아보겠습니다. 마케팅과 관련된 일련의 내용을 간략하게 작성하는 마케팅 기획서 역시 고정된 것이 아닙니다. SNS 마케팅을 진행하는 과정에서도 고객과 소통하며 지속해서 기록하고 발전시켜 가는 것이 더 중요합니다. 그러므로 처음에는 완벽한 계획을 고민하기보다 머리에 떠오르는 것을 바로 기록하는 게 좋습니다. 실천하면서 조금씩 보완하는 편이 훨씬 효과적이기 때문입니다. 아래에서 소개하는 기획서의 각 항목과 작성 요령, 마지막의 예시를 보면서 마케팅 계획을 어떻게 작성할지 고민해 봅시다. 독자 지원 페이지의 bit.ly/somabook에서 마케팅 기획서의 샘플과 양식을 모두 다운로드할 수 있습니다.

◯ 상품 정보 파악하기

내 상품 서비스와 상품을 둘러싼 내부와 외부 환경에 대해서 정의합니다. 마케팅 기획서에서 이 부분은 가장 기초가 되는 작업이므로 완성도를 계속 높여야 하며, 특히 시장 조사와 관련된 트렌드는 계속 변화하는 항목이므로 지속해서 관찰하고 기록하는 것이 중요합니다.

▽ 시장 조사
내 상품과 관련된 모든 것을 검색하여 정리합니다. 시장 조사가 중요한 이유는 계획하고 운영하는 동안에도 상점과 고객을 중심으로 한 다양한 환경을 분석, 학습, 실천하는 것을 반복해야 하기 때문입니다.

마케팅 계획에서 시장 조사는 매우 중요한 역할인 만큼 연이어 자세하게 다루겠습니다.

- **소비자층**: 우리 상품 또는 유사 상품군을 구입하거나 사용하는 사람들의 타깃층을 적습니다. 우선 연령대, 지역, 성별 등으로 간략하게 정의해 봅니다.

- **경쟁 회사**: 온라인 및 모바일 쇼핑, 이미지와 동영상을 포함한 포털 검색, 인스타그램, 페이스북에 올라온 광고 및 후기 등을 꼼꼼하게 검색합니다. 그중 우리와 타깃이 유사하며 우리와 동등 혹은 앞서가거나 우리 자리를 위협하는 업체 및 상품을 선정하여 작성합니다.

- **유통 특징**: 기존 유통망의 한계, 즉 상품의 제작, 이동, 판매까지 어려움을 겪을 만한 부분을 정리합니다. 해당 문제를 정확히 파악하고 해결하는 것만으로도 비용을 줄일 수 있으며, 사업 모델에도 영향을 미치므로 중요한 항목입니다.

▽ 서비스 기본 정보

상품에 관련된 기능, 성능, 개발 목표, 여건 등을 정리합니다. 이는 시장 조사와 마케팅 관련 PEST 트렌드에 따라 결정됩니다. 보통 3단계로 정리합니다.

> **♥ TIP　PEST란?**
> Political(정치), Economic(경제), Social(사회), Technological(기술)의 약자입니다. 이 트렌드와 관련된 뉴스나 도서를 참고해 비즈니스 환경에서 큰 방향을 알고 상품의 콘셉트, 이벤트 등에 적용하고 대비할 수 있습니다.

- **1단계**: 상품 및 서비스의 기능과 성능. 1년 내의 구체적인 개발 혹은 개선 목표, 상점을 둘러싼 다양한 여건을 일차적으로 자유롭게 메모합니다.
- **2단계**: 경쟁 상점의 서비스(상품)를 상대방의 홍보 매체(인쇄물 또는 영상), 인스타그램, 블로그, 유튜브, 오픈마켓, 소셜커머스, 스마트스토어, 독립 쇼핑몰 등에서 최소 3~5개 이상 검색하여 정리합니다. 이때 웹브라우저의 즐겨찾기, 팔로우, 구독 등으로 차후 지속적인 모니터링을 위한 작업까지 함께 하는 것이 좋습니다.
- **3단계**: 경쟁/유관 서비스(상품)의 각 항목이 PEST별로 어떻게 대응하는지 분석 후 다시 정리합니다.

각 항목의 완벽한 작성보다 내 상점에 맞는 최적화가 중요합니다. 상품과 서비스가 시장과 트렌드에 따라 맞지 않는 부분은 과감하게 제거하고, 기본 요건이어도 맞지 않으면 최소화합니다. 동종 경쟁 업체가 가지고 있더라도 관심이 높으면 가능한 여건 안에서 최대한 적용해 보고, 경쟁 상점은 하지 않지만 관심이 높아지는 추세라면 우리 상점에 추가해서 강점으로 삼아야 합니다. 이후 콘셉트에도 중요하게 작용하는 핵심이므로 초기에 손이 많이 가는 부분입니다.

서비스 기본 정보를 파악하는 방법은 상점의 특성에 따라 조금씩 다릅니다. 예를 들어, 개발 역량이 좋고 소량 생산에 재고 부담이 적으며 고객 확보가 확실할 때는 인터뷰나 설문 등의 방법으로 파악합니다. 만약 개발, 설비가 유연하지 않고 대량 생산에 재고 부담이 있으며 고객 확보가 원활하지 않다면 서비스 기본 정보를 결정한 후에 대상 고객군을 찾아야 합니다.

타깃 고객 설정하기

고객군을 설정할 때 상품에 맞춰 설정하는 방법도 있지만, 타깃 고객군과 자신의 네트워크 사이에 교집합을 찾아내면 기존 인맥을 마케팅에 활용할 수 있으므로 비용과 시간 면에서 효율적입니다. 그러므로 다음과 같은 방법으로 자신의 네트워크를 확인해 볼 필요가 있습니다.

1. 명함과 스마트폰의 주소록을 살펴봅니다.
2. 페이스북, 카카오스토리, 인스타그램 등의 친구 팔로우 목록을 살펴봅니다.
3. 현재 고객이거나 앞으로 고객이 될 사람들의 목록을 만들어 봅니다.
4. 목록의 사람들을 직접 만나거나 SNS 등을 이용해 어떤 불편이나 어려움을 겪는지 파악합니다.

타깃 고객을 설정했다면 고객이 기대하는 상품에 대해 정리합니다. 내 상품 혹은 상점이 충족시켜 줄 수 있다면 무엇이든 찾아봅니다. 상품의 품질과 가격의 충족도는 기본이고, 여기에 기능적인 면과 정서적인 면을 함께 고려합니다. 고객의 메리트를 잘 찾는 방법은 다음과 같습니다.

- 온라인 상점(네이버 스토어, 옥션, 지마켓 등) 혹은 네이버, 구글, 다음 등 지역 정보를 볼 수 있는 곳에서 우리 상점 혹은 경쟁 업체의 고객이 작성한 상품평이나 후기 등을 수집하고 정리합니다.
- 페이스북, 인스타그램 등에 간단한 질문 혹은 설문 기능을 활용하여 파악합니다.
- 해당 상품 및 서비스와 관련된 블로그 및 SNS 후기를 검색합니다.

○ 상품의 용도 정하기

콘셉트를 중심으로 실제 사용자와 구매 결정자, 즉 비용을 지불하는 이의 용도를 구분해서 작성합니다. 동일한 경우에는 구매와 사용 시점 혹은 내적 또는 외적 효용 면으로 구분해도 좋습니다.

▽ 콘셉트 정리하기

콘셉트는 상점의 기본적인 생각을 담는 한 문장입니다. 시장 조사, 타깃 고객의 설정과 메리트, 상품의 용도까지 포용할 수 있어야 합니다. SNS 내에서 해시태그, 글의 제목, 광고 문구, 사진, 그리고 상품의 이름 등이 모두 콘셉트를 중심으로 정해집니다.

▲ 철원 강소농 브랜드 철원향. 브랜드의 이름, 카피, 로고 등이 결정되고 이 콘셉트에 맞게 SNS 채널의 디자인, 이벤트 내용도 결정됩니다.

▽ SNS 마케팅 준비하기

- **주 마케팅 및 온라인 판매 채널**: 고객이 주로 사용하는 SNS 채널을 찾고 각 채널에 따라 역할을 정합니다.
- **마케팅에 사용할 태그**: SNS 마케팅에 주로 사용할 해시태그를 결정합니다.
- **고객이 사용하는 태그**: 타깃 고객이 페이스북, 인스타그램, 블로그에 글을 남기면서 주로 사용하는 해시태그를 찾아 나열합니다.

마케팅 기획서를 작성하는 목적은 '어떤 사람들에게 무슨 이야기를 어느 채널로 전달할까?'입니다. 그중에서도 '어떤 사람들'을 결정하는 것이 가장 중요합니다. 앞으로 살펴볼 내용의 최종 목표는 직접 고객과 소통하고 배우며 타깃, 콘셉트, 채널을 정하고, 사람들과 재미있는 일(이벤트)을 벌이는 모든 과정이 마케팅이 되도록 하는 것입니다.

기입 방법	상품 개요(혹은 프로젝트명): 미보치과 증상별 맞춤형 구강 위생 용품 판매 사업 작성자: 강진영 작성일: 2024. 04. 20		
상품 정보 (기초 정보)	**시장 조사**	**상품 기본 정보**	**관련된 트렌드**
	– 소비자층 30대 후반 40대 초반의 기혼 및 미혼 여성 **– 경쟁 회사의 특징** ○○○○칫솔 노출형(기사, 소셜커머스 등) 온라인 마케팅, 가격 저렴 칫솔을 대표 상품으로 브랜드를 키워감 위○ 유튜브 운영, 제품 사용법부터 다양한 영상 제작 고객 유형별 그룹핑 제품 추천 **– 유통과 특징** 제품이 많이 포화 상태 치아 제품은 한 번 정해지면 교체하지 않음	**– 기능/성능** 환자 개인 증상별 맞춤형 구강 위생 용품 추천 **– 개발 목표** 치과, 작은 소매점에서 판매할 수 있도록 진행 **– 주변(지역) 여건** 치과에 오는 손님, 혹은 양치 학교로 유입되는 어린 친구들의 부모 등 자연스런 영업 환경이 구축	**– 정치** 최근 치아 건강에 매우 해로운 탕후루가 국정감사에서 많은 이슈가 되었음 **– 경제** 장기적인 경기 침체로 3040 소비자층이 가성비와 가심비를 우선시함 **– 사회** 구강 건강에 대한 인식이 높아져서 유기농, 지속 가능한 제품에 대한 구매 욕구가 있음 **– 기술** 예방적 치과 건강에 대한 관심이 높아지고, 다양한 최첨단 기술이 많아짐
타깃 고객 설정	– 지역: 서울 및 SNS에 있는 사람들 – 연령대: 30대 중반부터 40대 초반 – 라이프 스타일: 정보 수집과 분석에 능한 판매, 서비스직, 사무직 종사자 / 소득은 월 300만 원 수준 / 초중등 학생을 가진 가족 – 사용자 특성: 정보 수집과 분석 및 판단에 능하고, 아이들의 건강에 관심이 많으며 트렌드에 민감		
타깃 고객의 메리트	– 기능적 메리트: 의사 및 치위생사가 증상별로 맞춤 추천하는 구강 위생 용품 추천사 – 정서적 메리트: 전문가가 추천해 주어 안심됨		
상품 용도	**구매자**	**콘셉트**	**사용자**
	가족 혹은 본인의 예방적 치아 건강을 평상시에도 챙길 수 있음	우리집 치과 주치의	전문가가 추천해 준 용품으로 치아의 건강을 평소에 챙길 수 있음
SNS 마케팅 관련 항목	– 주 마케팅 채널: 인스타그램, 유튜브, 페이스북 – 판매 채널: 스마트스토어 입점, 페이스북 샵, 인스타그램 샵 기능 이용 – 마케팅에 사용할 태그: #미보치과 #공윤수 #이희정 #우리집과주치의 #맞춤형구강용품 – 고객이 사용하는 태그: #치과 #칫솔 #구강용품 #양치질 #인싸템		
마케팅 기획자	실행 계획 개요 – 리더: 강진영 – 멤버: 김서연, 내부 인원 참여할 수 있는 인원은 모두 참여		
마케팅 및 이벤트 일정	– 콘텐츠 기획 필요 – 채널 점검 개설 필요: 스마트스토어 우선 입점(요건 알아보기), 이희정, 공윤수, 의사님 채널 개설 후 서로 연결 필요, 브랜드 채널 개설 – 엄마 커뮤니티, 크몽, 페이스북 친구들을 대상으로 맞춤형 상담 진행: 체험단, 서포터즈 등		

> ⬚ **한 걸음 더** 마케팅 기획서 작성 Tip
>
> • **되도록 모든 구성원이 함께 작성하기**
>
> 마케팅은 대표나 담당자만의 영역이 아닌 비즈니스 전체의 과정에 영향을 줍니다. 모든 구성원이 동의하고 학습된 마케팅 콘셉트는 매뉴얼에 표현되지 않아도 구성원들의 태도와 분위기 등에서 차별화를 가져옵니다. 고객이 왔을 때 인사말, 복장, 다양한 운영 규정 등에도 당연히 마케팅 콘셉트가 반영됩니다.
>
> • **정기적인 분석을 통해서 비즈니스 성장시키기**
>
> 시장은 언제나 변화합니다. 머리로만 알고 있는 것이 아니라 글로 쓰고 계획을 세워 반영하세요.
>
> • **완벽하게 작성하려고 스트레스받지 않기**
>
> 매일 시시각각 변화하는 시장과 고객을 정확하게 정의할 수 없습니다. 할 수 있는 것까지만 작성해 주세요. 그것으로도 일단 마케팅 시장에 진입할 수 있습니다. 진입하고 난 다음에 계속 반영하여 발전시켜 나가면 됩니다.

N ▶ ⊙ f

2

시장 조사하기

♥ ○ ▽   ⊓

사업을 하기 위해서는 유사 혹은 관련 업체가 SNS와 온라인 스토어에서 어떻게 활동하고 있는지 파악하고, 관련 기관의 지원책이나 통계를 비롯한 다양한 정보가 필요합니다. 정기적인 시장 조사와 다양한 정보 취득은 오프라인의 상점의 위치를 결정하거나 사업에 위기가 처했을 때에도 매우 중요한 길잡이가 되어 줍니다.

○ 시장 조사 체크리스트

이제부터 시장 조사의 요소와 다양한 방법 등을 소개하며 살펴보겠습니다. 상품이나 서비스를 제대로 갖추는 기회이기도 하니 잘 참고해 꼭 실천하기를 바랍니다.

- **고객 파악**
    - 내 고객군이 사용하는 주 SNS 채널의 순위는?
        - □ 인스타그램　　□ 카카오톡　　□ 페이스북
        - □ 밴드　　　　　□ 유튜브　　　□ 네이버 카페
    - 우리 상점에서 제품을 구매하려면 몇 단계나 거쳐야 할까?
    - 기존 경쟁 상점에서 고객이 느끼는 좋은 점은?
    - 내 상품에서 고객이 느끼는 불만이나 질문 사항은?

- **핵심 활동 및 자원**

  – 내 상점과 관련된 최신 소식은 어떤 것이 있는가?

  – 내 사업과 관련된 지역의 기관과 지원 정책은?

  – 어떤 기관, 분야의 지원책이 있는가?

  – 주변 여건 중에 설비를 함께 사용할 수 있는 것은?

- **핵심 파트너**

  – 페이스북 및 블로그에서 도움을 받을 수 있는 전문가는?

  – 나와 관련된 네이버 카페, 페이스북 그룹은?

- **수익원**

  – 다른 곳의 가격 정책과 마진율은 어떻게 되는가?

  – 비용을 낮출 수 있는 소상공인 지원책 또는 공공 설비는 어떤 것이 있는가?

  – 다른 판매자와 홍보 채널을 차별화하여 비용을 낮출 수 있는가?

- **가치 창출**

  – 내 사업에서 가치를 바꿔 낼 수 있는 새로운 아이템은?

  – 두부 전문점의 비지, 카페의 커피 찌꺼기처럼 사업에서 발굴할 만한 부산물이 있는가?

  – 새로운 제품 또는 고객과 주고받으며 이미지를 제고할 만한 수단은?

- **비용 구조**

  – 주로 어디에서 비용이 발생하며 그 구조를 파악할 수 있는가?

  – 비용을 낮출 수 있는 기술이나 사례를 충분히 조사했는가?

  – 비용을 낮추거나 대체해서 이익의 효율을 높이는 방법은?

  – 광고 홍보 비율을 줄일 수 있는가?

◯ 플레이스토어 이해하기

요즘 고객은 스마트폰의 앱을 가장 많이 사용합니다. 점포와 매장을 검색할 때부터 구매와 유통까지 매우 중요한 역할을 차지합니다. 따라서 앱에 대한 전문적인 지식은 필수입니다. 좀 더 강조한다면 내 사업과 관련된 앱 조사 분석이 충분하지 않다면 사업을 시작해서는 안 되는 때가 되었습니다. 플레이스토어나 앱스토어에서 내 사업과 관련된 키워드를 검색합니다(예 배달, 맛집, 지명, 상품 및 서비스명).

검색한 다음에는 주 고객군이 많이 활용하는 앱과 그 사용 문화를 이해해 봅니다. 그 출발이 되는 플레이스토어의 정확한 사용법은 가장 중요한 기본 사항입니다.

○ 빅데이터를 활용한 시장 조사

사업에서 데이터는 마케팅뿐 아니라 입지 선택, 상품과 서비스의 개선 등 다양한 분야에서 중요한 요소가 됩니다. 따라서 고객과 시장에 대한 신뢰성이 있는 대량의 데이터를 분석하여 이해하기 쉽게 보여 주는 빅데이터를 활용하면 많은 도움을 받을 수 있습니다.

각각의 역할에 맞는 빅데이터 서비스의 사용법을 익혀 두고 필요할 때마다 활용하면, 시간을 많이 들이지 않아도 효과적인 시장 조사가 가능합니다.

▽ 네이버 데이터랩

네이버 데이터랩(https://datalab.naver.com)은 국내 사용자의 검색어에 따른 검색 횟수와 블로그, 뉴스 등을 통한 콘텐츠 생성 등에 유용한 데이터 분석 서비스입니다. 첫 번째로 단어의 트렌드를 알아볼 때 사용합니다. 상점은 많은 단어들로 둘러싸여 있습니다. 오프라인에서는 상품, 메뉴, 서비스 이름 등이, 온라인에서는 글 제목, 해시태그, 스토어의 상품 이름, 상품 설명 등이 모두 단어에 해당합니다. 이런 다양한 상황에서 적절한 단어를 선택할 때 데이터랩을 활용하면 도움을 받을 수 있습니다.

두 번째로는 마케팅의 시기를 결정할 때 사용합니다. 온라인과 오프라인을 통한 다양한 이벤트나 계획에는 어떤 주제가 존재합니다. 각각의 실행 시기를 정할 때 각 주제에 해당하는 단어들이 언제 인기가 좋은지를 판단하면 마케팅의 적절한 시기를 결정할 수 있습니다.

> **♥ TIP** 네이버 데이터랩에서는 해당되는 키워드, 카테고리의 최대 수치를 100% 기준으로 삼고 상대적인 수치를 보여 줍니다. 절대적인 수치가 아니니 주의하세요!

검색어 트렌드

내 상품 혹은 상점과 관련하여 고객들이 검색하는 주제어에 대해서 시기별, 연령별, 성별 등으로 경향을 볼 수 있습니다.

▲ 주제어를 최대 5개까지 입력해 비교할 수 있으며 하위 주제어에는 유사한 검색어를 합산해 조회할 수 있습니다. 예를 들어 '홍삼'에 해당하는 다양한 검색어 '홍삼즙', '어린이홍삼', '홍삼진액'을 입력하면 네 가지의 검색 추이를 합한 결과를 확인할 수 있습니다.

통계 그래프의 시간 간격은 주간 단위로 검색 트렌드를 볼 땐 일간, 월간 단위일 때는 주간, 1년 단위일 때는 월간으로 추천합니다. 2016년도부터 현재까지의 트렌드를 볼 수 있으므로 월간 단위로 설정하면 몇 년간의 변화 결과가 간편하게 나타납니다.

▲ 하단의 범위, 성별, 연령대도 선택합니다. 그중에서도 성별과 연령대를 다르게 선택하면 고객층의 시기별 트렌드를 확인하는 데 도움이 됩니다.

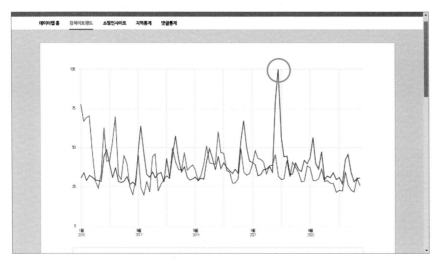

▲ 전체 시기별 경향은 다양한 상품의 출시 일정 및 마케팅 주력 시기 등 여러 계획에 도움을 줍니다. 가장 높은 곳을 100으로 보고, 상대적 수치를 알려줍니다.

또한, 실제 구매하고자 하는 고객층의 연령대와 경향을 파악하고 상품과 연관된 검색어의 연간 패턴을 알 수 있습니다. 예를 들어 30~40대 구매자의 경우 어버이날이 가까우면 홍삼 등의 건강식품과 관련된 검색의 횟수가 증가합니다.

내 상품과 관련한 트렌드의 경향을 비교할 수 있으므로 시기별로 주력 상품을 정하는 것도 가능합니다. 이렇듯 검색어트렌드는 전체의 경향을 알 수 있기에 상품별, 시기별로 마케팅의 키워드와 이벤트를 계획하는 데 많은 도움을 줍니다.

쇼핑인사이트

네이버 쇼핑의 카테고리별 트렌드를 알 수 있습니다. 네이버에는 스마트스토어라는 자체 쇼핑몰 서비스를 포함하여 다른 쇼핑몰들이 검색됩니다. 여기서는 분야의 검색이 아닌 클릭 횟수를 보여 줍니다.

온라인 판매를 하지 않더라도 해당 상품의 트렌드를 성별, 연령별로 파악할 수 있고 상품의 타깃을 시기별로 파악하는 데 도움이 됩니다. 여기서 알아낸 정보를 페이스북이나 인스타그램에서 타깃 광고를 시도할 때 참고합니다.

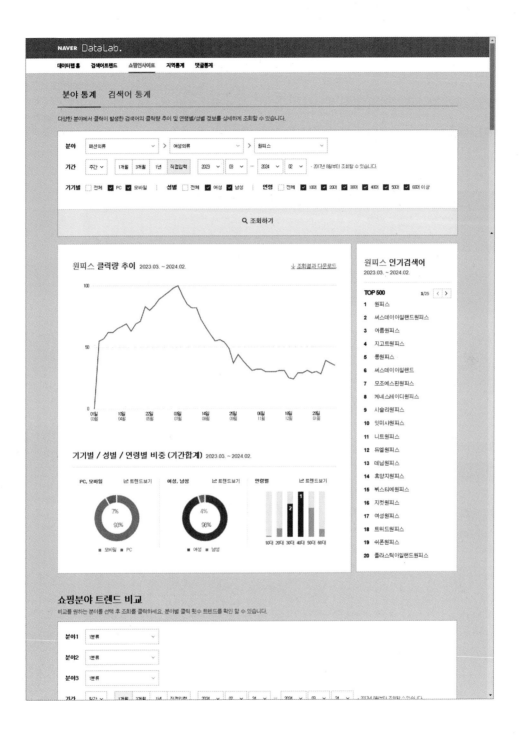

지역통계

연락처와 지도, 즉 지역통계 검색도 사람들이 네이버에서 자주 사용하는 서비스 중 하나입니다. 지역통계는 최근 1년간 많이 검색된 분야의 업체 데이터를 근거로 첫 번째로 지역별, 두 번째는 분야별로 나눠서 보여 줍니다. 업종별, 하위 지역별로 보여 주니 상점의 위치 혹은 위치에 맞는 창업 분야를 선택할 때 도움이 됩니다.

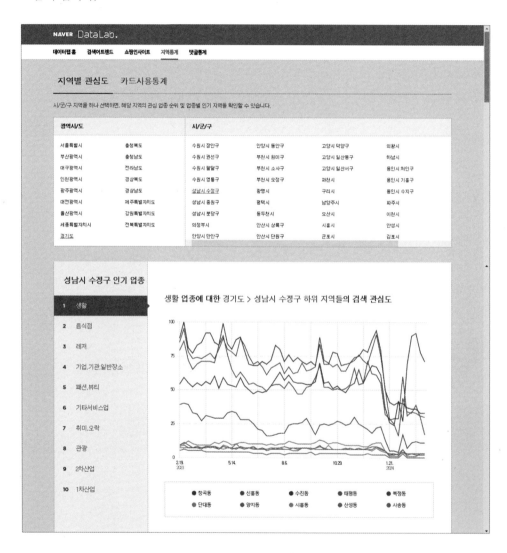

화면 스크롤을 아래로 내리면 맞춤형 트렌드 분석 도구가 나타납니다. 여기서 지역별 검색 관심도와 업종별 검색 관심도를 비교하여 보여 줍니다.

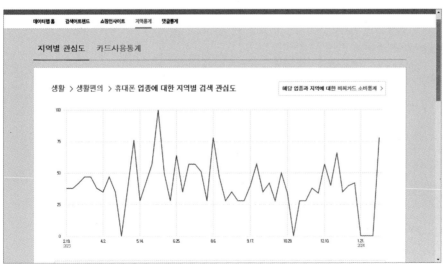

▽ 구글 트렌드

구글 트렌드(https://trends.google.com)는 구글 사용자의 검색 경향을 통해 특정 키워드에 대한 관심의 변화를 기간별, 지역별로 쉽게 비교할 수 있는 서비스입니다. 국내에서 구글은 네이버의 검색 엔진 점유율과 차이가 크지 않습니다. 네이버는 쇼핑 검색, 네이버 블로그 검색이 강점인데 반해 광고로 인해 피곤함을 느끼는 사용자가 늘고 있으며, 구글의 경우는 검색 엔진 자체의 신뢰도가 높습니다. 그렇기에 구글의 검색어 트렌드를 함께 보면서 비교해서 시장의 추세를 파악해야 합니다.

트렌드를 분석하고자 하는 단어를 입력하고, 국가와 기간을 설정하여 분석 결과를 볼 수 있습니다.

두 단어의 트렌드를 비교하려면 단어를 ',(쉼표)'로 구분해서 입력하거나 단일 트렌드 분석 결과에서 [비교 추가]를 클릭합니다. 예를 들어, 페이스북과 인스타그램에 대한 트렌드를 원할 때 '인스타그램, 페이스북'으로 입력하면 바로 그래프가 나타납니다.

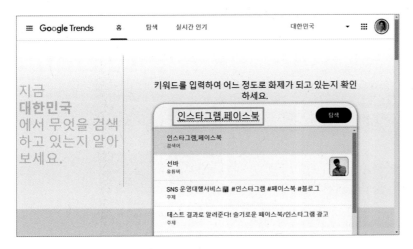

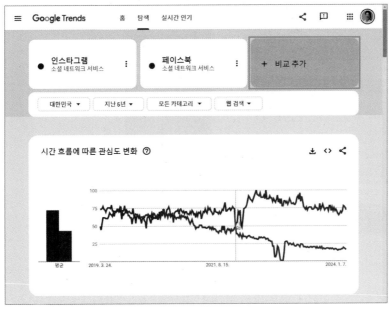

▽ 유튜브 검색과 필터

요즘 검색의 가장 큰 변화는 유튜브 검색이 압도적으로 높아지고 있다는 사실입니다. 상품 및 서비스에 따라 마케팅을 위해 이미지나 텍스트로 만들어진 콘텐츠보다 동영상 콘텐츠가 효과적일 때가 있습니다. 따라서 동영상 콘텐츠 제공과 라이브 방송에 참여하기 전에 유튜브 검색에 익숙해질 필요가 있습니다.

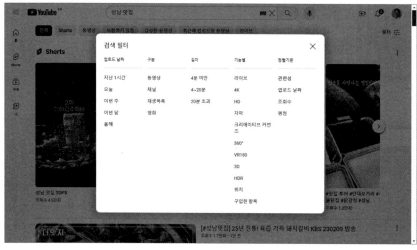

유튜브 검색의 포인트는 필터의 사용입니다. 일반 검색과 다르게 유튜브 검색은 단어 입력만으로는 너무 다양한 결과가 나타나므로 원하는 바를 얻기에 너무 많은 시간이 걸리거나 길을 잃는 경우도 많습니다. 단어를 검색한 후 검색 창 옆의 필터를 선택해서 동영상이 올라온 시기, 타입, 길이, 분야 등을 조절해 원하는 결과를 쉽게 찾아볼 수 있습니다. 예를 들면, 최근 일주일, 3D, 길이 등으로 검색 결과를 걸러서 볼 수 있습니다.

▽ 매장 포스 앱 연동하기

식당을 운영하는 소상공인이라면 포스 프로그램을 사용할 것입니다. 주문 관리와 매출 관리를 도와주는 포스 프로그램을 스마트폰으로 확인할 수 있는 앱이 있습니다. 고객 분석에 도움이 되는 재방문율과 선호 메뉴 등의 고객 분석 제공, 소상공인을 위한 지원책 및 관련 뉴스 전달, 재무 보고서 제공 등 다양한 기능을 제공합니다. 가장 범용적으로 활용되는 윈도우 기반의 포스기와 연동이 가능한 대표적인 앱인 캐시노트를 소개하겠습니다.

■ 먼저 앱을 다운로드하고 본인 인증을 통해 간단히 가입을 한 후 사업자등록번호를 조회해 확인 절차를 통해 가입합니다.

② 가입 후 포스기계의 브라우저에서 캐시노트포스.com을 입력한 후 프로그램을 다운로드하여 안내에 따라 설치 및 인증합니다.

③ 가입 후 오른쪽 상단의 설정에서 [연결 설정] 메뉴에서 매출을 포함한 배달, 지도, 공과금 외부 서비스와 연결하여 앱에서 한꺼번에 다양한 정보를 모아 볼 수 있습니다.

4 그럼 아래와 같은 서비스를 제공받을 수 있습니다.

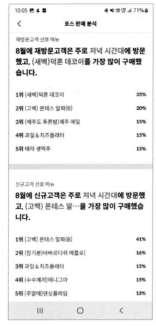

▲ 방문 분석   ▲ 포스 판매 분석   ▲ 메뉴 분석

▽ 소상공인마당 – 상권정보

소상공인마당은 주거 및 유동 인구, 상권을 둘러싼 다양한 상권의 정보를 알 수 있는 빅데이터 서비스입니다. 소상공인시장진흥공단에서 운영하는 빅데이터 서비스로 정보의 출처가 확실하여 신뢰성이 높고, 정보의 업데이트 주기가 비교적 최신이기 때문에 오프라인 상점을 운영한다면 매우 유용한 정보를 얻을 수 있습니다.

1 https://sg.sbiz.or.kr/godo/index.sg로 접속하거나 네이버 혹은 구글에서 '소상공인마당 상권정보'로 검색하여 접속합니다. 간단하게 분석도 가능하지만 기록 관리와 상세 분석을 위해 상단 로그인을 클릭하여 가입하여 활용하면 좋습니다.

2 로그인하여 왼쪽 [상세분석]을 클릭합니다.

3 [업종 선택]을 클릭하여 나온 화면에서 해당 업종을 검색하거나 선택합니다. 이것은 상권의 유사 업종에 대한 매출, 점포 수 등을 분석하기 위해서입니다. [확인]을 클릭합니다.

4 지도에서 상권의 위치를 선택합니다. 우선 상단의 동 이름을 클릭하여 시군구동까지 선택하고 지도에서 상점이 위치하는 곳을 찍으면 분석 상권 영역이 자동으로 붉게 음영이 나타납니다. 이때 필요한 정보에 따라 각 메뉴를 선택해서 분석합니다.

5 상권분석은 가장 많이 활용되는 기능으로, 해당하는 상권의 전체를 중심으로 유동, 주거 인구 분석부터, 상권 자체의 매출, 주변 시설 환경 등 전반적인 분석을 해 줍니다. 이것으로 상권과 관련된 사람에 대한 대략적인 정보를 얻을 수 있습니다. 연령대, 성별, 주변 시설을 통한 직장인 혹은 주거 인구들의 소득, 특성 등을 알 수 있으며, 상권의 활성화 정도로 상권 분위기도 파악할 수 있습니다.

매장의 특성에 따라서 원형, 반경, 다각, 상권, 자동으로 범위 선정이 가능합니다. 상권 자체가 커서 상권 전체보다는 좁은 범위로 선정해야 한다면 원형, 또는 반경, 다각으로 범위를 선정하고, 상권이 크지 않다면 상권 혹은 자동 영역으로 분석합니다.

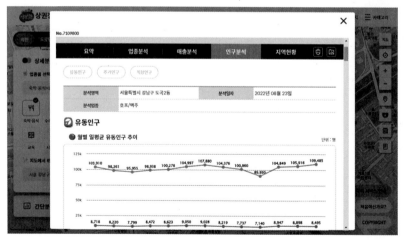

6 입지 · 업종분석은 동종 업종의 매출을 기준으로 내 매장의 입지가 상권 내에서 입지 등급이 어느 등급인지 알려줍니다. 상점의 위치를 선정하고자 할 때 도움이 됩니다.

7 경쟁분석은 상권에서 내 상점이 위치한 내에 동종 업종의 업소 수, 거래 건수를 파악하고 분석해 줍니다. 창업 전 분석이 된다면 상권 선택에 도움이 됩니다.

8 수익분석은 투자 대비 수익 목표 계산과 투자비 회수가 되는 손익분기점 계산을 해 주는 도구로 초기 창업 시 목표를 세울 때 도움이 됩니다.

3 온라인 노출 강화를 위한 검색 등록하기

디지털 마케팅에서 자주 언급되는 옴니채널, 쇼루밍, 역쇼루밍, 모루밍 등의 가장 기본이 되는 것은 검색입니다. 오프라인에 존재하는 상품이나 서비스는 온라인에서 잘 검색되어야 하고, 온라인을 통해서 오프라인으로 쉽게 찾아갈 수 있도록 관련 정보를 제공해야 합니다.

 한 걸음 더 트렌드 용어 알고 가기

- 옴니채널(Omni-Channel): 온라인, 오프라인 등 각 유통 채널의 특성을 결합해 어떤 채널에서든 동일한 매장을 이용하는 것처럼 느낄 수 있도록 조성한 쇼핑 환경
- 역쇼루밍(Reverse-Showrooming): 온라인에서 마음에 드는 물건을 고른 후 오프라인 매장에서 물건을 구매하는 것
- 모루밍(Morooming): 오프라인에서 제품을 보고 모바일로 구매하는 것으로 쇼루밍에 모바일이 결합한 형태

그동안 고객이 검색을 위해 사용하는 대표적인 온라인 채널은 네이버로 통했지만, 최근에는 네이버의 비중이 낮아지면서 조금씩 분산되고 있습니다. 그 중심에 모바일이 있습니다. 그러므로 모바일 환경을 바탕으로 다양한 채널에서 고객이 접근할 수 있도록 검색 환경을 조성해야 합니다.

오프라인에 존재하는 상품과 서비스를 제대로 노출하는 것은 고객이 방문하기 전 가장 중요한 순간에 결정적인 역할을 합니다. 따라서 우리가 제공한 정보를 가지고, 정확하게 상품을 구매하고 경험할 수 있도록 처음 한 번 등록할 때 제대로 등록하는 것이 좋습니다.

🔍 검색 등록을 위한 준비물과 체크리스트

대표 전화번호	쉽고 기억하기 편한 전화번호로 하는 것이 원칙 인터넷 전화번호보다는 핸드폰 전화번호를 활용해야 카카오톡 친구, 페이스북, 인스타그램 등의 채널을 통해서 관계를 맺을 수 있음
마케팅 채널 URL	페이스북, 인스타그램, 쇼핑몰, 홈페이지, 블로그 등의 URL
사업자등록증	필수 항목은 아님
장소를 중심으로 한 사진	간판이 보이는 사진, 방문 시 참고하면 좋은 사진, 상품 사진, 음식점 메뉴판 등
장소 간단 소개 및 키워드	내 상점을 검색할 키워드와 간단한 소개글
대표 메뉴(서비스)와 가격	가격 선에 따라 진입 장벽이 될 수도 있겠지만 실제 방문을 마음먹은 고객의 입장에서는 예산, 체류 시간 등을 결정하며, 최종 선택 시 만족도에 중요한 영향을 줌

• 고객과 소통 채널을 충분히 나열했는가?

전화 문의는 기본이며, 주 고객에 맞는 SNS 채널을 활용해야 합니다. 이 외에도 고객이 편안하게 문의할 수 있는 문자, 카카오 플러스 혹은 페이스북 페이지 채팅 등은 필수로 갖춰야 합니다.

• 오프라인 장소에 대한 정보가 충분한가?

대중교통 혹은 자가용을 이용해 찾아오는 방법에 대한 상세한 안내, 메뉴판, 후기 등을 제대로 갖춰야 합니다. 처음 방문하는 사람이라도 장소를 충분히 인지하고 상품과 서비스에 대해서 예상할 수 있도록 다양한 사진을 준비하면 좋습니다. 그래야만 처음이라도 두려움을 떨치고 쉽게 방문할 계획을 세울 수 있습니다.

• 처음 오는 고객이 자주 하는 질문(FAQ)은 갖춰져 있는가?

처음 가게를 접하는 고객일수록 궁금한 점도 많습니다. 그러므로 자주 질문받는 내용을 정리해 놓아야 합니다. 다양한 채널에서 방문하는 고객의 질문 목록에 대해서는 사장이나 직원, 누구나 항상 같은 대답을 할 수 있도록 매뉴얼화해야 합니다.

◌ 지금 당장 검색 등록하기

▽ 네이버 스마트플레이스

아직 국내에서 가장 사용자가 많은 네이버에서 스마트플레이스는 검색 우선순위가 높습니다. 또한, 네이버의 지도, 내비게이션 앱과 연동되기 때문에 필수로 등록해야 합니다.

1 네이버에 접속한 후 로그인합니다. 네이버 검색창에서 '스마트플레이스'로 검색하거나 new. smartplace.naver.com으로 직접 접속한 후 [업체 신규 등록]을 클릭합니다.

2 사업자등록증에 기재된 업종 혹은 등록하고자 하는 업종을 입력한 후, 세부 업종을 선택합니다. 사업자등록증 이미지 파일을 미리 준비합니다.

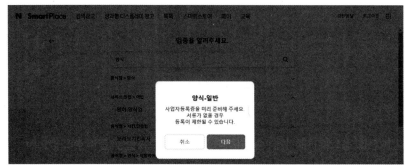

3 사업자등록증으로 업로드하거나 네이버비즈니스 금융센터 가입을 통하여 간단하게 사업자정보 조회가 가능합니다. 사업자등록증을 업로드했을 경우, 잘 인식했는지 확인합니다. 그 이후 기존에 등록이 되어 있는지 전화번호 정보를 입력하여 조회합니다. 동일한 사업자등록증 및 전화번호와 주소로는 등록되지 않습니다.

💬 TIP 만약 기존에 등록했다면 조회해서 확인한 후 [관리자 권한 신청] 혹은 [관리자 권한 교체]를 클릭합니다.

4 아래와 같은 화면이 열리면 표시되는 항목에 내 상점의 필수 정보를 입력한 후 [다음]을 클릭하여 이어서 상점의 정보를 상세히 입력합니다.

5 모두 입력하고 네이버의 승인을 거쳐 등록이 되면, 스마트플레이스의 첫 화면에 내 업체에 등록된 상점의 관리 메뉴가 나타납니다.

6 관리 화면에서는 업체 정보 수정과 리뷰 등을 관리할 수 있으며, 상점에 따라서 예약 및 주문 등 다양한 기능을 활성화하여 활용할 수 있습니다.

💙TIP 스마트폰에서도 동일한 순서로 스마트플레이스 등록이 가능합니다.

▽ 다음 검색 등록하기

다음은 다음 검색뿐 아니라 카카오내비 앱에도 검색되며, 카카오택시의 사용자(이용객, 택시 운전기사)에게 제공되는 정보입니다.

1 다음(daum.net)에 접속한 후 로그인합니다. 다음 검색창에서 '다음 검색 등록'으로 검색하거나 https://register.search.daum.net/index.daum을 입력해 접속합니다. [신규등록하기]를 클릭한 후 아래와 같은 화면이 열리면 검색 등록 선택 옵션에서 [사이트검색] 혹은 [지역정보]를 선택한 후 내 상점의 정보를 입력합니다.

TIP 다음 검색에 등록하면 카카오맵에도 내 상점 정보가 자동으로 등록됩니다.

▽ 구글 검색 등록하기

구글의 모바일 검색 점유율은 점점 높아지고 있습니다. 특히 외국인을 대상으로 한다면 필수로 구글 검색을 등록해야 합니다.

'구글 마이비즈니스'로 검색하거나 https://www.google.com/intl/ko_kr/business를 입력해서 접속합니다. [지금 관리하기]를 클릭한 후 순서대로 정보를 입력하여 완료합니다.

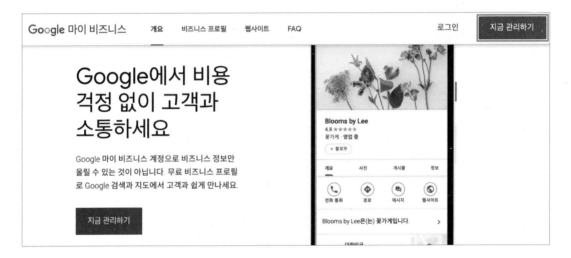

▽ 내비게이션에 등록하기

차량으로 이동해야 하는 곳은 내비게이션 업체에도 등록해야 합니다. 네이버와 다음의 경우 내비게이션 앱과도 연동됩니다. 그러나 차량에 비치된 내비게이션이나 별도 앱을 사용하는 경우를 고려해 직접 등록해야 합니다.

티맵

SK텔레콤에서 출시한 티맵은 실시간 교통정보를 반영하여 사람들이 가장 많이 쓰는 내비게이션 앱이 되었습니다.

1 티맵(https://www.tmapmobility.com/)에 [고객지원] – [장소제보]를 클릭합니다.

2 검색창에 내 상점 주소를 입력하여 검색하고, [업체 신규 등록]을 클릭하여 위치를 등록합니다.

3 다음과 같이 신규 업체 관련 정보를 입력한 후 [신규 등록 요청]을 클릭합니다.

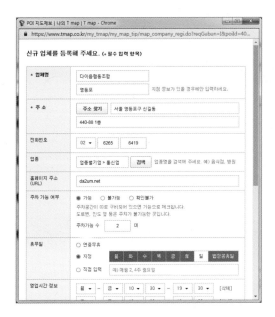

아이나비

차량용 내비게이션에서 가장 점유율이 높은 아이나비에도 등록해 보겠습니다.

1 '아이나비'로 검색하거나 http://www.inavi.com을 입력해 접속합니다. 상단 메뉴에서 [Fivepin] 을 선택합니다.

2 [로그인]을 클릭하여 회원 가입 및 로그인한 후 [새 장소]를 클릭합니다. 이어서 빨간 핀을 지도상에서 내 상점 위치로 끌어다 놓습니다. 이때 휴대전화 인증이 필요합니다.

3 다음과 같은 팝업 창이 표시되면 각 정보를 작성한 후 [등록하기]를 클릭해서 완료합니다.

4

도메인보다
해시태그 사용하기

♥ ○ ▽   ⊓

해시태그는 사진과 동영상 등을 포함한 콘텐츠에서 중요한 역할을 하므로 마케팅 기획서를 작성할 때 콘셉트와 함께 초기에 정하고 마케팅을 시작하는 것이 좋습니다. 해시태그란 해시 기호(#) 뒤에 특정 단어를 쓰면 그 단어에 대한 글을 모아 분류해서 볼 수 있는 기능입니다. 트위터를 시작으로 페이스북, 인스타그램, 블로그 등에서 널리 쓰이고 있습니다. 그 필요성과 기능은 다음과 같습니다.

• **분산된 콘텐츠를 한자리에**

소셜 미디어는 콘텐츠를 주제가 아닌 인기도와 최신성을 기준으로 사용자의 선호도에 맞춰 보여 줍니다. 그래서 지나간 콘텐츠는 보기가 어렵습니다. 또 한 가지 주제로 여러 사람이 인스타그램, 페이스북, 블로그 등 다양한 채널에 글을 올리기 때문에 한 가지 주제에 대한 콘텐츠를 모아서 보여 주는 역할이 필요합니다.

• **URL이 아니라 해시태그로 링크**

소셜 미디어에서 해시태그는 콘텐츠들을 연결해 줍니다. 지금 읽고 있는 글에서 언급된 해시태그의 글을 바로 확인할 수 있습니다. 또한, 하나의 해시태그가 아니라 다른 해시태그로 글과 사람을 연결하는 역할을 합니다. 즉, 해시태그는 도메인을 대신해서 쓰는 것으로 SNS 안에서 글과 사람을 이어 주는 중요한 수단입니다.

• **사용자가 공유하는 동질감**

같은 경험을 한 사람들을 묶어 주는 것도 해시태그입니다. 짧은 단어를 통해 공통의 경험을 한 사람들을 정의하고, 그것을 해시태그를 통해 인증으로 남기고, 서로를 연결 짓는 느슨한 공동체 의식을 갖게 합니다. 혹은 캠페인, 사회/정치적인 활동에서도 같은 해시태그를 사용하면서 함께 의견을 보태고 동참하기도 합니다.

즉, 고객에게 해시태그는 콘텐츠 마케팅에 있어서 두 가지 역할을 합니다. 첫 번째로 '이렇게 검색하세요'라고 유도하는 것입니다. 고객이 키워드를 찾는 시간을 줄이고, 한 번에 우리 콘텐츠를 검색할 수 있도록 도움을 줍니다. 두 번째는, '이렇게 콘텐츠를 남겨 주세요'라고 유도하는 것입니다. 글을 남길 때 어떤 해시태그를 쓸지 고민하는 시간을 절약하고 정확하게 남길 수 있도록 도움을 줍니다.

🔍 해시태그를 정하는 방법

해시태그는 블로그의 카테고리처럼 사용합니다. 다만 가장 큰 차이점은 블로그는 하나의 카테고리에만 속하는 데 비해 해시태그는 여러 개를 사용할 수 있다는 점입니다. 해시태그는 각 글의 주제와 상황에 따라 다르게 선정하지만, 마케팅 기획서에서 타깃 고객, 즉 고객 및 잠재 고객에 대한 이해와 콘셉트가 정확하게 단어에 표현되어야 합니다. 마케팅 기획서의 항목이 어느 정도 정리되면 아래의 규칙에 따라 해시태그를 선정하여 사용합니다.

- **나만의 대표 해시태그**

  다양한 이벤트로 고객과 함께 유명하게 할 만한, 대표성과 고유성이 있는 해시태그를 먼저 선정합니다. 이 해시태그는 보통 상점, 상품 이름을 그대로 사용합니다. 반드시 해당 해시태그로 검색해 보고, 다른 상점이 사용하지 않거나 사용하는 사람이 적고, 마지막 사용 시점이 오래된 해시태그로 선정합니다.

- **상품의 장점을 나타내는 콘셉트에 맞는 해시태그**

  #가성비, #가심비(가격 대비 심리적 만족도)처럼 우리 상품과 서비스의 강점을 나타내는 태그를 선정합니다. 이 태그는 고객에게 빠르게 상품의 핵심 강점을 파악할 수 있도록 도와줍니다.

- **업종, 분야, 지역 등을 언급하는 해시태그 꾸러미**

  특정 상품이 아니라 동종 상점에 대한 글을 쓸 때 사람들이 함께 언급해서 사용하는 해시태그가 있습니다. 예를 들자면, #맛집, #성남맛집, #가로수길, #카스타그램 등이 있습니다. 너무 많은 해시태그는 사람들에게 불편함을 느끼게 할 수 있으므로, 5개 이하로 설정합니다. 이런 해시태그를 사용함으로써 다른 사람들을 나의 계정이나 글로 유도할 수 있습니다.

- **공동체 의식 또는 동질감을 주는 해시태그**

  경험을 공유하는 사람들끼리 쓰는 해시태그가 있습니다. 예를 들면, #냥이집사, #요기니(요가하는 사람), #비건(채식주의자) 등이 이런 해시태그에 속합니다. 느슨하지만 해당하는 사람들을 찾아내고 친구를 맺을 뿐 아니라 내 글로 유도할 수도 있습니다.

⌖ 한 걸음 더 해시태그를 선정할 때 유용한 사이트 https://labs.mediance.co.kr/

원하는 해시태그의 누적 포스트 등 간단한 통계부터 반응도, 경쟁력 있는 태그와 연관 해시태그 트리 등을 살필 수 있는 서비스입니다. 해시태그의 인스타그램의 트렌드를 정확하게 파악하여 해시태그 선정뿐 아니라 업로드 콘텐츠의 콘셉트, 방향성을 결정할 때 참고하기 좋습니다(현재 운영 정책 변경으로 시스템 점검 예정이지만, 서비스 이용은 가능합니다).

🔍 채널별 해시태그 전략

해시태그를 사용할 때 공통으로 주의할 점이 있습니다.

- #과 단어를 붙여쓰기합니다.
- 해시태그 중간에는 띄어쓰기를 하지 않습니다(문장일 경우 띄어쓰기가 아닌 '_(언더바)'를 대신 사용하기도 합니다).
- 연결해서 사용할 때는 해시태그 사이를 띄어쓰기합니다.

▽ 네이버 블로그

네이버 블로그는 본문 안의 단어에 #을 붙이면 해시태그로 작동합니다. 예를 들어, 본문을 입력할 때 '#블루베리'라는 해시태그를 쓰면 30개까지 입력하던 기존 태그 중 하나에 자동으로 '#블루베리'가 등록됩니다. 글이 등록되면 해시태그는 링크를 가지게 되고, 클릭하면 내 블로그에 같은 해시태그를 사용한 글들이 나타납니다. 따라서 인스타그램에서 많이 활용되는 태그보다는 기존 글에서 자주 언급된 단어로 우선 구성하는 것이 좋습니다.

1 글쓰기 화면의 본문에서 해시태그를 사용합니다. 태그로 사용할 단어에 #을 붙여 해시태그를 적용합니다. 사용할 해시태그가 하단에 추천된다면 해당 태그를 터치해 본문에 적용할 수도 있습니다.

2 상단의 [카테고리]를 터치하면 아래 [발행 설정] 메뉴가 보입니다. [태그 편집]을 눌러 내용에서 빠진 태그를 추가로 넣을 수 있습니다.

3 글이 완료되면 본문에 해시태그는 파란색으로 표현되고, 하단에는 회색 음영으로 태그가 표시됩니다.

4 본문 혹은 하단의 해시태그를 터치하면 네이버 블로그에 등록된 글들이 보이고, 사용된 해시태그에 따라서 연관 태그도 나타납니다. 연관 태그를 참고해 블로그의 태그를 수정해도 좋습니다.

▽ 페이스북

관계 위주의 페이스북은 해시태그를 필요 이상으로 많이 사용할 경우, 소통보다는 노출이 중요하게 보여 친구 관계에 악영향을 미칠 수 있습니다. 그래서 해시태그의 위치와 개수에 주의해서 사용하도록 합니다.

추천하는 방법은 제목처럼 맨 위에 하나를 사용하고, 본문 중에는 진짜 꼭 필요한 것만 3개 이내로 활용하는 것입니다. 나머지 목적을 가지고 사용하는 태그는 본문과 간격을 띄우고 맨 아랫부분에 따로 나열하는 것이 좋습니다.

해시태그를 올바로 사용하면 다른 글씨와 다르게 푸른색 음영과 두꺼운 글씨로 표시됩니다. 글을 게시하면 해시태그가 굵은 글씨로 표현되고, 터치하면 관련 페이지와 글들이 검색됩니다.

▽ 인스타그램

인스타그램은 해시태그를 가장 적극적으로 활발히 적용하는 소셜 미디어로 대다수 사용자가 거의 모든 글에 해시태그를 쓰곤 합니다. 대신 이미지 중심이기 때문에 긴 글은 보이지 않습니다. 문장보다 올린 사진이나 영상에 관련된 해시태그의 나열 같습니다. 원래 쓰임새인 검색과 상호 연결을 넘어서 다시 사용되지 않을 문구까지도 모두 해시태그를 붙이는 것을 쉽게 볼 수 있습니다.

물론 캐치프레이즈나 공동의 오픈 프로젝트 또는 캠페인에 사용되는 문장을 해시태그로 사용하는 사례가 많습니다. 문장을 해시태그로 사용할 때 영문에서는 문장 단어의 첫 글자만 대문자로 해서 공백 없이 붙여서 쓰고 한글은 '_'을 공백 자리에 넣어서 씁니다. 해시태그를 쓰는 순서에 유의합니다.

피드에 보이는 글이 두 줄이 채 안 되기 때문에 페이스북처럼 제목 태그는 맨 상단에 하나 정도 잡아 두는 것이 좋습니다. 그리고 해당 사진에 특징이 되는 해시태그를 앞쪽에 사용하고 반복되거나 상위 개념에 해당하는 것은 아래쪽에 배치합니다. 육하원칙처럼 패턴을 갖추는 것도 좋습니다.

1 글을 게시할 때는 해시태그가 강조되지 않으므로 주의해서 입력해야 합니다. 해시태그를 입력했을 시 최근 입력한 해시태그 혹은 사람들이 사용한 해시 태그가 게시글의 숫자와 함께 표시됩니다.

2 해시태그가 파란색 글씨로 표현되며, 터치하면 해당 해시태그용 화면이 나타납니다. 해당 해시태그의 인기 게시물과 최근 게시물, 그리고 해시태그를 팔로우할 수 있는 화면이 보입니다.

⬠ 한 걸음 더 해시태그를 사용할 때 유용한 사이트 https://www.tagsfinder.com/

유사 해시태그나 적절한 해시태그를 선정하기 어려울 때 사용하면 손쉽게 찾을 수 있습니다.

5 유료 광고보다 효과 좋은 프로필 구성하기

♥ ○ ▽   ☐

SNS에서 댓글, 좋아요, 게시글 등 다양한 소통 활동에서 호감이 가는 사람이 생기면, 바로 확인할 수 있는 것이 바로 프로필입니다. SNS 안에서 프로필은 신뢰를 갖추는 가장 기본적이면서도 중요한 영역입니다. 프로필은 소속과 직함, 전문 분야, 연락처 등을 알리는 명함의 역할과 프로필이나 상품 사진, 링크 등을 표현하는 광고의 역할까지 하게 됩니다.

프로필을 구성할 때는 마케팅 기획서의 신뢰와 콘셉트를 염두에 두고 설정합니다. 신뢰는 구매, 상점 방문 등의 선택 시 결정적이고 중요한 역할을 하며, 콘셉트는 고객의 머릿속에 상품과 브랜드에 대한 정확한 인식을 심어주기 위해서입니다.

프로필 구성 전략

• 얼굴 사진, 실명으로 신뢰를 갖추기

요즘은 마트에서 판매하는 농산물에도 농부의 얼굴과 실명이 드러나는 경우를 볼 수 있습니다. 물론, 국산을 애용하자는 캠페인도 포함되겠지만 농부의 이름과 얼굴이 신뢰를 주고 구매에 긍정적인 영향을 준다는 전략도 한몫합니다. 이처럼 오프라인에 존재하는 자신의 얼굴 사진과 실명으로 SNS를 활동한다는 것은 확실한 책임감을 보여 주며, 이는 곧 신뢰로 이어집니다.

- **타깃과 콘셉트에 맞는 정확한 강점 표현하기**

  마케팅 기획서에서 타깃과 콘셉트를 정했다면 가장 먼저 SNS 마케팅에 적용해야 하는 것이 바로 프로필입니다. 처음에 콘셉트를 잡기 어려우면 강점을 가지고 편안하게 시작하는 것이 좋습니다. 예를 들면 '매봉역 와인' 혹은 '돌곶이역 6번 출구 치과'처럼 지역과 상점의 상호, 주요 상품을 드러내는 것도 좋고, '원조 족발집', '호텔 셰프 출신의 이태리 식당'처럼 강점을 직접적으로 드러내는 것도 좋습니다.

  타깃과 콘셉트는 프로필 사진, 커버 사진, 경력, 소속, 소개 글 등에 다양하게 드러낼 수 있습니다. 오프라인으로 강의할 때 이런 내용에 대해서 알려 드리면 너무 자기 자랑 같아서 올리기 부끄럽다고 말씀하시는 분들이 많습니다. 그러나 SNS 안에서 게시글마다 장황하게 강점을 자랑하는 것보다는 프로필에 깔끔하고 정확하게 한 번 자랑하는 편이 훨씬 좋습니다.

- **최종 목적지를 정확하게 드러내기**

  상품 구매, 오프라인 상점 방문 등 SNS 활동을 통해 이루고 싶은 최종 목적지가 있을 것입니다. 이 최종 목적지를 찾기 어렵거나, 너무 많은 목표를 나열하여 사람들에게 혼란을 주게 되면 고객이 구매 혹은 방문 등의 최종 단계까지 도달하지 못하고 쉽게 포기하는 경우가 많습니다. 따라서 구매 링크, 문의 연락처, 랜드마크 표현, 검색어 등 다양한 방법으로 목표한 것을 고객이 한 번에 손쉽게 찾아낼 수 있도록 합니다.

- **우리 상점을 한눈에 알 수 있도록 통일감 갖추기**

  SNS 마케팅을 하게 되면 목적과 전략에 따라 여러 채널을 운영하게 됩니다. 고객은 다양한 채널에서 우리 상점의 정보를 보게 됩니다. 그래서 프로필 사진, 이름, 소개 등을 통일해야 운영하는 면에서도 쉽고, 고객에게 쉽게 인식되어 혼란스럽지 않을 수 있습니다.

- **다른 채널과 콘텐츠를 자연스럽게 연결하기**

  프로필에 외부 채널을 기입하기도 하며, 소개란에 해시태그들을 기입하면 링크가 되어 해시태그로 게시글을 검색해 주기도 합니다. 이런 기능들은 충분한 정보 제공과 이탈 방지의 역할을 해 줍니다.

◯ 프로필 요소별 설정 전략

- **이름과 별명**

  인스타그램, 페이스북에서 이름은 가장 잘 검색되고, 우선순위가 높습니다. 외국인 상대가 많은 특별한 경우를 제외하고는 한글로 사용하고 이름은 실명으로 사용합니다. 별명은 아이템 혹은 사람들이 불러 줄 수 있는 닉네임 등으로 자유롭게 사용합니다.

- **프로필 사진**

  게시글이나 댓글에 보이는 프로필 사진은 작은 크기로 축소되어 보이기 때문에 얼굴이 잘 보이는 사진으로 선택합니다. 개인 계정의 경우 전신사진이나 단체 사진, 모자나 선글라스를 사용해서 얼굴을 가린 사진은 고객에게 신뢰를 주기 어렵습니다. 자신의 전문 분야를 알 수 있는 복장을 갖춰 입거나 상품을 들어서 보이게 하는 것도 좋습니다.

- **커버 사진**

  큰 이미지를 사용할 수 있는 커버 사진은 고객의 신뢰를 얻는 데 도움이 될 만한 내용을 최대한 표현하면서도 상점의 외관이나 메뉴, 상품 사진, 오시는 길 등 가급적 많은 사람이 참고할 수 있는 사진이 좋습니다. 이미지를 편집하기가 어렵다면 명함 혹은 간판 사진을 활용하는 것이 가장 편리하고 효율적입니다.

- **소개글**

  경력 및 활동 기록 등은 서로를 쉽게 이해하고 관계를 형성할 수 있는 고리가 됩니다. 페이스북처럼 경력 및 학력란이 있는 경우엔 최대한 상세히 기입하고, 인스타그램처럼 짧게 소개해야 한다면 강점이 되는 경력, 자격증, 소속과 직함 등을 적어서 전문성과 신뢰감을 줄 수 있도록 합니다.

▲ 인스타그램의 고재영 대표님

▲ 페이스북의 공윤수 원장님

▲ 네이버 블로그의 한경숙 대표님

각 채널별 프로필 설정과 요령

페이스북

자신의 프로필 사진을 터치하여 프로필 페이지에 접속합니다. [프로필 편집]을 터치하면 상세 항목을 편집할 수 있습니다.

PC 화면에서는 오른쪽의 프로필 사진을 클릭한 후 프로필 페이지에서 [프로필 편집]을 선택하면 됩니다.

1 페이스북은 이름을 한글과 영문 두 가지로 설정이 가능합니다. 이름은 계정 설정에서 수정할 수 있습니다.

▲ [메뉴] – [설정] – [계정 센터] – [개인정보]

▲ [프로필] – [이름] – [언어별 이름 관리]

▲ [다른 언어로 된 이름 변경]

2 별명은 페이스북에서 이름 다음으로 검색 우선순위가 높습니다. 별명은 자신의 분야, 지역 등으로 지정합니다. 프로필 수정 화면에서 [다른 이름 추가] – [이름]을 지정하고 [프로필 상단에 표시]를 체크하여 프로필 옆에 표기합니다. 이 외에도 최대 10개까지 추가로 지정할 수 있으며, 추가로 지정한 별명도 검색됩니다.

3 경력 및 학력 추가 항목에서는 공식 페이지가 있을 경우, 공식 명칭을 입력하면 해당 페이지가 표시되며 이를 선택할 수 있습니다. 이 외에는 새로 추가하면 됩니다.

4 페이스북 소개글은 101자까지 가능합니다. 사업자라면 장황한 문장보다 간결한 콘셉트 문구, 메뉴나 상품, 서비스의 나열, 주문과 예약을 위한 연락처 등을 입력합니다. 이름 아래의 소개 글을 터치한 후 [소개 수정]을 터치합니다. 내용을 입력한 후 [저장]을 터치합니다.

5 페이스북의 경우 외부 SNS 채널을 링크로 연결할 수 있습니다. 외부의 다양한 링크들을 최대한 올려서 연결할 수 있도록 합니다. 프로필 수정 화면에서 링크의 [수정] – [소셜 링크 추가]를 터치하고 해당되는 서비스를 선택한 후 아이디를 입력하거나 아래 웹사이트에서 URL을 입력할 수 있습니다.

▽ 인스타그램

자신의 프로필 페이지에서 [프로필 편집]을 터치하면 모두 수정할 수 있습니다. 외부 링크는 최대 5개까지 등록할 수 있습니다.

▽ 유튜브

오른쪽 상단의 프로필 이미지를 터치한 후 [내 채널]에서 수정 아이콘(✏️)을 터치합니다. 프로필 사진, 커버 사진, 채널 이름, URL, 채널 설명을 모두 한 페이지에서 수정할 수 있습니다.

유튜브에서 외부 링크는 PC에서만 가능합니다. 내 채널에서 [채널 맞춤설정] - [기본 정보]에서 링크 항목을 추가하거나 수정할 수 있습니다. 최대 5개까지 링크를 넣을 수 있습니다.

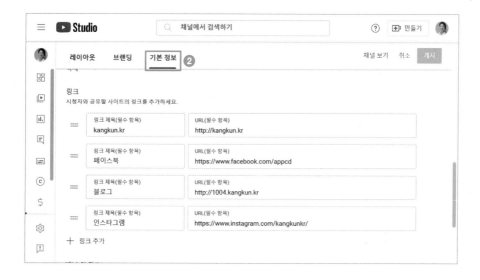

▽ 네이버 블로그

네이버 블로그는 앱에서 수정하는 것이 편합니다. 블로그 홈에서 [홈편집]을 누르면 프로필 사진, 커버스타일 및 사진, 소개, 연락처 등을 수정할 수 있습니다. 모두 입력한 후 반드시 오른쪽 상단의 [적용]을 터치합니다.

만약 외부 링크 항목이 없으면 하단의 [+] 버튼을 터치하여 [외부 채널]을 추가하여 인스타그램, 페이스북, 유튜브 등의 외부 채널 주소를 입력하여 완성합니다.

홈페이지 활용하기

SNS가 생기기 전 홈페이지는 회사, 상품과 서비스, 사무실, 연락처 등 비즈니스와 관련된 모든 것들이 잘 담겨 있는 웹용 카탈로그 역할을 했습니다. 페이스북, 인스타그램, 유튜브 등 다양한 SNS가 등장했을 때 많은 사람이 이제 홈페이지가 아닌 새로운 도구가 탄생했다고 생각했습니다. 하지만 사실 대부분은 홈페이지에 있던 기능이 다른 채널로 옮겨 가고 발전한 것입니다. 예를 들어 홈페이지에 있던 공지 사항과 게시판은 페이스북 페이지 혹은 블로그로, 사진이 중심이 되는 콘텐츠는 인스타그램으로, 동영상은 유튜브로, 각 역할에 맞게 구글이나 네이버에서 손쉽게 검색되고, 모바일에서 활용이 편리하며, 누구나 손쉽게 사용할 수 있는 도구로 변화한 것입니다. 물론 홍보 마케팅에서도 훨씬 더 효율적인 방향으로 발전했습니다.

그렇다고 홈페이지의 필요성이 아예 없어진 것은 아닙니다. 흩어져 있는 SNS 채널을 안내하고 손쉽게 찾을 수 있도록 하며, SNS 안에서 구현할 수 없는 나머지 기능들을 구현하는 역할을 합니다. 따라서 소상공인의 경우 홈페이지를 제작하기 전에 다음의 사항을 체크하는 것이 좋습니다.

1. 모바일을 우선으로 생각합니다.

대부분의 사용자는 스마트폰으로 접속합니다. 따라서 고객 및 운영자 입장에서 모바일을 우선으로 구현하는 것이 매우 중요합니다.

2. 최대한 외부의 서비스를 활용합니다.

홈페이지에 많은 정보와 자료를 담게 되면 유지 및 운영, 기능 업데이트 등에서 비용과 시간이 증가하고, SNS의 친구들에게 소식을 공유하거나 홈페이지의 기능을 사용할 때 어려움을 느끼는 등 여러 가지 측면에서 비효율적입니다. 쇼핑몰을 담고 싶다면 누구나 개설이 가능하고 사용자 입장에서 결제가 편한 네이버의 스마트스토어가 좋습니다. 동영상을 담고 싶다면 유튜브에 올린 후 홈페이지에 삽입하고, 회사의 연혁이나 오시는 길 등은 네이버 블로그를 활용하여 링크로 연결합니다. 공지 사항은 페이스북 페이지, 인스타그램을 활용하는 것이 좋습니다.

3. 도메인 주소 사용을 고려합니다.

단독 도메인을 사용하는 경우는 점점 줄어드는 추세지만 오래도록 일관된 상호를 가지고 계속 운영하고자 한다면, 단독 도메인을 사용하는 것도 좋습니다. 도메인 유지 비용이 1년에 1만 원대로 부담이 없기 때문입니다. 도메인을 구매할 때는 한글 도메인보다는 영문 도메인이 유지 비용도 적고, 크롬 등 모든 브라우저에서 접속이 가능하며, 스마트폰에서 접속 오류가 적습니다. 도메인은 hosting.kr 등에서 구매하고, 다음에 소개하는 다양한 도구로 제작한 후 포워딩 서비스(무료)를 활용하면 됩니다.

> ♥TIP 포워딩 서비스란 홈페이지를 직접 운영하는 대신, 다른 URL로 바로 연결하여 보여 주는 서비스입니다.

◯ 다양한 홈페이지 무료 제작 도구

▽ 온라인 명함 서비스 CCCV.TO

홈페이지에 담을 콘텐츠가 없고, 인스타그램, 유튜브, 네이버 지도 등 외부 채널로 모두 해결되었다면, 이런 다양한 링크들을 한 페이지만으로 연결이 가능한 명함 형태의 홈페이지를 활용하는 것이 좋습니다. CCCV.TO는 간단한 소개와 링크들로만 손쉽게 구성할 수 있는 편리한 서비스입니다.

1 PC와 모바일 모두 브라우저에서 CCCV.TO로 접속한 후 [시작하기]로 카카오, 네이버, 구글 아이디 중 선택하여 회원 가입 및 로그인을 합니다.

PC 화면에서는 오른쪽에 미리보기가 가능합니다.

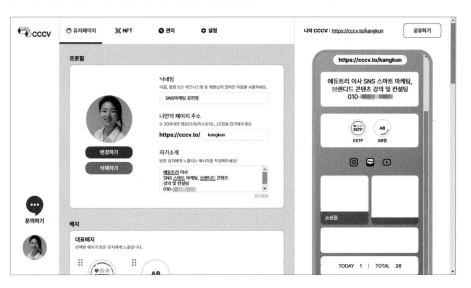

☑ 프로필 사진, [닉네임], [자기소개]는 SNS와 동일하게 업로드하여 통일성을 줍니다. 단, [자기소개] 부분은 최신 소식을 올리는 공지 사항 등으로 활용할 수 있습니다. [나만의 페이지 주소]는 영문으로만 쓸 수 있으며, 짧고 외우기 편한 형태로 설정합니다. 완성되면 각 SNS의 프로필 정보의 해당란에 CCCV.TO를 포함한 전체 주소를 입력합니다.

☑ [배지]는 나를 설명하는 스티커의 종류입니다. MBTI, 혈액형 등으로 설정할 수 있으나 선택지가 많다고 해서 너무 과도하게 설정할 필요는 없습니다.

4 [나의 CCCV 추가하기]를 클릭하여, [SNS 연동]으로 인스타그램, 페이스북, 유튜브, 네이버 블로그 등 운영하고 있는 채널을 연결합니다. [링크]를 클릭하여 스마트스토어, 쇼핑몰, 홈페이지 등을 입력하여 표시합니다.

💙TIP 유튜브 채널의 고유 번호는 [채널 맞춤설정]에서 [기본 정보]를 선택한 후 [채널 URL]에서 'channel/' 다음의 텍스트를 복사하여 입력하면 됩니다.

| ≡ ▶ Studio | | 🔍 채널에서 검색하기 | | ? 📹 만들기 👤 |

레이아웃   브랜딩   **기본 정보**   채널 보기   취소   게시

채널 URL
채널의 표준 웹 주소입니다. 여기에는 URL 끝에 있는 숫자와 문자 조합인 고유 채널 ID가 포함되어 있습니다. ?

https://www.youtube.com/channel/UClw6uXnZ52gSPeH9P-KQqwg

맞춤 URL
기억하기 쉬운 YouTube 채널 웹 주소입니다. ?

https://www.youtube.com/c/강진영

삭제

▽ 스마트폰에서 쓰기 편한 홈페이지 제작 도구 modoo

상품의 체계적인 소개, 상점에 대한 정리된 정보가 필요하다면 네이버에서 제공하는 서비스인 modoo를 추천합니다. 업종별 다양한 템플릿을 제공하여 초보자도 짜임새 있는 홈페이지를 구성할 수 있으며, 네이버 지도 및 예약 등과 연동이 쉽고, 네이버 안에서도 검색되어 국내 사용자에게 효율적인 도구입니다.

1 PC와 모바일 모두 브라우저에서 modoo.at에 접속한 후 네이버 아이디로 로그인합니다. 기존에 있는 홈페이지를 수정 관리해야 한다면 [홈페이지관리]를 선택하고, 새로 만들어야 한다면 [modoo 시작하기] 혹은 [홈페이지 지금 바로 만들기]를 선택한 후 바로 시작합니다. 초보라면 [제작동영상]과 [활용사례] 혹은 공식 가이드 https://help.modoo.at/을 통해 도움을 받을 수 있습니다.

2 [홈페이지 지금 바로 만들기]를 누르면 활용 안내 소식과 관련한 안내문이 나타납니다. 여기에 동의하면 바로 홈페이지가 구성됩니다.

3 홈페이지 구성 시 템플릿을 이용하면 제작이 쉽습니다. 첫 화면에서 하단의 템플릿을 터치하면 간단한 설문이 나옵니다. 읽고 답변한 후 업종을 선택하면 해당되는 템플릿을 추천하여 자동으로 구성해 줍니다.

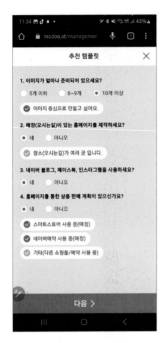 

4 템플릿이 자동으로 구성되면 한 페이지씩 선택하여 편집한 후 반드시 오른쪽 상단의 [저장]을 터치합니다.

5 편집이 완성되면 [관리]를 선택하여 홈페이지명, 설명, 인터넷주소, 홈페이지분류를 입력합니다. [홈페이지 공개]를 체크하면 네이버에서 검색되며, 설정한 00000.modoo.at으로 접속할 수 있습니다. [공동편집]을 눌러 공동 작업자를 초대할 수도 있습니다.

PC 화면에서도 모든 작업을 동일하게 할 수 있으며, 미리보기가 가능합니다.

▽ 구글 서비스와 연동이 최적화된 구글 사이트 도구

구글 서비스를 자유롭게 사용하고, 데이터들을 공개해야 한다면 구글 사이트를 사용하는 것이 좋습니다. 예를 들어 대관업을 하는 곳에서 장소별 소개를 구글 프레젠테이션으로 제작했고, 구글 설문지를 활용하여 예약을 받고 있고, 현황을 구글 캘린더로 활용하고 있다면 구글 사이트를 활용하는 것이 효율적입니다.

1 구글 드라이브(http://drive.google.com/)에서 [신규]를 선택하고 [더보기]에서 [Google 사이트 도구]를 선택합니다.

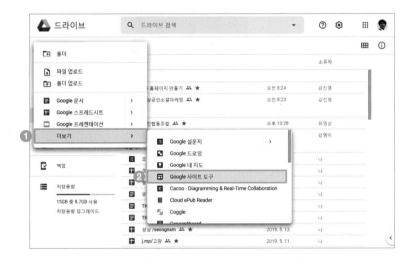

2 오른쪽 [테마]에서 적절한 테마를 하나 선택합니다. 왼쪽 화면에 사이트 제목과 주제를 기입합니다.

3 홈페이지를 공유하려면 상단 메뉴에서 공유 아이콘을 선택합니다. [다른 사용자와 공유] 대화창에서 [초대할 사용자] 입력란에 홈페이지를 함께 만들고 관리할 동료의 구글 계정(보통 지메일)을 입력한 후 [보내기]를 선택합니다.

4 화면 상단 오른쪽의 [게시]를 선택하면 [웹에 게시] 대화창이 나타납니다. [웹 주소] 입력란에 홈페이지의 고유 아이디를 하나 만들어 기입합니다. 이 아이디는 https://sites.google.com/view/의 뒷부분에 추가되어 홈페이지의 웹 주소로 쓰입니다([맞춤 URL]의 [관리]에서 별도의 도메인을 추가해 독립된 홈페이지 주소를 쓸 수도 있습니다). 대화창 하단 오른쪽의 [게시]를 선택합니다.

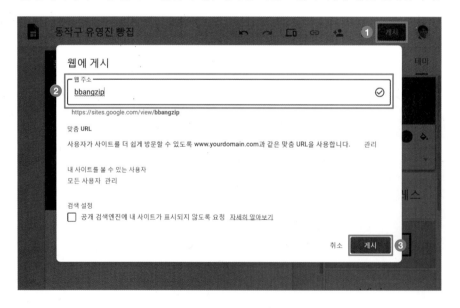

5 화면 오른쪽 메뉴의 [삽입]에서는 기본적인 텍스트, 이미지, 코드 삽입, 구글 드라이브에서 파일을 추가할 수 있습니다. 또 여러 장의 이미지를 넘겨 보는 [이미지 캐러셀]과 목차, 유튜브 영상, 캘린더, 지도, 설문지 등 다양한 콘텐츠 유형을 필요한 대로 추가할 수 있습니다.

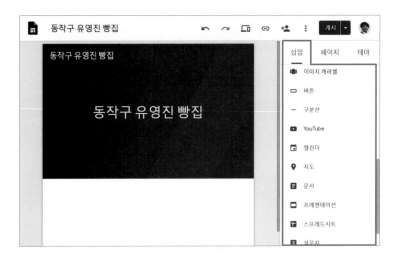

6 화면 오른쪽 메뉴의 [페이지]에서는 홈페이지를 위한 메인 메뉴, 하위 메뉴를 자유롭게 추가할 수 있습니다. 하단의 [+] 버튼을 선택하면 [새 페이지] 대화 창이 나옵니다. [이름]에 입력한 페이지 이름은 메뉴명으로도 사용됩니다. [완료]를 선택합니다. 입력한 메뉴는 왼쪽 창에서 마우스로 끌어 위치를 조절할 수 있습니다.

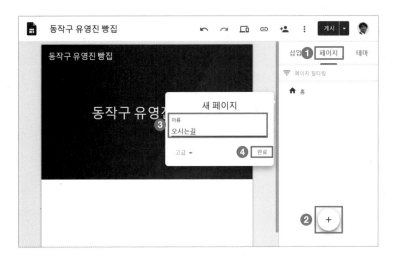

마케팅(Marketing)이란?
비즈니스의 전체 과정을 시장(고객)과 함께하는 것

마케팅 기획서 작성

Step 1
시장 및 고객 조사

- 기존 네트워크 분석
- 방문자(포스) 분석

- 빅데이터 활용
  - 네이버 데이터랩
  - 구글 트렌드
  - 소상공인마당: 상권정보

Step 2
타깃 고객과 콘셉트 도출

- 구체적인 고객 분석
- 한 문장의 콘셉트 도출
- 해시태그 설정

Step 3
전략에 따른 진입

- 검색 등록
- SNS의 프로필 설정
- 홈페이지 제작

 핵심 포인트

타깃 고객은 최대한 구체적이어야 합니다.
시장 및 고객 분석은 정기적으로 하여 해시태그, 이벤트 등 비즈니스에 반영합니다.
분석된 시장과 고객 중심의 채널을 개설하고 운영합니다.

CHAPTER 2

SNS 안에서
고객 만나기

#친구늘리기 #그룹홍보 #좋은친구를_빨리_많이_오래

'결국 네트워크를 확장할수록 강해집니다.' – 마크 주커버그

1

SNS 안에서
친구 맺기

♥ ◯ ▽   ⬓

SNS 마케팅의 핵심 중의 하나가 바로 네트워크의 확장, 즉 친구 맺기입니다. 프로필을 통해 기본 신뢰를 갖추고, 시장 및 트렌드 분석을 통해 타깃 고객에 대한 정의가 되었다면 이제 바로 친구를 맺어야 합니다.

오프라인 친구를 맺는 것과 다르게 SNS의 친구는 느슨한 연대이며, 언제든지 맺고 끊음이 자유롭습니다. 처음에는 편안한 마음으로 맺으셔도 좋습니다. 친구를 맺는 것은 마케팅 기획서의 타깃 고객 정의에 대해 다시 한번 확인하고, 향후 이벤트나 콘텐츠 기획에서도 많은 인사이트를 받을 수 있는 기회입니다.

▽ SNS 친구를 맺어야 하는 이유

- **좋은 친구가 많을수록 높아지는 신뢰도**

  친구 숫자와 소통 정도는 SNS 안에서 시스템적으로 평가되어 글의 노출, 친구 추천 등 신뢰 지수를 이룹니다. 즉, 지수가 높은 사람은 자신의 콘텐츠를 다른 사람의 뉴스피드를 통해 잘 전달되고 사람들이 느끼는 신뢰도 향상에 도움을 줍니다. 또한 활동 시 친구 신청, 좋아요, 댓글 등으로 반응을 보일 때 심리적인 부담이 줄어듭니다.

- **사람을 타고 흐르는 콘텐츠**

  네이버, 다음과 같은 포털의 광고보다 SNS의 소구력이 더욱 강력한 이유는 바로 사람 간의 연결, 즉 네트워크의 힘 덕분입니다. 아무리 좋은 콘텐츠라도 사람들의 댓글과 좋아요 같은 공감, 그리고 공유가 반드시 있어야만 합니다. 사람들이 반응하지 않는 콘텐츠는 매일 수없이 쌓이는 다른 콘텐츠에 밀려 사라지고 맙니다.

- **시장 전반에 대한 이해도 상승**

비즈니스에서 시장을 이해하는 것은 아주 중요한 요소입니다. 오프라인 만남보다 친구들의 뉴스피드를 통해 고객, 협력처, 동종 업계 소식을 자연스럽게 접하고 그것을 통해 시장의 최신 소식이나 동향을 확인할 수 있습니다. 댓글이나 좋아요, 공유를 통해 사업 전반에 대한 이야기를 직접 나눌 수 있고 오프라인의 공간, 시간 제약과 비용 문제로 고용할 수 없었던 전문가들의 지원도 받을 수 있습니다. 이런 소통을 통해 도움이 되는 기회를 놓치지 않을 수 있습니다.

- **협업 비즈니스 네트워크**

매장을 지켜야 하는 소상공인의 경우 오프라인에서 고객, 협력처 등 신뢰성 있는 비즈니스 네트워크를 유지하는 것에 한계가 있습니다. SNS 안에는 프로필과 인맥, 그리고 활동을 바로 확인할 수 있기 때문에 이를 통해 신뢰를 검증할 수 있고 공개된 소통으로 오히려 안전하고, 확실한 비즈니스 네트워크를 가질 수 있습니다.

또한 오프라인 모임 없이도 SNS에서 관계를 유지할 수 있기 때문에 오프라인만의 관계보다 월등히 좋은 비즈니스가 가능합니다.

- **고객의 라이프스타일 파악**

오프라인에서도 고객과의 대화나 설문조사 등을 통해 고객을 파악할 수 있는 방법은 있습니다만, SNS에서 친구를 맺으면 고객에 대해 더 다양한 정보를 알 수 있습니다. 단지 프로필뿐만 아니라 일상 생활에 대해 기록하는 정보들은 고객에 대한 이해를 높여 주며, 이런 이해는 이벤트, 상품, 서비스 등에 많은 영향을 주기 때문입니다. 고객 또한 상품, 서비스, 상점에 대해서 다양한 이야기를 접하면서 우리를 이해하고, 공감할 수 있습니다.

- **SNS의 소통 자체가 마케팅**

SNS 안에서 신뢰를 갖춘 프로필을 설정해 친구를 맺고, 서로의 글에 댓글과 답글, 공유 등으로 대화하고, 이벤트를 기획 운영하는 모든 활동이 브랜드의 이름을 알리고, 네트워크를 강화, 확장하는 마케팅이 이루어집니다.

진실되고 활발한 소통을 하면 더 많은 친구들에게 내 소식이 전달됩니다. 광고를 통한 노출의 경우에는 비용이 소진되면 노출이 멈추지만, 이런 소통 방법은 쉽게 꺼지지 않는 지속적인 효과를 누릴 수 있습니다.

▲ SNS의 목적은 좋은 친구를 빨리, 많이, 오래도록 맺는 것입니다.

▽ 친구 맺기 체크리스트

마케팅 기획서를 살펴보면서 고객 및 잠재 고객, 즉 타깃 고객과 가까운 사람들로 친구 맺기와 팔로우를 하도록 노력합니다. 타깃 고객에 가까운 사람들끼리 서로 친구를 맺고 소통하고 있기 때문에 댓글, 좋아요 등의 반응이 타깃 고객에게 노출된 확률이 높아지기 때문입니다.

맞팔로우나 친구 수락 시 적용되는 내용이므로 자신의 프로필, 타임라인을 점검하는 기준으로 삼아 봅니다.

- **동종 업계, 고객층 등 우리 상점과 관련한 이해 관계자에 속한 사람인가요?**
- **프로필에 아래와 같은 사항이 제대로 나타나 있나요?**
  - 얼굴을 알아볼 수 있는 사진
  - 소속과 직함이 확실한 사람
  - 친구 숫자 및 목록 공개
- **페이스북 활동이 최근 6개월 동안 꾸준하며 게시글이 적절한가요?**
  - 최근 글의 날짜
  - 댓글 또는 답글의 양과 내용의 적절성
  - 외부 글의 공유 비율(노출을 목적으로 하는 외부 글이 너무 많으면 넘어가기)
- **친구의 숫자가 너무 낮은 사람(500명 이하)인가요?**

> 📖 **한 걸음 더** 페이스북 친구가 5,000명인 이유
>
> 한 사람이 사회적 관계를 안정적으로 유지할 수 있는 숫자는 150명이라고 합니다. 이를 '던바의 숫자(Dunbar's number)'라고 합니다. 원시 부족부터 현대의 마을 단위를 보면 대체로 약 150명 정도의 인원으로 구성됩니다. 이는 두 세대 정도가 항상 겹치며 살아가는 공동체의 특성에서 흔히 볼 수 있습니다. 그 이상의 사람을 관리하려면 네트워크 관리 서비스의 지원을 받아야 합니다. 대표적인 것이 SNS입니다. 2단계 정도까지 챙길 수 있다면 12×12×12=1728이 됩니다. 그런데 오프라인처럼 온라인의 네트워크에도 허수가 존재합니다. 기계나 구조에서 안전율을 잡아 주는 것처럼 관계에서 3배수 정도를 잡는다면 1728×3=5184, 약 5,000명이 됩니다. 온라인 커뮤니티나 네트워크 관리 입장으로 추정해 본 수치입니다.

2

페이스북에서 친구 맺기

♥ ○ ◁   ⊓

페이스북은 SNS에서 대표 채널이었지만 지금은 다양한 채널의 등장으로 인해 중요성은 다소 줄어들었습니다. 그러나 페이스북이 SNS 마케팅에서 우선순위로 언급되는 이유가 있습니다.

○ 페이스북을 사용해야 하는 이유

• **사용자들의 프로필이 정확합니다.**

페이스북은 생년월일, 출신지, 경력 및 학력부터 다양한 관심사까지 프로필 정보를 가지고 있으며 또한 사용자들의 글, 소통, 관계 등 다양하고 많은 활동 데이터를 가지고 있습니다. 이러한 사용자 정보는 친구를 추천하거나 광고를 할 때 등 매우 유용하게 활용됩니다.

• **폭넓은 연령층을 가지고 있습니다.**

페이스북의 사용자는 특정 연령층에 몰려 있는 것이 아니라 다양한 연령층을 가지고 있으며, 멋진 사진이나 잘 편집된 동영상 위주의 다른 SNS가 부담스러운 40, 50대의 남성에게 선호도가 가장 높은 채널이며, 실용적이고 합리적인 소비를 원하는 소비자에게 다가가기 좋은 채널입니다.

• **신뢰할 수 있는 친구를 맺을 수 있으며, 콘텐츠가 친구들을 타고 퍼지는 SNS입니다.**

인스타그램과 블로그 등을 운영하고자 한다면 페이스북으로 인맥과 콘텐츠의 공유도 가능합니다. 공유를 중심으로 설계한 페이스북에서는 콘텐츠를 손쉽고 적극적으로 할 수 있습니다. 연락처, 관심사, 지역, 출신 등을 통한 친구 추천과 손쉬운 소식 공유 등의 기능은 SNS의 본래 의미에 가장 가까운 도구입니다.

- **인스타그램과 페이스북은 연동되는 알고리즘을 가지고 있습니다.**

   2012년 페이스북이 인스타그램을 인수한 후 계정 연동으로 친구 추천과 게시글 연동, 구독 추천, 페이지의 광고, 쇼핑 기능 등 두 서비스는 서로 영향을 미치며 성장하고 있습니다.

이런 이유로 소상공인이 SNS 마케팅을 시작한다면 페이스북에 먼저 진입하기를 권합니다. 페이스북 친구는 인스타그램 팔로워, 유튜브 구독자의 든든한 기초가 되며, 블로그 글, 유튜브 영상 등 외부 링크를 공유할 수 있습니다.

> ♥TIP   페이스북을 친구를 맺을 때는 반드시 프로필을 정확하고 세밀하게 입력하도록 합니다. 친구 요청 시 상대방이 수락을 해야 친구가 되기 때문에 프로필이 신뢰에도 영향이 있지만 거주지, 출신지, 연령, 경력 등으로 친구 추천을 매칭하므로 검색에도 영향을 줍니다.

페이스북은 크게 개인, 그룹, 페이지, 이벤트라는 4개의 구성 요소로 이루어집니다. 각 요소의 설명은 다음과 같습니다.

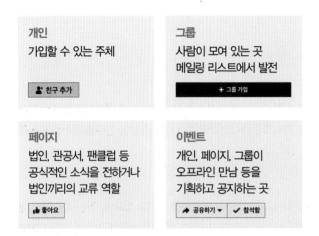

마케팅 효과를 높이려면 빠르게 좋은 친구를 맺어야 합니다. 그러자면 사람들이 모여 있는 곳을 찾아야 합니다. 페이스북에서의 그룹이 바로 그런 역할을 합니다. 페이스북 그룹을 통해 SNS 안에서 영향력이 높은 키맨을 찾을 수 있고 그들과 함께 활동하거나 협업하면 마케팅에 큰 도움이 됩니다.

◯ 스마트폰 연락처부터 시작하기

처음에 페이스북 친구를 맺을 때는 연락처로 시작합니다. 마중물 같은 역할을 해 줄 친구를 찾기 위해서 입니다. 연락처를 가진 사람은 친구 수락의 가능성이 높고 서로 기본적인 신뢰를 보장할 수 있습니다.

 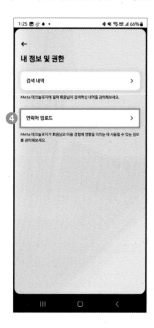

▲ [메뉴] – [설정] – [개인정보] – [연락처 업로드]

▲ 해당 계정 선택 후 [연락처 계속 업로드] 확인. 친구 수락 화면에서 추천 친구로 확인할 수 있습니다.

○ 친구의 친구로 파도타기

사람은 비슷한 성향과 지역, 관심사 등으로 친구를 맺습니다. 그래서 고객 혹은 타깃 고객층과 친구를 맺었다면 친구 목록을 살펴서 친구를 맺을 수도 있습니다. 직장, 거주지, 출신지 등으로 세분화하여 친구를 맺고 싶으면 PC 브라우저에서 친구의 친구 목록을 활용합니다.

친구의 프로필 페이지의 [친구] 탭을 선택하면 직장, 거주지, 출신지로 구분된 친구 목록을 볼 수 있습니다. [친구 추가]를 클릭하여 친구를 맺습니다.

모바일에서는 활동 기록을 통해 추천해 주는 목록을 볼 수 있습니다. 친구 프로필 페이지에서 친구 영역에서 [모든 친구 보기] – [추천] 목록을 보면서 친구 추가를 터치하면 됩니다.

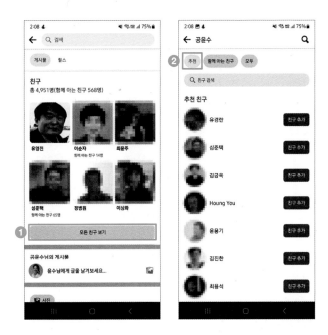

📄 페이지 검색으로 친구 맺기

나와 타깃이 비슷한 업종이거나 경쟁 혹은 벤치마킹할 수 있는 상점이 있다면 그 페이지에 좋아요, 댓글
활동이 있는 사람들을 대상으로 친구를 맺습니다.

상단 검색을 활용하여 페이지를 검색합니다. 인기 게시물 혹은 최근 게시물의 좋아요와 댓글을 확인하고, 친구를 맺어 나갑니다.

○ 그룹에서 친구 맺기

소규모 사업자에게는 지역 그룹과 분야 그룹이 중요합니다. 페이스북 상단 검색창에 지명을 입력(예 '성남')하면 해당 단어와 관련 있는 글, 사람, 그룹, 페이지 등이 모두 검색됩니다. 그중에서 [그룹]을 선택하면 지역 그룹이 나옵니다. 보통 활성화된 순서나 친구가 많이 있는 그룹이 먼저 나옵니다.

상단 검색창에 원하는 단어를 입력한 후 자판의 [돋보기] 혹은 [완료]를 터치합니다. 하단의 필터링 메뉴에서 [그룹]을 터치하고 검색 결과를 확인합니다.

그룹을 볼 때는 우선 공개 그룹인가, 멤버 수는 어떻게 되는가를 기준으로 삼아서 상위 3개에서 5개 정도를 검토합니다. 주 고객이 학생이라면 학교명을 검색하고, 직장인이라면 관련 그룹이 있는지 확인하는 것도 좋습니다.

비공개 그룹은 그룹의 속성을 파악하기가 쉽지 않고 관리자의 영향력이 지나치게 큰 경우가 많아 나중에 콘텐츠 공유가 어려운 데다 파급 효과가 낮아 피하는 것이 좋습니다. 규모도 150명 미만의 경우 보통은 관리자의 영향력이 커서 활동하기가 어려울 수 있습니다.

그룹에서 기본으로 파악해야 할 사항은 개설일, 현재 멤버 수, 최근 글, 올라오는 글의 분위기, 이벤트 주제 및 주기, 개설자, 관리자 명단과 활동 등입니다. 그룹에 따라서는 직접 가입하기 곤란한 조건이 있을 수도 있습니다. 그런 경우에는 가까운 분께 부탁하거나 멤버들과 개인적인 관계부터 맺는 것도 방법입니다.

친구 신청을 하기에 앞서 우선 그룹의 속성도 파악해야 합니다. 15분 정도의 시간을 정해 놓고 그룹의 성격을 알아봅니다. 그룹 정보에서 소개글을 읽고 관리자들의 프로필과 타임라인을 둘러보며 어떤 이벤트가 열렸고 참여율이 얼마나 되는지 봅니다. 토론 글, 댓글과 답글을 둘러보면서 어떤 주제로 이야기가 진행되는지 혹은 어떤 진행 방식으로 발제되고 댓글, 답글이 달리는지 파악합니다.

▲ 검색 화면에서 그룹을 선택하면 기본 정보 및 공개 여부를 볼 수 있습니다.

- **가입 인사(소개글) 올리기**

  그룹의 주제(지역, 취미, 전문 분야)에 맞는 자신의 가입 프로필을 언급하고, 앞으로 이 그룹에서 활동하며 기대하는 것, 본인이 할 수 있는 역할에 대해서 이야기합니다. 소개글과 관련 있는 사진을 4장 이상 첨부하면 글의 이해도와 주목도가 높아집니다.

  그룹의 운영자 등에게 추천을 받았다면 반드시 태그(@) 기능을 사용해서 언급해 주면 사람들에게 좀 더 친근감 있게 다가설 수 있습니다.

- **활동에 참여하기**

  올라온 글에 댓글과 답글을 달거나 좋아요를 합니다. 가입 인사 글을 썼으면 다음 글을 올릴 때까지 당분간 시간을 갖는 것이 좋습니다. 새 글을 너무 자주 쓰면 사람들에게 피로감을 줄 수 있습니다. 오히려 올라온 글에 적절한 댓글과 답글을 다는 편이 그룹에서 친구를 늘리고, 옹호 고객을 확보하기에 더욱더 좋습니다.

  댓글과 답글에서는 '@'를 활용해 글 쓴 사람 혹은 관련 있는 사람을 적절히 언급하면서 가벼운 질문을 하는 편이 소통을 시작하는 좋은 방법입니다. 질문할 때는 상대방의 감정을 생각하면서 부드럽게 질문해야 합니다. 보통 질문 전에 해당 주제나 자료에 대해 우호적인 관심을 표현하는 것도 필요합니다.

- **페이스북에서 @로 사람 언급하기**

  '@'를 먼저 입력한 후 띄어쓰기 없이 언급하고자 하는 사람의 이름을 입력합니다. 나타나는 사람들의 목록에서 해당되는 사람을 터치합니다. 제대로 되었다면 굵은 표시로 태그한 사람의 이름이 보이고 터치하거나 클릭하면 해당하는 사람의 프로필로 링크되며, 언급한 사람에게는 알림이 갑니다.

▽ 그룹에서 친구 맺는 순서

공개 그룹의 경우 그룹 이름 아래 사람들의 얼굴을 터치하면, 그룹원의 전체 목록을 볼 수 있습니다. 관리자 및 댓글 관리자, 공통점이 있는 멤버, 거주지나 출신지가 같은 멤버의 순서대로 나타납니다.

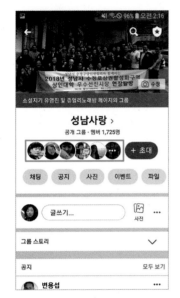

다음을 기준으로 친구를 맺습니다.

- **그룹 관리자와 댓글 관리자**

  그룹에서 보통은 관리자의 영향력이 중요합니다. 가장 먼저 친구를 맺는 이유입니다. 그룹의 댓글 관리자는 관리자와 거의 같은 권한을 가지고 있습니다. 따라서 나중에 나오는 방법으로 관리자, 댓글 관리자와 친구를 맺습니다.

- **멤버 중에서 프로필이 맞는 사람들**

  페이스북 그룹에는 친구 추천 기능이 있습니다. 공통점이 있거나 거주지가 동일한 멤버순으로 추천됩니다. 추천된 사람들은 '함께 아는 친구'가 있거나 프로필의 공통점 덕분에 친구 신청을 수락할 확률이 비교적 높습니다. 실명, 얼굴 사진, 타임라인 활동을 보면서 친구를 맺어야 합니다.

- **활동이 활발한 사람들**

  최근에 글을 올린 멤버, 댓글을 단 멤버, 좋아요를 누른 멤버순으로 친구 신청을 합니다. 신청을 하기 전에 해당 글에 좋아요와 댓글, 답글을 적절히 달고 신청하면 수락할 확률이 높아집니다.

- **이벤트에 참여한 사람들**

  이벤트를 개설하고, 참석을 누른 멤버들도 페친(페이스북 친구)을 맺으면 좋습니다. 이벤트의 규모가 클 경우 뜻밖의 기회가 될 수도 있습니다. 이벤트의 토론 부분에 가면 어떤 멤버들이 더욱 적극적인지 파악하기 쉽습니다. 그룹에서는 지난 이벤트도 볼 수 있는데 역순으로 확인하면서 참여한 멤버들에게 신청합니다.

1 그룹 하단의 [이벤트]를 터치하고 [지난 이벤트]를 터치합니다.

2 이벤트 상세 화면 중간에 참석자 명단의 숫자를 터치합니다. 목록이 나타나면 원하는 사람을 골라 [친구 추가]를 터치합니다.

▽ 페이스북의 다양한 친구 관계

사업을 하다 보면 다양한 관계를 갖게 됩니다. 본격적인 SNS인 페이스북은 그런 상황에 맞게 친구 관계를 관리할 수 있도록 많은 옵션을 제공합니다. 그중에 중요한 것 몇 가지만 설명하겠습니다.

• 친한 친구와 알림 받기

페이스북 친구를 맺을 때 친한 친구를 현재 30명까지 설정할 수 있습니다. 친한 친구로 설정하면 페이스북 뉴스피드에서 우선순위로 나타납니다. 친한 친구가 쓴 글은 다른 친구가 쓴 글보다 먼저 보입니다. 친한 친구로 설정하면 알림 받기도 자동으로 설정됩니다. 친구의 활동이 알림에서도 우선순위가 되어서 활동에 민감해집니다. 친한 친구지만 알림 받기만 끌 수도 있습니다. 반대로 알림 받기만 설정하고 친한 친구는 설정하지 않아도 됩니다.

• 아는 사람

아는 사람은 모든 것을 다 공유하고 싶지는 않은 친구입니다. 공개 대상 선택 도구(https://www.facebook.com/help/120939471321735)에서 아는 사람을 제외한 친구를 선택하면 게시물을 올릴 때 이들을 제외할 수 있습니다. 이 리스트에 사람들을 추가했다는 알림은 전송되지 않습니다.

• 생일 기능으로 페이스북 친구 정리하기

당일이 생일인 친구부터 3일 후 생일인 목록까지 보입니다. 이 분류는 친구를 맺을 때 사용하기보다 친구가 많아서 부실한 관계를 한꺼번에 검토할 수 없을 때 날마다 또는 3일 정도의 간격으로 검토할 수 있는 좋은 기준이 됩니다. 프로필을 방문해서 변경 사항과 최근 타임라인이 언제까지 유지되어 있는지 활동을 봐서 관계를 정리할 때 유용합니다.

▲ 오른쪽 생일 알림 활용

생일을 맞은 친구들의 이름을 클릭하여 개인 프로필 페이지에서 프로필 변경 및 최신 소식 날짜를 본 다음 앞서 살펴본 '친구 맺기 체크리스트'를 기준 삼아서 친구 관계를 유지할지 끊을지를 판단합니다. 친구를 끊는다고 해서 상대방에게 알람이 가는 것이 아니니 부담 없이 결정해도 됩니다.

• **먼 친구**

친구 리스트의 맨 아래에 있는 것이 먼 친구입니다. 페이스북 친구를 먼 친구 리스트에 등록하면 친구 관계는 유지되지만 추가된 사람은 공개 대상을 전체 공개로 설정한 게시물이나 자신이 태그된 게시물만 볼 수 있습니다. 예를 들어 거래처 사장님과 친구 관계를 맺은 후 먼 친구 리스트에 등록하고 사진을 게시할 때 공개 대상을 친구만 보도록 선택하면 거래처 사장님이나 먼 친구 리스트에 등록된 다른 사람에게는 그 사진이 보이지 않습니다. 상대방이 나의 프로필을 봐도, 상대방을 태그로 지정하지 않았거나 전체 공개로 공유하지 않은 것은 볼 수 없습니다. 하지만 사진을 추가하고 사진에 상대방을 태그하거나 공개 대상을 전체 공개로 선택한 사진은 상대방도 볼 수 있습니다.

3

인스타그램에서
친구 맺기

♥ ♡ ◁   ⊓

인스타그램은 사용자의 취향이 많이 반영되는 채널입니다. 친구를 맺는 것은 나의 취향과 타깃 고객의 취향이 겹치는 교집합을 찾아 나가는 과정입니다. 인스타그램의 친구 숫자는 제한 없이 맺을 수 있다는 장점이 있지만 나중에 중요한 친구들을 찾으려면 조금 번거로울 수도 있습니다. 그래서 초반에 친구를 맺으면서 향후 제휴를 제안하거나 친밀해야 하는 친구들은 따로 리스트를 만들어 두는 것이 좋습니다.

🔍 SNS 마케팅에서 인스타그램의 장점

• **인스타그램은 사진 혹은 짧은 동영상을 중심으로 한 비주얼 중심의 소셜 미디어입니다.**

블로그의 글 작성, 혹은 블로그처럼 영상 편집에 대한 부담 없이 바로바로 편안하게 내가 지금 경험하고 있는 것을 사진 혹은 영상으로 찍어 바로 쉽게 올릴 수 있습니다. 이런 매력 때문에 인스타그램은 2023년 4월 기준으로 국내 사용자가 2000만 명을 넘었습니다.

• **장소, 서비스, 상품과 관련한 최신 비주얼 정보를 얻어 낼 수 있습니다.**

인스타그램의 게시물의 노출 기준은 인기와 최신성입니다. 이런 특징 때문에 네이버나 구글 등의 포털 검색보다는 고객의 입장에서는 장소, 서비스, 상품과 관련된 최신의 비주얼 정보를 얻을 수 있습니다. 상점의 입장에서는 우리와 관련한 고객들의 경험 데이터를 확인할 수 있으며, 우리 상품과 서비스에 대한 경향을 파악하고 팔로우를 맺어 고객에 대해 이해가 가능합니다.

• **고객과 친구 맺는 것이 비교적 쉽습니다.**

인스타그램의 팔로잉, 팔로워 수는 제한이 없습니다. 그렇기 때문에 비교적 서로 친구를 맺는 것이 쉽게 느껴집니다. 이런 장점이 있는 대신 그만큼 혜택이나 필요에 의해서 맺고 금방 끊는 일명 '체리피커'를 주의해야 합니다.

○ 인스타그램 활용법

• **검색을 활용합니다.**

고객의 입장에서의 키워드(해시태그), 경쟁 업체, 랜드마크 등을 검색하여 트렌드에 대해 학습하고 파악하며, 팔로잉과 팔로우로 네트워크를 넓히고, 좋은 콘텐츠를 기획하는 데 활용합니다.

• **좋은 친구를 최대한 맺습니다.**

인스타그램은 팔로잉, 팔로워의 숫자 제한이 없습니다. 그러나 친구 수를 너무 많이 늘리면 관리가 되지 않을 수가 있으며, 오히려 나와 거리가 먼 타깃층이 인플루언서라도 마구잡이로 친구를 맺으면 마케팅과는 먼 왜곡된 정보를 얻을 수 있으니 주의해야 합니다.

• **사진, 릴스, 스토리 등으로 최신의 소식을 계속 업로드합니다.**

SNS에서는 성실하고 지속적인 활동이 없으면, 관계나 시스템에서 신뢰를 확보하기가 어렵습니다. 인스타그램은 특히나 최신성이라는 평가 기준이 가장 확실하게 적용되는 SNS입니다. 최신의 소식을 게시물, 릴스, 스토리 등으로 자주 올리고, 팔로워들의 반응을 얻어야 합니다.

▽ 페이스북 연동하여 친구 찾기

막 가입을 했을 경우 팔로우를 가장 빨리 확보하는 방법은 연락처와 인스타그램에 진입한 페이스북 친구를 찾아 맺는 것입니다.

▲ 프로필 페이지에서 [메뉴] – [설정 및 개인정보] – [친구 팔로우 및 초대] – [연락처가 있는 사람 팔로우] 선택

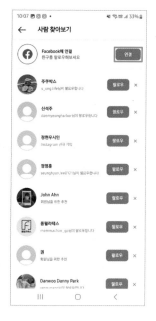

연락처의 [액세스 허용]을 선택하면 연락처에 있는 인스타그램 사용자의 목록이 표시되며, 팔로우를 터치하여 인스타그램 친구를 맺습니다. 가장 상단에 [Facebook에 연결]을 터치하여 친구를 추천받을 수도 있습니다.

▲ 연락처 액세스 허용

▽ 해시태그로 검색하여 친구 맺기

인스타그램에서 해시태그를 검색하고 팔로우하면 해당되는 해시태그를 피드에서 게시물로 볼 수 있습니다.

해시태그의 경향을 파악하거나 새로운 친구를 맺기에도 편리한 기능입니다.

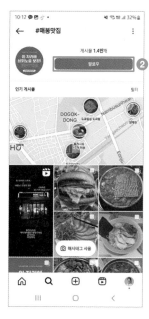

상단 검색란에 '#해시태그'를 검색합니다. 검색한 후 화면에서 [팔로우]를 합니다. 해시태그 팔로우를 하면 해당되는 해시태그에 새 글이 올라오면 피드에 올라오고, 상단의 해시태그를 터치하여 팔로우를 해지하면 구독이 취소됩니다.

▽ 친구의 친구 맺기

인스타그램의 공개 계정이라면 팔로워, 팔로잉 리스트가 공개됩니다. 다음과 같이 타깃 고객과 맞는 사람이 있다면 친구의 친구까지 맺어 둡니다. 친구의 친구를 맺는 이유는 경쟁사를 제외하고는 중복되는 네트워크가 많을수록 소식이 쉽게 노출되기 때문입니다.

- 동종 상권의 다른 점포의 계정
- 인플루언서의 가능성이 있는 고객의 계정
- 경쟁사의 계정

해당되는 계정을 검색하여 팔로워의 숫자를 터치합니다. 최신 활동이 있는 친구의 리스트가 나타납니다. [팔로우] 버튼을 터치하여 친구를 맺습니다.

▽ 체크인 활용하기

지역의 랜드마크가 되는 지하철, 버스정류장, 대형 마트, 백화점 등에 방문하면 사람들은 위치와 함께 인스타그램에 체크인 포스팅을 합니다. 이런 체크인 포스팅을 보면 방문자의 경향이나 트렌드를 파악하기 좋으며, 타깃 고객과 가까운 팔로우를 쉽게 맺을 수 있습니다.

상단에 랜드마크의 이름을 입력 후 [장소] 탭에서 장소명을 선택하고 [최신 게시물] 탭을 터치하여 게시물을 확인하고, 팔로우를 맺습니다.

▽ 인스타그램의 친구 관리하기

인스타그램에서는 '친한 친구' 기능을 설정하여 마케팅에 활용할 수 있습니다. 친한 친구로 설정되면 인스타그램의 스토리에 글을 올릴 때 친한 친구에게만 보이는 글로 설정할 수 있을 뿐 아니라 상대방의 글이 나에게 먼저 표시됩니다.

단골 고객 혹은 나중에 제휴할 수 있는 비즈니스 계정 혹은 인플루언서를 설정하면, 그 사람들의 최신 소식이 나에게 우선으로 보이고, 친한 친구 설정을 했고 서로 맞팔로우를 했다면 그 사람들에게 스토리가 우선으로 보이게 됩니다.

▽ 친한 친구 설정하기

친한 친구로 설정하고자 하는 계정
에서 [팔로우]를 터치하고 [친한 친구
리스트에 추가]를 체크하여 초록색으
로 설정된 것을 확인하면 됩니다.

또한 즐겨찾기를 설정하여 계정의
목록을 따로 관리할 수도 있습니다.
내 프로필 페이지의 [메뉴]를 선택하
여 [친한 친구] 혹은 [즐겨찾기] 메뉴
에서 설정한 계정들을 추가하거나
지울 수 있습니다.

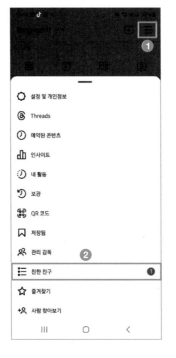

이 외에도 관련 최신 소식을 빨리 알아야 하거나 특별하게 관리해야 하는 계정이 있다면 알림 설정을 하여 최신 소식을 좀더 적극적으로 확인할 수 있습니다.

알림을 받고자 하는 계정에서 [알림] 아이콘(🔔)을 터치하고 게시글의 종류의 종류를 선택하여 알림 설정을 할 수 있습니다.

4

구매 고객과
SNS 친구 맺기

♥ ○ ▽   ⊓

마케팅을 통한 신규 고객의 유입도 중요하지만 구매자 및 방문자가 상점을 떠난 후에도 관계가 유지될 수 있도록 SNS 친구를 맺는 것이 중요합니다. 고객의 참여도가 높지 않더라도 이 작업을 꾸준히 해야 합니다.

구매 고객과 소통하기

▽ 구매 고객 정보의 중요성

- **구매 고객의 맥락 정보를 충분히 얻어 낼 수 있습니다.**

  마케팅 기획서를 작성하면서 느꼈듯이 고객에 대한 파악이 가장 핵심 활동입니다. 구매 고객과 친구를 맺었을 경우 고객의 프로필과 게시글 등 SNS 활동을 통해 고객에 대해서 좀 더 알 수 있습니다.

- **고객을 통해 네트워크 확장이 가능합니다.**

  고객의 친구는 잠재 고객에 가까울 수밖에 없습니다. SNS의 공개된 네트워크로 친구 맺기를 통해 네트워크의 확장이 가능해집니다.

- **고객과의 인맥 형성은 결국 재구매 혹은 재방문의 유도가 쉬워집니다.**

  페이스북, 인스타그램 친구들끼리 오프라인에서 만나면 오랜만에 만나도 최근까지 자주 만난 듯한 느낌을 갖게 됩니다. 구매나 방문이 아니더라도 상대방에 대한 정보나 소통이 있었기 때문에 대화 소재 또한 풍부합니다. 나아가서는 적극적으로 우리 상점의 마케팅 활동을 함께 하는 팬슈머(팬+소비자)가 되기도 합니다.

- **기존 고객의 경험 콘텐츠로 신규 고객의 유입도 가능합니다.**

  인증샷, 해시태그, 체크인 등을 활용한 이벤트는 홍보 콘텐츠가 생겨납니다. 이런 콘텐츠는 신규 고객의 유입에서 매우 중요합니다. 3장의 '후기 및 리뷰 전략'에서 자세하게 다루도록 하겠습니다.

▽ 포토존을 활용한 방문 인증

재미있는 문구의 캘리그라피 네온사인, 라테 아트 등은 인증샷을 유도합니다. 일반적인 홍보용 글보다 자신의 인스타그램이나 페이스북에 올렸을 때 재미있거나 감성적인 콘텐츠가 되기 때문에 부담 없이 올릴 수 있습니다.

▲ 구글에서 '네온사인 문구'로 이미지를 검색한 결과

▲ 구글에서 '라테 아트'로 이미지를 검색한 결과

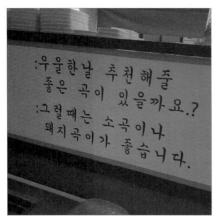

▲ 고객 눈에 띄는 곳에 배치한 재미있는 문구

성남 판교의 한 미용실은 은은한 조명과 상점 이름을 분위기 있는 폰트로 표시한 뒤 벽면을 활용해 포토 존을 만들었습니다. 서비스를 다 받고 난 뒤 변화된 모습을 인증샷으로 남길 수 있도록 매장 입구에 위치 했습니다.

영천의 청춘 짜장면은 주말이면 리마인드 웨딩을 해 주는 봉사활동을 합니다. 그때 사용하는 소품을 활 용해 상점 한쪽에 포토존을 만들었습니다. 음식을 기다리며 함께 온 사람들과 재미있게 즐길 수 있도록 준비했습니다.

성남시 수정구 상인들은 주차장 공사 중인 벽을 이용해 포토존을 만들었습니다. 상인분들도 행사가 있을 때 적극 활용하고 버스킹 등 야외 행사에 다용도로 사용하고 있습니다.

포토존을 마련하거나 타임라인에 올리기 좋은 콘텐츠를 적절히 게시합니다. 또 상점 벽면 포스터나 인쇄물에는 블로그나 페이지, 그룹, 대표의 페이스북 프로필 등 온라인 거점을 가볍게 소개하면 금상첨화입니다. 친구를 맺어 두면 재방문을 위한 이벤트를 열 때에도 유용합니다. 고객 중에 잠깐 관심을 가지고 친구 관계를 맺은 인연이 나중에 중요한 역할을 해 주기도 합니다.

음식점에서 '인스타그램에 포스팅하면 음료 무료'라는 문구를 종종 볼 수 있습니다. 경기도 산본의 고재영빵집은 인스타그램 인증샷과 팔로우 맺기를 유도하는 인쇄물을 부착했습니다.

이렇게 남긴 고객들의 후기는 나의 피드에도 함께 공유하는 것도 좋습니다. 상점 벽면이나 진열장, 계산대, 테이블, 인쇄물에 주소를 게시할 때는 스마트폰에서 쉽게 들어올 수 있도록 QR 코드를 함께 표시하면 효과가 높아집니다.

▽ 친구 맺기를 활용한 이벤트

'오늘/매주 ○요일 매장에 오신 분들 중에서 인스타그램에 팔로우하신 분은 ○○ 서비스'처럼 가볍고 분위기를 해치지 않는 적절한 이벤트도 효과적입니다. 마트에서만 깜짝 세일이 가능한 것은 아닙니다. SNS 친구 맺기와 연결하면 다양한 이벤트가 가능합니다. 명함이나 스티커, 쿠폰 카드 등에 QR 코드와 짧은 주소(단축 URL)로 친구 맺기를 유도해 봅니다. 또한 스크린이나 태블릿, 인쇄 거치물을 통해 현재 페친 수나 그룹 멤버 수를 표현하는 방법도 괜찮습니다. 오늘의 멤버 소개나 지역에서 인지도가 높은 분의 특별한 방문일 때는 생방송, 영상, 사진, 후기 등을 반드시 챙겨야 합니다.

○ 명함을 활용한 마케팅 활동

매장에 오는 손님들의 명함을 얻을 수 있다면 마케팅에 도움이 많이 될 것입니다. 명함을 통해 고객의 우리 매장 방문의 니즈 혹은 계기 등을 알 수 있습니다. 예를 들면 영업 관련 고객이 많다면 고객 만남과 선물이 필요하며, 혹은 총무 부서가 많다면 회식으로 인한 방문이 있다는 것을 유추해 볼 수 있습니다. 이런 정보는 이벤트뿐 아니라 상품 및 서비스 기획, 가격대 등 상점 운영에서 도움이 됩니다.

▽ 고객에게 명함 얻기

요즘 같이 개인정보 보안에 예민한 시기에는 일반 음식점, 작은 가게를 운영하는 소상공인 입장에서는 고객의 명함을 얻기란 어렵습니다. 그래도 고객의 명함을 받는다면 그 고객은 우리 상점에 좋은 고객이고, 재방문 의사가 있는 고객일 확률이 높습니다.

상점에 얼굴이 익을 정도로 방문한 손님이라면 내 명함을 준비하여 감사 인사를 나누면서 교환해도 좋습니다. 혹은 매장에 명함 이벤트를 준비하여 공식적으로 손님들에게 명함을 받는 방법도 있습니다.

▽ 다양한 정보를 담고 있는 명함

회사명이나 공식 SNS가 기입되어 있다면 인스타그램이나 페이스북을 통해 검색해서 공식 계정을 팔로우하면 좋습니다.

공식 계정을 운영하는 쪽에서는 대개 팔로우가 늘어나는 것을 좋아하기 때문에 개인 계정을 팔로우하는 것보다 좋은 입장으로 활동할 수 있습니다.

명함을 수집하는 데 그치지 않고 구글 스프레드시트 등으로 관리하는 편이 좋습니다. 구글 스프레드시트의 정렬, 검색, 필터 기능을 통해 데이터를 분석하여 공을 들여야 하는 고객을 파악할 수 있으며, 연락처(이메일, 전화번호) 등을 활용하기 편한 형태로 만들어 주기 때문입니다. 또 핸드폰 연락처를 이용하면 다양한 온라인 채널(카카오톡, 페이스북 등)에서 고객과 연결이 가능합니다. 고객뿐 아니라 사업을 하면서 명함 관리는 중요합니다. 기존의 방법 대신 스마트폰과 클라우드를 활용하면 효율적으로 관리할 수 있습니다.

▽ 캠카드(명함 스캐너) 앱 활용하기

캠카드 문자 인식을 통해 명함을 스캔하는 앱입니다. 오래 많은 사람들이 사용한 만큼 인식률이 뛰어나며 사용이 간편합니다.

1 오른쪽 하단의 [카메라]를 터치하고 명함을 촬영합니다. 사진이 흔들림 없이 잘 찍혔는지 보고 [확인]을 터치합니다. 입력 중인 명함 내용이 표시되면 [저장]을 눌러 완료합니다.

▽ 구글로 연락처 관리하기

1 컴퓨터에서 구글 주소록(http://contacts.google.com)에 접속합니다.

2 [내보내기]를 클릭합니다.

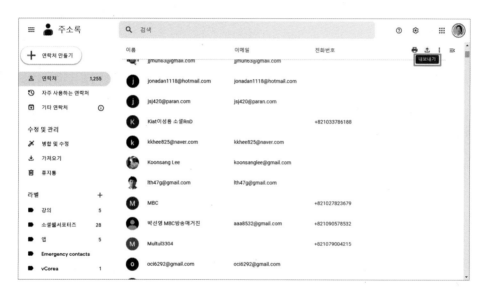

3 연락처를 선택하고 [Google CSV]를 선택한 후 [내보내기]를 클릭합니다.

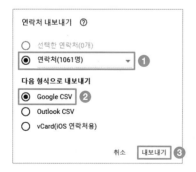

4 PC에서 구글 드라이브(drive.google.com)로 접속해 [신규] − [파일 업로드]를 클릭합니다.

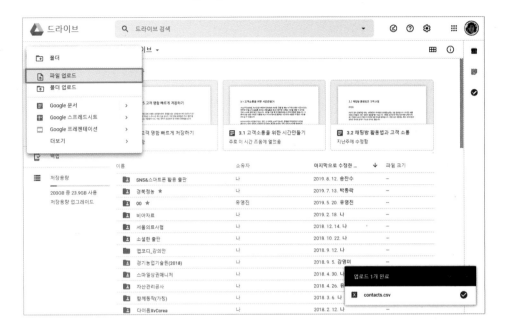

5 다운로드한 연락처 파일(contacts.csv)을 선택하고 [열기]를 클릭합니다.

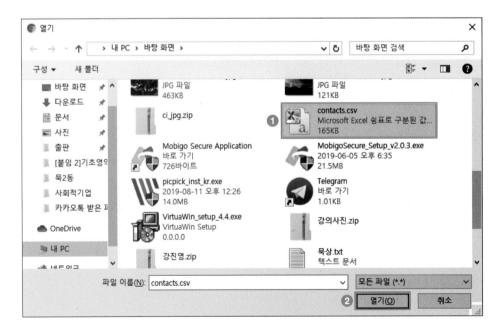

6 상단의 1행에서 Name에는 이름이 저장되고 E-mail 1-Value에 이메일 주소, Phone 1-Value에 핸드폰 번호가 저장됩니다.

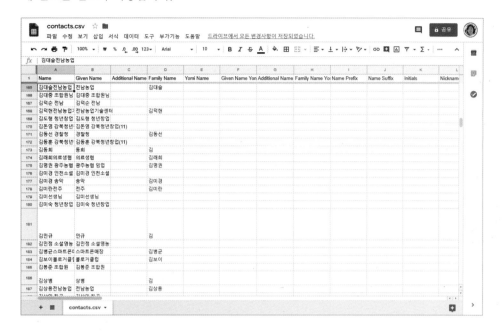

7 필요 없는 열을 삭제하고 저장합니다. 이 연락처로 일정한 주기마다 친구 맺기를 한 번씩 하면 페이스북 친구를 확장할 수 있습니다.

SNS의 목적과 목표
'좋은 친구'와 빨리, 많이, 오래 친구 맺기

● 신뢰도   ● 콘텐츠 유통   ● 시장과 고객 파악   ● 협업 네트워크 구축

소통 자체가 '마케팅'

Step 1
온라인에서 친구 맺기

- 페이스북부터 시작하기
- 연락처부터 맺기
- 친구 분류하기

Step 2
방문 및 구매 고객 친구 맺기

- 친구 맺기, 후기 이벤트
- 포토존 활용하기

Step 3
명함 활용하기

- 명함 주고받기
- 캠카드 앱 활용하기
- 구글로 연락처 관리하기

💡 **핵심 포인트**

- SNS 진입 초기에 최대한 빨리 많이 친구를 맺습니다.
- 핵심 멤버들은 반드시 별도로 관리합니다.
- 명함으로 고객 정보를 확보합니다.

CHAPTER 3

고객과 소통하는
다양한 방법

#스마트워크 #SNS_글쓰기 #문청사례 #QR_코드_마케팅

비즈니스는 시장의 상황과 필요에 의해서 시작합니다. 당연히 마케팅의 시작점은 시장이어야 하며, 고객으로부터 보고 듣는 것이 가장 기본적인 소통의 첫걸음입니다. 예전에는 시간과 비용 때문에 고객과의 소통이 매우 어려웠지만, 지금은 SNS와 스마트폰으로 직접 해결할 수 있습니다.

1

고객 소통을 위한
시간 만들기

♥ ◯ ▷   ⊓

시간이나 여건이 부족해서 마케팅을 외부 업체에 맡기기를 고려하는 경우가 많습니다. 또 외부 마케팅 업체로부터 외주 제안을 받는 경우도 많습니다. 그래서 외주를 맡겼더니 팔로워 수, 게시글 등 수치 면에서는 좋은 변화가 있지만 오프라인의 점포를 방문하거나 상품 구매로까지 이어지지 않아 SNS 마케팅은 우리 상품과는 맞지 않는다고 결론을 내리고는 아예 중지하는 경우도 보았습니다.

SNS를 활용한 소통의 장점은 '비동기 대화'에 있습니다. 오프라인의 만남이나 통화, 채팅 등에서는 고객의 요구에 즉각 반응해야 합니다. SNS상의 댓글과 답글은 그럴 필요가 없습니다. 현장에서 남는 자투리 시간을 활용하고, 적절한 도구와 환경을 갖춘다면 훨씬 손쉽게 직접 SNS 마케팅을 할 수 있습니다. 따라서 우선 SNS에서 소통의 기본 전략에 대해 살펴볼 필요가 있습니다.

▽ 사장이 직접 고객과 소통하기

사장이 있는 상점과 없는 상점이 다르듯이 SNS를 통해 짧은 시간 나누는 이야기만으로도 운영의 많은 부분이 달라집니다. 첫 번째로 마케팅의 전략 수립과 실행에 많은 영향을 미칩니다. 오프라인에서도 고객과의 소통이 이뤄지지만 짧은 시간에 고객의 정보를 습득하려면 많은 노력과 요령이 필요합니다. 그러나 SNS는 타깃 고객들이 직접 올린 일상 생활의 이야기로 라이프 스타일, 취향, 트렌드 등 다양한 정보들을 학습할 수 있습니다. 이런 정보를 이벤트나 콘텐츠 등 다양한 마케팅 요소에 접목할 수 있습니다.

두 번째로 고객과의 관계 유지를 통해 단골 고객 확보에 도움이 됩니다. 오프라인에 방문으로만 관계를 유지하는 것보다 SNS에서 좋아요, 짧은 댓글 등으로 소통의 범위와 시간을 확장할 수 있습니다.

소상공인의 경우 가게 이름, 서비스명 등 브랜드보다는 사장님 자신이 사람 대 사람으로 소통하며, 단골인 팬을 늘려 나가는 것이 훨씬 더 효율적이고 중요합니다. 이것이 대기업 마케팅과 소상공인 마케팅의 가장 큰 차이이자 SNS 마케팅의 강점입니다.

▽ 자투리 시간을 활용하기

SNS의 소통에서 사진, 영상, 글을 올릴 때 완벽하게 준비해서 올려야 한다는 생각을 가진 분들이 있습니다. 그러나 콘텐츠를 완벽하게 만들려고 너무 많이 공을 들이다 보면 소통의 시간을 지연되고 고객이 댓글을 다는 등의 참여 기회를 놓치는 경우가 많습니다. 오히려 고객들은 한껏 꾸며낸 콘텐츠보다는 짧은 댓글, 현장의 그대로의 모습이 담긴 진실된 대화를 원합니다.

온라인 소통은 오프라인 소통보다 비용과 시간 면에서 효율적입니다. 스마트폰으로 직접 만나지 않고 온라인으로 고객과 소통하고, 유용한 정보와 매장, 상품, 운영진의 사진과 동영상을 무료로 공유합니다. 우리가 아침에 눈 뜰 때부터 저녁에 잠들 때까지 스마트폰을 몸에서 떼어 놓지 않는 것처럼 고객도 스마트폰을 몸에서 떼어 놓지 않습니다. 항상 함께 있으면서도 전화 통화와 달리 서로의 바쁜 시간을 해치지 않는다는 장점도 있습니다. 이런 온라인 소통의 특징을 알고, 긴 시간을 할애하기보다는 자투리 시간을 활용하여 소통을 유지하는 것이 좋습니다.

▽ 소통 자체가 디지털 콘텐츠로

어떤 글이 고객에게 신뢰를 주고 인기가 있는 글이 될까요? 그것은 댓글과 답글이 많은 글입니다. 그래서 실시간으로 고객들과 직접 소통할 수 있는 라이브 방송이나 필요한 질문이나 요청을 올렸을 때 고객의 댓글을 유도할 수 있고, 실무도 해결되어 고객들과 소통이 편안해집니다. 그래서 디지털 마케팅에서는 댓글과 답글이 매우 중요합니다. 페이스북이나 인스타그램, 네이버 지도, 배달 앱 등의 고객 리뷰들에도 댓글과 답글은 필수입니다.

답글이 어렵게 느껴진다면 고객이 쓰는 어투나 패턴을 비슷하게만 해도 됩니다. 모두 같은 수준으로 할 필요도 없고 그렇게 해서도 안 됩니다. 간단하게 중요한 부분만 다시 언급하며 내 경험에 의한 공감을 표현하고 필요한 질문을 하는 것으로 충분합니다. SNS를 통한 모든 소통의 기본은 단순함입니다.

○ 스마트폰과 SNS로 시간 만들기

소상공인분들이 내 가게를 운영하면서 따로 시간을 내서 SNS 마케팅은 하기란 매우 어렵습니다. 현장에서 스마트폰의 활용을 높이고, SNS 활용 범위를 내 사업의 환경에 맞게 맞춤으로 설계한다면 시간을 효율적으로 쓰면서도 부담은 줄일 수 있습니다.

처음엔 배움과 환경 구성부터 익숙해질 때까지 시간이 걸리겠지만 SNS 마케팅에서 고객과 함께 관계를 형성하고, 시장에 대해 학습하는 것은 비즈니스에서 중요한 순간에 올바른 선택을 할 수 있게 도와주며, SNS에서 이뤄 놓은 관계와 콘텐츠는 사업의 '디지털 자산'이 됩니다. 그리고 하루 아침에 친구가 0명이 된다거나 모든 게시글이 사라지는 경우가 드문 것처럼 세월 속에 쌓인 자산은 SNS 마케팅에서 지속 가능한 효과를 가져옵니다.

- **아날로그보다 디지털로**

  캘린더, 메모, 카메라 등 스마트폰을 활용하면 대부분 클라우드와 연결되어 파일을 전송할 필요가 없으며, 언제 어디서든 인터넷이 되면 접근이 가능합니다. 또한 함께 일하는 사람들과 공유도 편리합니다.

- **편집보다 라이브 방송으로**

  보통 사진과 영상을 촬영하면 이를 고르거나 편집해서 올리곤 합니다. 그보다는 즉시 올리는 습관을 갖거나 바로 생방송을 해 보는 편이 낫습니다. 따로 시간을 만들지 않아도 바로 콘텐츠가 생성되고 들어오는 사람들과 소통하면서 마케팅이 가능합니다.

- **개별 경쟁보다 협업으로**

  내 사업의 홍보만 중요시하는 것은 SNS 마케팅과 맞지 않습니다. 가까운 다른 점포와 함께 간다면 공통의 타깃 고객에게 전달하는 기회가 만들어집니다. 그리고 한 상점보다 상가 또는 거리가 함께하는 홍보가 훨씬 더 효율적입니다.

- **큰 시간보다 오늘 작은 시간 만들기**

  작은 시간을 효율적으로 사용하도록 돕는 도구가 바로 스마트폰과 SNS입니다. 기존의 방식으로는 많은 시간이 걸리는 것도 훨씬 더 짧은 시간에 가능하도록 도와줍니다.

- **주기 점검 앱 활용하기**

구글 캘린더와 킵(https://keep.google.com/), 알람 등을 활용해 잊어서 놓치는 일이 없도록 일정을 관리합니다. 나아가 점검 및 체크리스트를 한눈에 볼 수 있게 마련해 두면 시간을 만들고 스트레스를 줄이는 데 많은 도움을 줍니다.

구글 캘린더로 일정 관리하기

먼저 구글 캘린더 앱을 사용하여 시계부를 적어 봅니다. 터치만 하면 시간을 어떻게 썼는지 기록할 수 있습니다. 기록이 있으면 분석이 가능합니다. 시계부란 시간을 작성하고 그 시간 동안 한 일을 작성하는 타임 리포트입니다.

> **TIP** 캘린더를 사용할 때는 PC와 스마트폰, 그리고 공유자와의 데이터 동기화가 원활해야 합니다. 스마트폰의 설정 화면에서 동기화가 켜져 있는지 확인합니다.

▽ 기본 일정 입력하기

1 오른쪽 하단의 [+]를 터치하고 [일정]을 터치합니다.

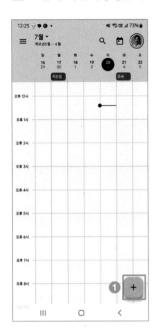 

2 [제목]을 입력한 후 [저장]을 터치하면 일정이 등록됩니다.

 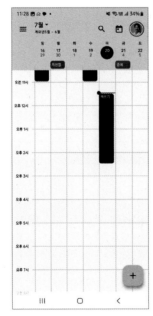

▽ 캘린더 개설하고 입력하기

1 캘린더 개설은 PC에서만 가능합니다. https://calendar.google.com에 접속하거나 크롬 브라우저의 바로 가기를 활용해 구글 캘린더를 클릭합니다.

2 왼쪽 메뉴에서 다른 캘린더의 [+]를 클릭합니다.

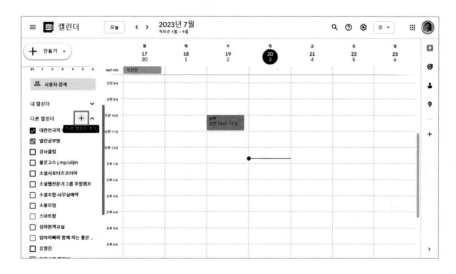

3 [새 캘린더 만들기]를 클릭합니다.

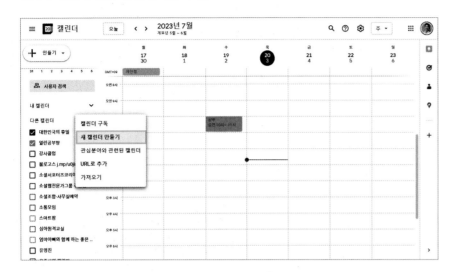

3 [이름], [설명]을 입력한 후 [캘린더 만들기]를 클릭합니다. 설정 옆의 [←]를 클릭해 홈 화면으로 이동합니다.

④ 내 캘린더의 목록 중 새로 만든 캘린더 이름 옆의 [⋮]을 클릭해 다른 캘린더와 구분되게 색상을 선택합니다.

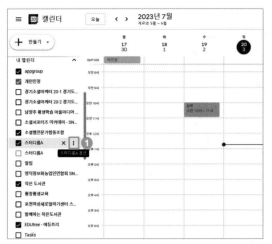 

⑤ 캘린더를 입력할 땐 원하는 시간을 클릭하고 [제목]과 [시간]을 입력합니다. 캘린더 목록에서 원하는 캘린더를 선택한 후 [저장]을 클릭합니다.

> 📑 **한 걸음 더** 캘린더를 목적에 따라 분리하기
>
> 캘린더는 여러 개를 생성할 수 있습니다. 인력 배치, 예약 현황, 일정의 종류에 따라서 구분해 관리합니다. 이 기준이 아니더라도 각자의 목적과 상황에 따라 얼마든지 나눌 수 있습니다. 다만 종류가 너무 많으면 관리가 힘들므로 조금씩 늘려 나가는 방법을 추천합니다. 종류별로 나누면 비어 있는 시간대를 쉽게 찾아낼 수도 있습니다.

▽ 스마트폰에서 일정 입력하기

1 일정 입력 화면에서 [일정]을 터치합니다. 일정에 맞는 캘린더를 선택한 후 [저장]을 터치합니다.

▽ 사람들과 일정 공유하기

1 캘린더 공유도 PC에서만 가능합니다. 공유하려는 캘린더의 [설정 및 공유]를 클릭합니다.

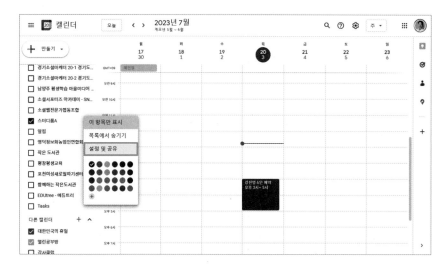

2 [사용자 및 그룹 추가]를 클릭합니다.

3 초대할 사용자의 지메일 주소를 입력합니다. 지메일이 아니어도 구글 캘린더에 가입되어 있으면 초대가 가능합니다. 상대방 아이디는 구글 캘린더 앱에서 계정을 확인하면 됩니다.

4 [권한]을 클릭해 알맞게 설정한 후 [보내기]를 클릭합니다.

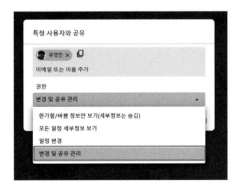

▽ 캘린더 공개하기

캘린더를 웹에 공개해야 할 경우가 있습니다. 예를 들어, 공간의 예약 현황을 누구나 볼 수 있도록 공개해 예약 업무를 간편하게 진행할 수 있습니다. 공개한 캘린더는 홈페이지에도 삽입이 가능하고 단축 주소로 만들어 문자, 카카오톡, QR 코드 등으로 전달하기에도 편리합니다.

1 스터디룸A 캘린더의 [⋮] – [설정 및 공유]를 클릭합니다.

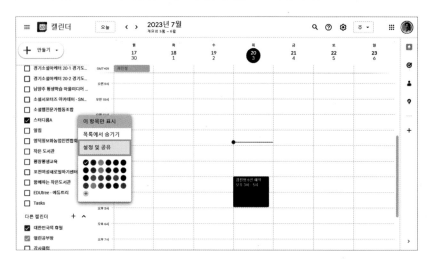

2 일정의 액세스 권한 메뉴에서 [공개 사용 설정] 체크 박스를 클릭해 캘린더를 공개 설정으로 변경합니다. 주의 경고창이 나타나면 [확인]을 클릭합니다.

3 [공개 사용 설정]에서 공개의 정도를 설정합니다.

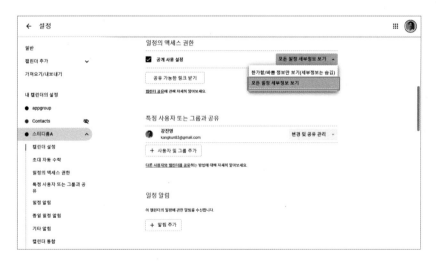

📐 **한 걸음 더** 캘린더 공개 사용 설정 알아보기

• 한가함/바쁨 정보만 보기: 세부 정보를 숨기고 캘린더를 공개합니다. 공개하면 안 되는 개인 정보가 포함될 때 사용하면 좋은 옵션입니다.

• 모든 일정 세부정보 보기: 일정에 입력한 모든 정보를 보여 줍니다. 공공기관, 행사 캘린더처럼 상세한 내용까지 모두 봐야 하는 경우 사용합니다.

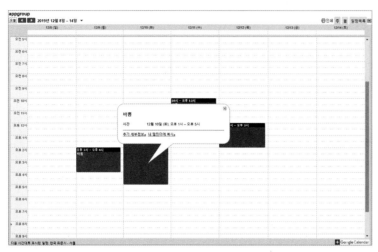

▲ 한가함/바쁨 정보만 보기

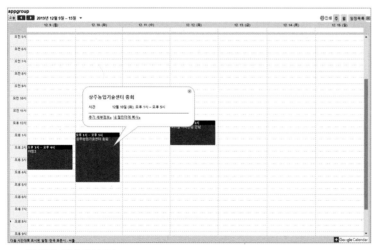

▲ 모든 일정 세부정보 보기

4 설정 화면에서 캘린더 통합 메뉴에서 캘린더 공개 URL과 삽입 코드를 확인합니다. 캘린더 공개 URL은 복사한 뒤 주소를 짧게 만들어(bit.ly 등을 활용) 사람들과 공유할 수 있습니다. 삽입 코드는 복사한 뒤 홈페이지에 삽입할 수 있는 코드입니다.

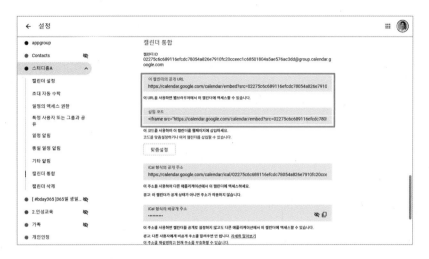

5 [맞춤 설정]에서는 표시되는 화면, 정보 등을 세부적으로 조정할 수 있습니다. 표시할 캘린더를 선택하고 게재할 정보를 체크합니다. 설정이 마무리되면 [삽입 코드]를 복사해 홈페이지에 삽입합니다.

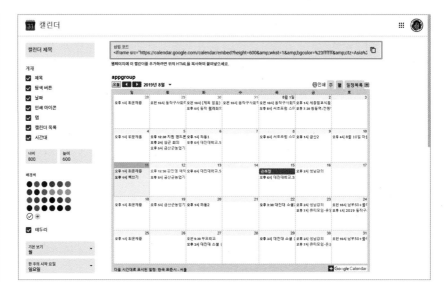

> **♥TIP** **스마트폰의 기본 알람 앱**
>
> 모닝 콜을 설정할 때 많이 사용하는 시계(알람) 앱이 큰 도움이 됩니다. 학교 종처럼 일정한 알람은 일정을 놓치거나 늦어지는 일이 없게 해서 일과를 여유 있게 만들어 줍니다.

○ 음성 기능으로 입력 시간 줄이기

▽ 스마트폰 음성 입력 활용하기

스마트폰에서 아주 뛰어난 기능이 바로 음성 활용입니다. 다양한 홍보 영상에서 이를 강조해도 아직은 사용성이 떨어지는 편입니다. 스마트폰이라면 누구나 사용할 수 있으며, 효율성을 높이는 데 큰 도움을 주는 기능입니다. 스마트폰을 사용할 때 가장 많은 시간을 차지하는 것이 바로 무언가를 입력하는 일입니다. SNS, 카카오톡, 문자 메시지를 사용할 때 한글, 영문, 숫자, 특수문자로 자판을 옮겨 가며 입력하다 보면 시간이 걸리기 마련입니다. 음성 입력을 사용하면 이런 번거로움 없이 입력 후 오타만 수정하면 되고, 사용하는 시간이 늘어날수록 정확도는 높아집니다.

> **♥TIP** 음성 입력은 기계 학습으로 자주 사용하면 할수록 정확도가 높아집니다. 한 2일 정도만 인내심을 갖고 사용해 보세요. 그럼 다른 사람과 내 목소리를 구분하고, 자주 사용하는 단어를 정확하게 인식합니다.

1 설정의 [언어 및 키보드]를 터치하고 [스크린 키보드]를 터치합니다. [Google Voice 입력]을 터치해 활성화합니다.

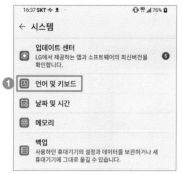 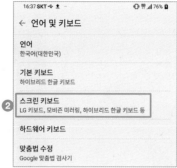 

♥TIP 스마트폰 종류에 따라 설정 방법이 다를 수 있습니다.

2 자판에서 [마이크] 아이콘(🎤)을 찾아 터치합니다. 음성 인식이 활성화되면 목소리로 입력을 시도합니다. 입력 후 상단의 [X]를 터치해 자판을 불러옵니다. 수정하고 싶은 단어, 문장을 터치하면 추천 글이 나오며 이를 이용해 수정합니다.

  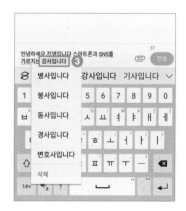

▽ 구글 어시스턴트 사용하기

1 안드로이드 스마트폰의 홈 버튼을 길게 꾹 눌러 줍니다. 단 아이폰에서는 별도로 구글 어시스턴트 앱을 설치해야 합니다.

2 구글 어시스턴트가 실행되면 음성으로 명령합니다.

오늘 날씨 물어보기: '오늘 날씨 어때?'

(앱을 음성으로 실행하기: '카카오톡 실행, 페이스북 실행'처럼 '앱 이름 + 실행'이라고 말하면 터치하지 않아도 앱을 실행할 수 있습니다.)

3 '000에게 전화'처럼 이름을 부를 때는 전화번호에 저장돼 있어야 합니다. 처음엔 비슷한 전화 목록이 나타나는데 처음에만 목록에서 선택하고 이후로는 선택한 이름으로 전화를 걸어 줍니다. 그 외에 '너 뭐 할 수 있어?'라고 물어보면 할 수 있는 나머지 기능을 안내해 줍니다.

2

채팅 서비스로 소통하기

♥ ○ ◁   ▷

SNS로 소통이 되는 사람들은 대부분 채팅 서비스를 선호합니다. 전화나 방문과 달리 비대면이면서 내가 편할 때 대화를 할 수 있고, 기록이 잘되고, 사용하기 익숙하기 때문입니다. 상품 및 서비스의 종류에 따라 다르겠지만 구매 채널 중 인스타그램, 페이스북, 카카오톡 등의 비율이 높은 경우 채팅을 활용하여 고객과 소통하는 경우가 많습니다.

1:1 채팅 서비스가 필요한 경우는 첫 번째로, 상품 및 서비스에 대한 적극적인 관심의 표현으로 구매 혹은 방문으로 이어지는 마지막 커뮤니케이션 단계로 활용하는 경우입니다. 두 번째로는 개인정보가 필요하거나 심리 상담, 상품 맞춤 설계 등 비공개 개별 대화가 필요한 경우에 활용됩니다. 마지막으로는 고객의 컴플레인을 표현할 수 있는 대화 창구로 활용합니다. 이런 창구가 없을 경우에 작은 고객의 불만도 공개적으로 표현되어 부정적인 영향이 있으므로 채팅 서비스를 활용하여 빠르게 대처할 수 있습니다.

그렇지만 채팅은 고객이 늘어나면 관리가 힘들고 시간의 소모도 큽니다. 그래서 무조건 개설하기보다는 각 상품과 서비스, 즉 비즈니스의 특성에 맞는 채널을 선택해야 합니다. 직접 운영이 어려워 직원 등 타인에게 맡기는 경우는 FAQ와 같은 표준 응답 매뉴얼을 구비하여 다음과 같은 도구를 활용합니다.

- 스마트폰에서는 텍스트 대치(아이폰), 단축어(갤럭시)와 같은, 혹은 상용구 기능을 활용합니다.
- 카카오톡 채널, 페이스북 페이지, 네이버 톡톡의 챗봇 서비스를 활용합니다.
- 블로그에 FAQ 카테고리를 운영하여 포스팅하고, 필요 시 고객에게 링크로 공유합니다.

또한 프로필 등 보이는 곳에 응답 가능한 시간을 꼭 안내해 주어야 고객들에게 혼란이 없습니다.

◯ 채팅 서비스 기본 설정

▽ 아이폰 텍스트 대치 활용하기

1 텍스트 필드에 텍스트를 입력할 때 🌐을 길게 터치하고 [키보드 설정]에서 [텍스트 대치]를 선택하고 상단의 [+]를 터치합니다.

2 문구 입력란에 자주 사용하는 문구를 입력하고, 해당 문구에 사용할 단축키를 아래에 입력합니다. 사용할 때는 텍스트 입력란에 단축키를 입력하면 하단에 설정한 문구가 뜨고 터치하면 입력이 됩니다.

갤럭시 단축어 설정하기

1 스마트폰의 설정에서 [삼성 키보드] 설정 메뉴를 선택합니다. [단축어] 설정을 터치합니다.

2 문구 입력란에 자주 사용하는 문구를 입력하고, 해당 문구에 사용할 단축키를 아래에 입력합니다. 사용할 때는 텍스트 입력란에 단축키를 입력하면 하단에 설정한 문구가 뜨고 터치하면 입력이 됩니다.

카카오톡 채팅 서비스

카카오톡은 국내의 고객이 가장 익숙하게 사용하는 서비스입니다. 추가로 앱을 설치하거나 별도의 사용법을 익히지 않아도 되며, 결제, 송금, 사진 및 동영상 등 자료 공유 등이 편리합니다. 카카오톡에서 대화할 수 있는 채널은 카카오 플러스, 오픈 채팅, 일반 카카오톡 이렇게 세 가지 종류가 있습니다. 필요성에 따라서 선택할 수 있습니다.

카카오 플러스 채널

카카오 플러스는 카카오톡의 비즈니스 계정입니다. 누구나 무료로 개설할 수 있고 사업자등록증이 없어도 가능합니다. 카카오 플러스의 채널의 장점과 필요성에 따라 개설을 고려합니다.

- **지속적인 고객 관리가 가능합니다.**
  - 고객의 입장에서 상품을 구매한 후 개별적인 문의와 관리가 필요하거나 반복 구매가 필요한 경우에 유용합니다.
  - 주문 현황 알림, 쿠폰 발행, 고객 통계 등의 판매 및 마케팅 도구를 제공합니다.

- **다양한 소식을 메시지로 보낼 수 있습니다.**
  - 이벤트, 뉴스레터 등을 카카오톡을 통해서 볼 수 있고, 비교적 이메일과 문자보다 도달률이 높은 편입니다. 단, 유료 기능입니다.

- **1:1 상담을 위한 다양한 기능을 제공합니다.**
  - 카카오 플러스 채널의 API 기능을 활용하여 단독 쇼핑몰이나 홈페이지를 운영하는 경우 카카오톡 1:1 상담 기능을 추가할 수 있습니다.
  - 챗봇 기능을 활용하여 자동 응답 시스템을 구성할 수 있습니다.

카카오톡 채널의 가입과 운영은 [카카오톡 채널 관리자] 앱에서 가능합니다.

앱을 실행하고 [카카오톡으로 시작하기]를 선택하면 몇 가지 인증을 거쳐 가입하기 화면이 나옵니다.

1. **채널 이름:** 채널 홈, 채팅 탭, 대화창에 대표로 노출되는 이름이어서 되도록 브랜드명과 일치하는 이름으로 설정합니다.

2. **검색용 아이디:** 카카오톡에서 내 채널을 찾기 위한 검색어로 사용됩니다. 짧고 외우기 좋은 것으로 설정합니다.

3. **프로필 사진:** 다른 SNS에 사용한 같은 프로필 사진을 사용하는 것이 고객에게 통일감을 주어 친구 추가에 있어서 혼동을 줄일 수 있습니다.

4. **카테고리:** 카테고리를 정확하게 선택하면 더 많은 사용자에게 노출될 수 있습니다. 채널의 성격을 잘 나타낼 수 있는 카테고리를 선택해 주세요.

카카오톡 채널 설명은 카카오 비즈니스 가이드(https://kakaobusiness.gitbook.io)를 참고하세요.

자동 응답이나 이벤트 메시지를 보낼 경우 카카오톡 채널 챗봇을 사용하게 됩니다. 카카오톡 챗봇 안내 페이지(https://business.kakao.com/info/chatbot)의 [카카오톡 채널 챗봇 시작하기]를 클릭하여 카카오톡에 신청하고 승인하면 바로 사용이 가능합니다. 가입과 활용은 무료이며, 유료 광고 메시지는 건당 15원의 비용이 발생됩니다.

▽ 카카오톡 오픈톡

카카오톡 오픈 채팅은 전화번호나 카카오톡 ID 등으로 친구 추가를 하지 않아도 링크로 상대방과 편하게 채팅할 수 있는 기능입니다.

- **개인의 정보를 최소한만 제공하고 싶을 때**

  친구를 맺거나 개인 프로필을 볼 수 없으므로 심리 상담이나 의료 상담처럼 고객이 개인의 정보를 최소한만 제공하며, 대화하고 싶을 때 사용하는 기능입니다.

- **관리 가능한 단체 채팅방이 필요할 경우**

  동호회를 운영하는 사업의 경우, 일반 카카오톡 채팅방과 달리 개인의 프로필이 공개되지 않고 강제 퇴장 조치도 가능하므로 관리에 유용합니다.

> ♥TIP 오픈톡 설명은 다음 링크를 참고하세요. https://bit.ly/kakaoopentalk

◯ 페이스북 페이지 메신저

페이스북은 고객 대상이 해외도 포함되어 있으며, 10대부터 40대까지 폭이 넓어 홍보와 소통의 채널로 삼는 경우가 많습니다. 페이스북 메신저는 상대방의 프로필과 타임라인을 통해 정보를 바로 확인할 수 있어 대화를 진행할 때 상대방의 취향을 파악하고 대화를 이끌어가기 좋습니다.

페이스북에서는 챗봇을 활용하려면 외부 서비스를 연결하면 가능하나 아직은 소상공인이 사용할 손쉬운 도구는 찾기가 어렵습니다. 대신 페이지의 '자동화된 답변'을 활용하여 환영 인사, 자주 묻는 질문 5개, 부재중 메시지에 대해서 설정할 수 있습니다.

1 관리하는 페이지의 [페이지 관리하기] 메뉴에서 [Meta Business Suite]를 선택합니다.

2 [메시지] 아이콘(◻)을 선택한 후 [자동화] 아이콘(▩)을 선택하면 자동화된 답변을 설정하는 화면이 나옵니다.

3 [+자동화 만들기]를 선택하거나 아래의 추천된 자동화 답변을 선택하여 입력한 후 사용할 수 있습니다.

4 추천된 자동화를 선택한 후 [자동화 만들기] 혹은 [자동화 수정]을 선택하면 됩니다. [자주 묻는 질문]을 선택하여 FAQ처럼 활용할 수 있습니다.

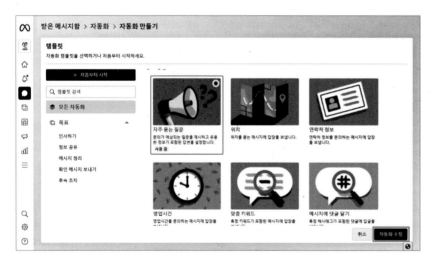

5 답변 수정 화면에서 질문과 메시지 란에 답변을 입력할 수 있으며, 메시지 란에는 [미디어 추가]를 선택하여 이미지 혹은 동영상을 추가하거나 [버튼 추가]를 사용하여 링크를 추가할 수 있습니다.

6 사용자 화면에서는 페이지에서 메시지를 보내면 자주 묻는 질문이 먼저 나오고, 선택하면 선택된 답변이 자동으로 응답됩니다.

💬TIP 페이스북 자동화된 답변 설정은 다음 링크를 통해 상세히 참고하세요. http://bit.ly/fbmsbot

💬 인스타그램 다이렉트 메시지

비주얼 중심의 인스타그램에서는 낱개의 글을 다이렉트 메시지 기능으로 첨부할 수 있으므로 하나의 상품을 두고 대화할 때 유용합니다. 인스타그램을 주 마케팅 채널로 사용할 경우 광고를 하지 않으면 게시글에 링크를 첨부할 수 없으므로 고객과 다이렉트로 대화를 할 경우 상품 문의가 왔을 때 링크나 추가 정보를 줄 때 유용합니다. 각 게시물 하단에 있는 종이비행기 모양의 다이렉트 메시지 버튼(▽)을 사용하면 해당 내용을 첨부해 메시지가 전송됩니다.

비즈니스 혹은 크리에이터 계정일 경우 페이스북처럼 자동 응답을 해 주는 '자주 묻는 질문' 기능이 있습니다. 페이스북 페이지와 연동했을 경우, 페이지의 자동화된 답변의 내용을 불러올 수 있습니다.

> 💙TIP 인스타그램의 자주 묻는 질문 기능 설정은 아래 링크를 참조하세요.
> https://bit.ly/indmfa

1 인스타그램 홈에서 상단 오른쪽의 [메시지] 아이콘(▽)을 터치합니다.

2 [더보기] 메뉴에서 [도구]를 선택합니다.

3 [자주 묻는 질문]을 선택합니다.

4 기본으로 있는 질문들을 삭제한 후 [질문 가져오기]를 선택하여 페이스북의 질문 중 4개를 선택하여 가져옵니다.

5 고객이 메시지를 보내고자 하면 자주 묻는 질문 부터 나옵니다.

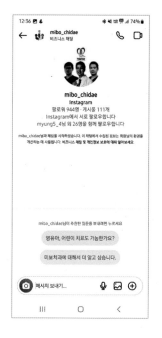

6 메시지 도구에서 [저장된 답장] 기능을 활용하면 빠르고 효율적인 응대가 가능합니다.

7 [+]를 터치하여 저장된 답장을 추가할 수 있습니다.

8 [바로가기] 란에는 내용의 제목이 되는 짧은 단어를 입력합니다. 메시지 입력란에 해당 단어를 입력하면 내용이 바로 보이는 기능입니다. [메시지] 란에는 고객에게 보낼 메시지 전체 내용을 입력합니다. 모두 입력한 후 상단의 [체크](✔)를 터치하여 완료합니다.

9 고객의 메시지에 답장을 할 때 텍스트 입력란의 [저장된 메시지]를 터치하면 저장된 목록이 나옵니다, 그중 선택하면 해당되는 메시지의 전체가 입력되고, 보내기를 하여 완료합니다.

◯ 네이버 톡톡

네이버 블로그 혹은 스마트스토어를 중심으로 상품 판매와 마케팅이 이뤄진다면 네이버 톡톡이 유용합니다. 네이버 톡톡은 데스크톱, 모바일 웹브라우저에서도 접근할 수 있어서 고객 입장에서 앱을 따로 설치할 필요가 없어서 편하게 쓸 수 있습니다.

네이버 톡톡은 카카오톡 오픈 채팅방, 플러스 친구와 함께 많이 쓰이는 채팅 솔루션입니다. 네이버의 스마트스토어 혹은 스마트플레이스에서 누구나 무료로 사용할 수 있습니다.

네이버 톡톡의 장점과 특징을 살펴보고 사용을 고려해 봅니다.

- 네이버 지도, 스마트스토어, 모두(modoo), 블로그 서비스에 노출되어 고객에게 채팅 상담을 제공하고, 관리자는 대화를 한 번에 볼 수 있으니 편리합니다.

- 부동산, 병의원, 쇼핑몰 등 업종별 맞춤 위젯을 제공합니다. 고객과 원활하도록 맞춤 위젯과 다양한 첨부 기능을 제공하고 있습니다.
- 다양한 채널을 통해서 톡톡 친구를 맺었을 때 이벤트 소식, 할인 등 마케팅을 위한 메시지 전송 기능을 제공합니다.

https://partner.talk.naver.com에 접속하면 기본 사용법부터 응용 사례까지 안내받을 수 있습니다. 특히 [공식 블로그]를 클릭하면 https://blog.naver.com/naver_talk에서 사용법을 상세하게 학습할 수 있습니다.

▽ FAQ를 잘 작성하는 방법

FAQ(자주 하는 질문) 혹은 챗봇은 고객에게 좋은 경험을 줄 수 있는 중요한 요소가 됩니다. 구매한 고객에게는 고객이 스스로 문제를 해결할 수 있는 기회를 주어 고객 응대의 시간과 비용의 효율성이 높아질 뿐 아니라 이런 과정을 통해서 고객은 상품에 대해서 더욱더 깊게 이해할 수 있습니다.

구매를 하기 전 고객이라면 구매 전환을 하기 위한 단계로 활용하기도 하기 때문에 설득력 있는 FAQ의 기획과 작성이 중요합니다.

또한, 사업장의 경우에는 고객과의 소통한 내용을 FAQ의 형식으로 챗봇, 블로그에 꾸준히 업데이트한다면 고객의 니즈를 이해하는 데 도움이 되며 내부 구성원들에게 통일된 메뉴얼을 제공할 수 있으므로 일관되고 지속적인 서비스의 발전이 가능합니다.

- **평소 고객들의 문의 기록을 습관화하거나, 링크를 통해서 해결하고자 노력합니다.**

고객들의 문의를 기록하고, 그것을 정리해서 표준화하여 온라인에 콘텐츠로 남기는 것은 매우 기본적인 활동입니다. 평소 고객들의 문의를 받을 때 채팅, 게시판 등 온라인으로 최대한 전환하거나, 블로그, 유튜브 등 링크를 통해서 해결하고자 하는 것이 습관이 되어 있어야 합니다. 이런 습관은 우리 상품을 사용하거나 경험하는 고객의 입장을 이해하는 데 매우 중요한 역할을 합니다.

- **관련된 유사 업종의 고객 문의와 리뷰를 확인합니다.**

창업 초기라 고객 데이터가 없을 경우에는 유사 업종의 사업장의 고객 문의와 리뷰를 보고 추측할 수 있습니다. 유사 업종의 고객 문의 중 불만족이지만 우리의 강점으로 부각할 수 있거나 비슷한 질문이라도 차별화할 수 있는 점을 찾아내어 작성해 봅니다.

- **고객 경험을 증대시킬 수 있는 법을 고민합니다.**

고객이 상품과 서비스를 활용할 때 충분히 좋은 경험을 할 수 있도록 방해되는 것을 해결하거나 좋은 것은 더 증폭시킬 수 있는 법이 있다면 좋은 FAQ가 됩니다.

3

SNS 글쓰기 전략과 실행

♥ ○ ◁   ⊓

블로그의 검색 엔진 위주의 포털의 시대에서 페이스북, 인스타그램, 유튜브 등 SNS 시대로 오면서 디지털 마케팅 도구의 많은 변화가 있었습니다. 사실 제목, 본문, 첨부 파일, 댓글 등으로 구성된 게시판 형태의 글 올리기는 스마트폰에서 손쉽고 빠르게 글을 올릴 수 있도록 더욱더 간편하고 단순하게 발전되었고, 형태의 큰 변화는 없습니다. 가장 변화가 큰 부분은 바로 사람들에게 노출되는 과정에서 글의 신뢰도를 검증하는 과정과 기준이 변화되어 왔다는 점입니다.

	웹사이트 & 블로그	SNS
검색 범위	텍스트, 메타 태그	글, 해시태그, 동영상, 이미지
노출 위치	포털 키워드 검색 결과	개인의 뉴스피드 SNS 내 검색 포털의 검색 결과
인기글 기준	조회수, 댓글, 하이퍼링크 집계	좋아요, 댓글, 공유 수, 최신성, 글쓴이 신뢰도

SNS에 글, 사진, 영상 등 다양한 형태의 게시글, 즉 콘텐츠를 올릴 때 글의 강점은 세 가지를 들 수 있습니다.

- **첫 번째, 즉각성입니다.** 다른 매체와 다르게 올리는 순간부터 공개되고 게시됩니다.
- **두 번째, 측정 가능합니다.** 올리는 순간부터 조회수, 좋아요, 댓글 등 다양한 형태의 데이터로 측정이 가능합니다.

• **세 번째, 연결성입니다.** 글 하나에 사람, 장소, 해시태그 등 다양한 요소들과 연결되어 입체적으로 파악할 수 있습니다.

이런 특징을 갖는 SNS의 글을 이해하면 인기글과 피드에 노출이 되는 기준도 파악할 수 있습니다.

첫 번째로, 콘텐츠에서 사람으로 신뢰의 기준이 바뀌었습니다. 신뢰의 기준은 바로 관계성입니다. 즉, 친하지 않으면 보이지 않는다는 것입니다. 페이스북, 인스타그램 모두 가장 우선이 되는 기준입니다. 글을 올리거나 좋아요, 댓글, 공유 등을 하는 모든 것은 사람을 통해 가능하고, 이런 반응을 한 사람의 친구 수, 글 수, 친구들과의 소통으로 활동 지수가 측정되고, 글의 신뢰도에 영향을 미칩니다. 이런 기준의 가장 큰 장점은 바로 신뢰가 '누적'된다는 것입니다. 물론, 활동의 기간, 친구 수, 댓글과 좋아요로 소통하는 소통 지수 모두 개인의 신뢰로 쌓이며 SNS 마케팅의 큰 장점이 됩니다.

두 번째로, 질도 중요하지만 최신성과 동일 주제의 콘텐츠의 양 또한 중요합니다. 해당 장소, 해시태그 등으로 얼마큼의 콘텐츠가 누적되어 있는지도 중요한 요소가 됩니다. 현재 사용자의 관심도가 높아 많은 양의 콘텐츠가 업로드된 주제가 인기 글의 가능성이 높아지지만 그만큼 경쟁도 치열합니다. 그렇지만 인기 주제보다 더 중요한 것이 있습니다. 고객의 타깃 고객의 취향입니다. 게시글이 타깃 고객에게 노출되고, 고객에게 참여와 디지털을 통한 간접 경험을 제공하며, 방문, 구매 등의 목적지까지의 여정을 이끌어야 합니다. 그래서 결국 고객과의 지속적인 진정성 있는 소통을 해야 좋은 게시글을 작성할 수 있습니다.

세 번째로, 동영상 〉 이미지 〉 텍스트 〉 공유된 외부 링크순의 우선순위를 가집니다. 이제 동영상과 이미지의 콘텐츠를 생산하고 소비하기 쉬워지고, 다 읽고 이해하는 글보다는 사진이나 영상이 짧은 시간에 많은 정보를 전달하고, 오래 머물게 하는 이유로 우선순위를 가지게 됩니다. 그리고 사진이나 영상도 출처가 글을 올린 당사자가 아니고, 다른 이의 것을 캡처하거나 편집해서 올린 것은 우선순위에서 제외될 가능성이 높습니다.

○ 글은 오전에 일찍 올리기

인기글의 기준을 고려하고, SNS 콘텐츠의 강점을 살리려면 오전에 일찍 글을 올려야 합니다. 실제로 네이버 데이터랩의 댓글 통계를 보면 사람들이 온라인에 접속하여 활동하는 시간을 추측해 볼 수 있습니다. 평일은 보통 오전 6시부터 계속 상향세를 보이다가 오후 9시를 기점으로 하향세를 보입니다. 주말은 10시~12시에 정점을 찍고 늦게까지 유지되는 경향을 보입니다. 그러나 전체 참여자 숫자(Y축)를 보면 주말보다 주중이 훨씬 높습니다.

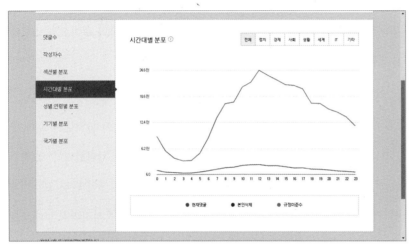

▲ 2022년 12월 22일 목요일 데이터

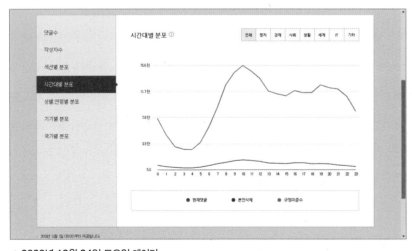

▲ 2022년 12월 24일 토요일 데이터

페이스북, 인스타그램의 경우 오전에 글을 일찍 올리면 하루를 기점으로 사람들에게 노출되는 시간이 늘어나고, 당일 올린 글은 친구들의 피드에 더욱 잘 전달됩니다. 상점의 최신 소식을 접한 기존 방문 고객에게 기억을 상기시키고 잠재 고객에게는 간접 경험을 통해 마케팅의 중요한 요소인 '고객 학습'의 효과가 나타납니다. 또한 당일 일어나는 이벤트나 설문 등 다양한 형태의 과제를 올렸을 때 좋아요나 댓글 등의 참여를 얻어내기 좋고, 노출 시간 또한 늘어나기 때문에 효율적입니다.

당연한 이야기지만, SNS에 글을 올릴 때에는 일방적으로 소식을 전달하는 것보다 댓글이나 좋아요 등의 친구들의 호응을 많이 얻어내기 위한 글을 쓰는 것이 좋습니다. 친구들과 소통을 많이 할수록 다른 친구들에게도 소식이 잘 전달되며, 이렇게 쌓은 신뢰의 점수는 SNS 안에서 누적되어 더 많은 사람들에게 소식이 퍼집니다.

🔍 동영상 혹은 사진 첨부하기

SNS 안에서 동영상과 사진은 가장 흔한 게시물의 형태로 사람들에게 가장 효과적으로 시선을 집중시키고, 이야기의 주제를 가장 쉽게 이해할 수 있도록 도와줍니다. 결국 동영상과 이미지는 최대한 많은 고객에게 '간접 경험'을 하게 하여 신뢰를 높이게 됩니다.

이미지는 첫 이미지, 그리고 영상은 미리보기 이미지가 중요합니다. 그래서 다음 사항을 염두에 두고 주제에 대해서 고객의 니즈를 확실하게 표현하여 고객의 시선을 이끌고 주제와 목적에 효과적으로 도달할 수 있도록 제작합니다.

- **주제가 확실히 드러날 수 있는 이미지 혹은 텍스트로 고객의 필요를 정확하게 표현합니다.**
  음식 레시피, 튜토리얼처럼 어떤 과정을 통해 결과물을 얻어야 하는 경우 최종 결과물을 강조한 이미지를 사용하는 것이 좋습니다. 즉, 고객이 이 영상과 사진을 보면 어떤 이득과 결과물을 얻을 수 있는지 텍스트나 자막으로 표현합니다. 영상의 앞쪽 8초 정도는 전체 영상을 요약하여 하이라이트로 활용하는 것이 도움이 됩니다.

- **사람이 등장해야 주목도가 높습니다.**
  사람은 사람에게 집중하며 신뢰감을 가집니다. 얼굴이 등장하지 않는다 하더라도 신체의 일부나 영상의 경우 목소리, 내레이션을 넣는 것이 좋습니다.

- **고객의 니즈와 시기를 파악한 게시물을 기획합니다.**

  가장 중요한 것은 고객에게 필요한 콘텐츠를 제작하는 것입니다. 고객의 생애주기에 맞고, 우리 상점이 계획과 이벤트 등을 고려하여 고객의 니즈와 우리의 목적을 이룰 수 있는 콘텐츠를 기획합니다. 이 내용은 후에 4장에서 다뤄보겠습니다.

♥TIP 적절한 사진 개수와 크기

사진은 3장 이상 올리는 것이 좋습니다. 그 이유는 가로세로 길이와 상관없이 가장 무난하게 모든 이미지가 잘 표현되기 때문입니다. 다음 그림을 보면 사진 장 수에 따라 뉴스피드에 나타나는 이미지의 크기를 확인할 수 있습니다. 매번 같은 장 수로 올리기보다 상품에 맞는 크기를 고려해 레이아웃을 달리하면 더 활동적인 느낌을 선사할 수 있습니다.

⬚ @ 사용하기

페이스북과 인스타그램에서 게시물과 관련있는 사람 혹은 계정을 태그할 수 있는 @ 기능을 사용할 수 있습니다. 태그로 언급하면 상대방에게 알림이 가며, 글에는 태그된 사람 혹은 요소들이 링크되어 사람들의 이해를 도울 수 있습니다. 단 상관없는 사람이나 요소를 태그하지 않도록 주의해야 합니다. 신중하지 않게 @를 남발하다 보면 오히려 사람들의 신뢰를 잃을 수 있고, 게시글이 신고당할 수도 있기 때문입니다.

▽ 페이스북에서 @ 적용하기

글이나 댓글에서 @를 입력하고 이름을 입력하면 해당하는 사람의 얼굴과 이름 목록이 나타납니다. 해당되는 사람을 터치합니다. 올바르게 적용되었다면 이름이 음영으로 표시됩니다. 글이나 댓글을 올리면 이름이 두꺼운 글씨로 표시되며, 터치하거나 클릭했을 때 해당되는 사람의 프로필로 넘어갑니다. 이름을 언급한 사람에게 '000님이 0000에서 회원님을 언급했습니다.'라고 알림이 전달됩니다. 알림을 터치하거나 클릭하면 해당 글로 바로 이동합니다. 설정에 따라 허용된 글은 태그된 사람의 뉴스피드에 나타납니다.

이렇게 게시글에서 태그하는 방법과 아래 [사람 태그하기] 아이콘(👥)을 사용하여 글을 작성할 수 있습니다.

개인은 친구뿐 아니라 페이지를 언급할 수도 있습니다.

▽ 인스타그램에서 @ 적용하기

인스타그램에서 글에도 @를 사용하여 태그가 가능합니다. 이미지 태그처럼 태그한 사람의 프로필 피드에 바로 나타나지 않지만 '태그된 게시물'에 표시됩니다.

1 글을 쓸 때 @로 계정의 이름이나 아이디를 입력하고 나온 목록에서 해당 사람을 선택합니다. 글이 완성되면 글 내용 안에 파란색으로 표시된 @+계정 아이디를 터치하면 프로필이 링크됩니다.

이미지 태그 사용하기

페이스북에서 태그하기

사람이 들어간 사진을 올리면 자동으로 사람을 태그해 주며, 그렇지 않다면 수동으로 태그하면 됩니다.

1 이미지를 올린 뒤 태그하려는 얼굴을 터치합니다. 이름 입력란이 뜨면 원하는 이름을 입력하거나 검색한 뒤 해당 이름을 터치합니다. 화면에 이름이 표시되면 [완료]를 터치해 완성합니다.

2 사진에 등장하진 않지만 언급하고 싶은 친구는 글에서 @를 사용하거나 [게시물에 추가]에서 [사람 태그하기]를 터치한 뒤 사람을 태그합니다. 글을 완성하면 태그된 사람들이 글에 포함되고, 해당되는 사람의 프로필로 이동할 수 있습니다.

▽ 인스타그램에서 태그하기

1 인스타그램에서도 [사람 태그하기] 기능으로 사진의 사람을 태그할 수 있습 니다. 태그할 얼굴을 터치한 후 인스타그램 사용자를 검색해 맞는 사람을 찾아 터치합니다. 글을 올리면 이미지에 태그가 되고, 터치하면 해당 사람의 계정으로 이동합니다.

2 이미지 태그를 하면 상대방의 프로필 화면에서 태그된 이미지만 따로 모아서 볼 수 있습니다.

💬 댓글과 답글의 중요성

콘텐츠 마케팅에서 가장 중요한 것은 댓글과 답글입니다. 댓글과 답글의 역할은 연결 관계와 신뢰도, 학습 효과 면에서 중요합니다.

첫 번째로, 사람들 간의 연결 관계가 매우 강화됩니다. 댓글을 쓰며 답글을 주고받은 친구들에게는 나의 게시물이 지속적으로 노출될 확률이 높으며 그 친구와의 사이의 친구, 그 친구의 친구들에게 노출됩니다. 한 사람의 댓글 하나도 소중한 이유입니다.

두 번째, 신뢰도가 상승합니다. 댓글의 유무에 따라서 글의 신뢰도는 달라집니다. 콘텐츠를 접하는 사람들의 인식도 그렇지만 시스템에서도 마찬가지입니다. 댓글이 많이 달릴수록 많은 사람들에게 노출되며, 내 계정의 신뢰도도 높아집니다.

세 번째로, 학습의 효과가 높습니다. 고객은 질문과 답변을 통해서 상품과 상점에 대한 이해가 높아지고, 비즈니스를 하는 입장에서는 고객의 니즈를 정확하게 파악하고 검증할 수 있는 상호 학습의 효과가 있습니다.

상호 소통으로 인한 학습 효과와 신뢰도 상승은 자연스럽게 콘텐츠를 공유하고, 친구들을 태그하여 초대하거나 콘텐츠의 공유하는 등의 좀 더 적극적인 참여로 이어집니다. 이렇듯 댓글과 답글을 통한 소통은 고객을 넘어 팬슈머로 가는 단계에서 매우 중요한 역할을 하게 됩니다.

댓글에도 전략이 필요합니다. 가장 중요한 중요한 전략은 '@로 시작하여 ?로 끝나야 한다'는 것입니다. 고객에 대해 학습하고 재정의하고 적용하는 일은 마케팅이 지속되는 한 계속 해야 하는 중요한 과업입니다. 그래서 고객에게 질문하는 것은 매우 중요한 행동입니다. 댓글과 답글을 작성할 때도 내가 생각하고 있는 고객에 대한 정의와 니즈에 대한 검증과 재정의가 필요하기 때문에 '질문'은 가장 중요한 요소가 됩니다.

두 번째로, 글을 올리는 것보다 친구의 글에 남기는 댓글이 중요합니다. 타깃 고객에 맞춰 친구를 맺었고, 그중 이미 방문하거나 상품을 구매한 고객이거나 앞으로 고객이 될 가능성이 높은 친구에게 댓글을 다는 것은 마치 단골을 관리하는 것과 같습니다. 친구와 서로 소통하면 그 사람의 글이 피드에 보이기 시작하고 자연스럽게 고객에 대한 학습 효과도 높아질 수밖에 없습니다.

세 번째로, 댓글에 대해 정확하게 답글을 달아야 합니다. 그래야 댓글을 단 사람에게 정확하게 알림이 전달되고 소통이 원활해집니다. 댓글은 글 아래 바로 표시되며, 답글은 그 아래 숨겨져서 표시되고 해당 답글을 터치하거나 클릭했을 때 상세하게 나타납니다.

▽ 댓글, 답글 남기기

인스타그램, 페이스북 모두 댓글에서 [답글 달기]를 터치하면 언급한 아이디와 함께 답글로 표시됩니다.

💬 문/청/사/례, 참여를 촉진하는 네 가지 방법

SNS에서는 사람들의 참여를 유도하는 것은 매우 중요합니다. 각 글의 노출도만 높아지는 것이 아니라 개인의 신뢰는 물론 댓글과 답글, 좋아요로 참여한 사람들과 관계의 점수도 높아지기 때문입니다. 따라서 참여를 촉진하는 방법에 따라 글을 구성하고, 댓글로 소통해야 합니다.

▽ 문(問), 물어보기

사업을 하면서 인쇄물, 상품의 이름, 서비스 가격 등 결정해야 할 것은 정말 많습니다. 혼자라면 골치가 아플 이런 일도 사람들과 함께 진행하면 다양한 의견과 정보를 수렴할 수 있습니다. 다른 글보다도 질문하거나 의견을 구하는 글은 다른 사람들의 댓글, 즉 참여를 유도하기 가장 좋은 글입니다.

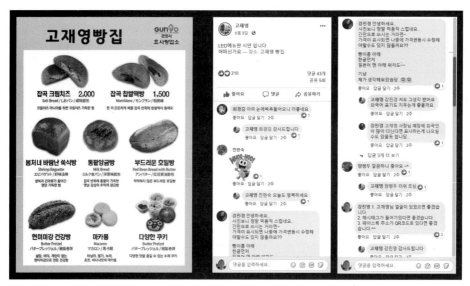

▲ 고재영 빵집의 메뉴판 시안 의견 물어보기

▽ 청(請), 부탁하기

사업은 많은 사람들의 손길을 필요로 합니다. 물품 구매, 사람 구하기 등 모든 것을 예로 들 수 있습니다. 부탁하는 글은 사업에서 꼭 필요한 네트워크의 확장에도 도움을 주며, 대화 내용에서 서로의 분야에 대한 정보 교환이 일어나고, 협업을 촉진시켜 사업의 새로운 기회 또한 모색하게 해 줍니다.

TIP 부탁이나 청하는 글은 페이스북 그룹에 올릴 때 더욱 효율적입니다. 전문가 그룹에 글을 올리면 평소의 마케팅 대상과 달리 다른 페이스북 친구들에게 홍보가 됩니다. 또 그룹의 규모에 따라서는 타임라인에 올려서 친구들의 뉴스피드에 올리는 것보다도 훨씬 홍보 효과가 높아집니다.

▽ 사(謝), 감사를 표현하기

감사는 주로 댓글과 답글을 통해서 이뤄집니다. 사람들의 다양한 참여(자료 조사, 의견, 사람 소개 등)에 대한 감사를 표현합니다. 가볍게는 단순한 답글부터 작은 선물(쿠폰, 기프티콘 등)까지 상황에 따라 적절하게 표현합니다.

▽ 예(禮), 예의를 갖추기

친한 사람이라 하더라도 반말을 하거나 의견에 감정적으로 대응하여 불편한 대화가 오고 가는 것은 바람직하지 않습니다. 오프라인에서 사람을 대하듯이 예의를 갖추고 대화하면 사람들의 참여를 더욱 촉진할 수 있습니다. 물론 사실 관계를 밝혀야 하는 경우에는 단호하게 대응해야 할 때도 있지만, 이때에도 비속어를 쓰거나 감정적인 표현은 자제해야 합니다.

그 밖에도 SNS 마케팅의 콘텐츠에서 중요한 덕목은 바로 진실, 성실, 겸손입니다. 진실은 나중에 거짓이 밝혀졌을 때의 위험을 줄여 줍니다. 성실은 고객과의 관계를 지속적으로 가질 수 있는 기반이 됩니다. 겸손은 내 의견을 강하게 주장했을 때 책임감의 부담을 없애 줍니다.

4

부가가치를 올리는
QR 코드 마케팅

♥ ○ ◁   ⬗

비즈니스와 마케팅이 '가치'를 다루는 것이라면 SNS 마케팅은 디지털 가치를 다루는 일 중 가장 핵심이 되는 활동입니다. 그리고 스마트폰은 오프라인과 온라인의 경계에 있어 두 공간의 가치가 서로 상호작용하여 시너지를 낼 수 있도록 하는 데 중요한 역할을 합니다.

SNS에서는 사람들이 많은 정보를 생산하고 공유합니다. 그런 가치들을 오프라인에 효과적으로 전달할 수 있는 방법 중에 하나가 바로 QR 코드입니다. QR 코드는 Quick Response의 약자로 문자 정보를 보는 2차원 형태의 코드입니다. 스마트폰이 대중화되고 나서 주로 URL 정보를 담아 제작해 별도의 입력 없이 손쉽게 정보에 접근할 수 있도록 제공됐습니다.

○ QR 코드의 필요성

• 원하는 정보에 빠르게 접근하기

고객은 언제든지 스마트폰으로 원하는 정보를 검색할 수 있습니다. QR 코드는 URL을 입력하거나 검색하는 과정을 거치지 않고 원하는 정보에 바로 고객이 손쉽고 빠르게 접근할 수 있도록 도와줍니다.

주문, 결제, 설문조사, 이벤트 등 고객을 대면해야 하는 다양한 상황에서 QR 코드를 적용할 경우 시간 효율이 높아지며, 혹은 아예 비대면으로 전환이 가능하기도 합니다. 고객 서비스 설계 시 활용한다면 비용은 줄이면서도 효율은 높일 수 있습니다.

- **상품과 서비스의 부가가치 높이기**

상품과 서비스에 표현할 수 있는 가치는 한계가 존재합니다. 오프라인의 상품 포장, 인쇄물 등은 한번 제작한 후에는 변경하기 힘들며 동영상 등의 멀티미디어는 표현이 불가능합니다. 비용의 추가 없이 상품의 가치를 높일 수 있는 디지털 콘텐츠를 연결시켜 부가가치를 높일 수 있습니다.

- **손쉬운 공유와 저장하기**

QR 코드는 URL에 손쉽게 접근하도록 돕고, 그 기록은 고객의 스마트폰에 저장되며, 다른 사람들과 공유하기도 쉽습니다. 즉, QR 코드는 관계와 콘텐츠 유통이 원활해지도록 온라인과 오프라인의 다리 역할을 합니다.

◯ QR 코드 제작 아이디어

- **고객 서비스 설계에 활용하기**

고객의 대면하거나 상품, 서비스를 구매, 경험하며 필요한 단계에서 고객이 빠르게 접근할 수 있도록 도와주는 것입니다. 예를 들면 결제, 주문 등에서 활용합니다. 특히 비대면이 훨씬 효율적인 고객 만족도 조사, 불만 사항 접수, 이벤트 참여 등을 QR 코드와 함께 안내하면 고객의 참여가 수월합니다.

▲ 설문조사 결제 QR 코드 예시 사진 넣기

- **친구 맺기나 팔로우하기**

페이스북이나 인스타그램 계정 혹은 페이스북 그룹과 페이지, 블로그 등 주소를 QR 코드로 만들어서 사람들과 손쉽게 연결할 수 있도록 도와줍니다. 포항에서 찰보리빵을 판매하는 박태준 님은 상품의 상자, 명함, 다양한 인쇄물에 모두 QR 코드를 적용했습니다. QR 코드를 찍으면 블로그가 연결됩니다. 블로그를 연결하면 찰보리와 관련된 다양한 레시피와 정보를 볼 수 있습니다.

• 상품에 부가가치 더하기

상품의 가치를 더하는 블로그 글이나 유튜브 동영상 등을 넣어 줍니다. 예를 들면, '우리 상품이 만들어지기까지', '만든 사람과 인사하기' 등 상품을 선택할 때 결정적인 영향을 미치는 콘텐츠와 연결합니다. 김혜란 님의 상주시 혜란팜은 전단지에 캔탈로프 멜론 QR 코드를 배치했는데 여기서 멜론이 자라는 과정과 상품 소개 등을 볼 수 있는 블로그 포스트로 연결됩니다.

• 상품 사용에 유용한 정보 주기

보관법, 다양한 사용법, 사후 관리법 등 상품을 구매해 사용할 때 도움을 주는 영상이나 콘텐츠를 만들면 고객 응대 시간이 절약됩니다. 성남시 수정로 상인들은 모든 매장에 QR 코드를 적용했습니다. QR 코드를 읽으면 메뉴 안내, 사장님의 인사 등을 볼 수 있습니다.

○ QR 코드 제작 시 주의할 점

첫 번째로, 되도록이면 짧은 주소로 만들어야 합니다. QR 코드는 텍스트의 길이가 길수록 코드의 모양이 복잡해져서 인식도가 떨어집니다. bit.ly 등 주소를 줄여 주는 사이트를 활용해 복잡하고 긴 주소를 짧게 줄인 다음 QR 코드로 만듭니다.

두 번째로, 모바일에서 용이한 서비스로 만들어야 합니다. QR 코드를 찍는 도구가 스마트폰이기 때문에 스마트폰에서 보기 편한 웹 서비스의 주소로 만들어야 합니다.

세 번째로, 보조적인 텍스트 정보를 제공하세요. QR 코드를 찍어야 하는 이유, 혹은 혜택에 대한 언급과 함께 QR 코드 인식이 어려울 경우(스마트폰 카메라 고장 등) 접근이 가능하도록 URL 주소도 함께 적어 줍니다.

네 번째로, 배포 전에 꼭 테스트해야 합니다. QR 코드의 크기가 너무 작아도 너무 커도, 부착하는 곳이 굴곡지거나 애매한 위치에 있어도 인식률이 떨어질 수 있습니다. 우편물 라벨지나 손쉬운 인쇄물을 사용해 적용하고자 하는 곳에 부착하고 반드시 직접 테스트를 거쳐야 합니다.

▽ QR 코드 읽기

요즘 스마트폰의 카메라 앱에는 QR 코드를 자동으로 인식하는 기능이 내장된 경우가 많습니다. 혹은 네이버 앱의 스마트렌즈 QR/바코드 기능을 사용해 손쉽게 QR 코드를 읽을 수 있습니다.

네이버 앱에서 검색 창에 가장 오른쪽의 렌즈 버튼(◉)을 터치합니다. 하단의 [QR바코드]를 선택한 후 바코드를 카메라로 비춥니다. 그러면 자동으로 인식하고, 상단에 뜨는 팝업을 터치하면 해당 URL로 이동합니다.

▽ QR 코드 제작하기

1 스마트폰에서 손쉽게 QR 코드를 제작할 수 있는 앱은 바코드 스캐너입니다. 앱스토어에서 바코드 스캐너를 검색해 설치합니다. 첫 화면의 빨간 줄이 보이는 투명한 부분에 바코드를 카메라로 비추면 QR 코드가 인식됩니다. [공유]를 터치하면 QR 코드를 만드는 화면으로 이동합니다.

2 입력란을 터치해 QR 코드로 만들고자 하는 URL을 입력하고 키보드의 [완료]를 터치합니다.

3 QR 코드가 만들어지면 상단 오른쪽의 [공유]를 터치해 원하는 방식으로 공유하거나 저장해 사용합니다.

▽ URL 단축 서비스 bit.ly

1 스마트폰에서 bit.ly로 검색해 앱을 설치하거나 PC에서 http://bit.ly로 접속합니다.

2 구글, 페이스북, 트위터 또는 이메일로 가입해 로그인합니다. 우선 줄이고 싶은 주소(예를 들어 블로그 주소)를 복사합니다.

3 앱에서는 [+]를 터치하고, PC에서는 오른쪽 상단의 [CREATE]를 클릭합니다.

4 복사한 주소를 붙여넣기한 후 [CREATE]를 클릭합니다.

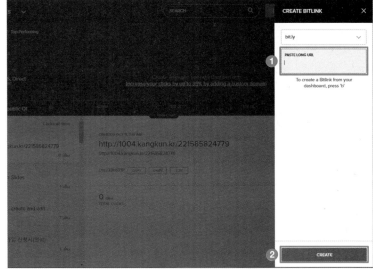

5 무작위로 설정된 주소를 의미 있고 짧은 주소로 변경합니다. 한글로 쓸 수도 있습니다. 주소를 만들 때는 중복된 주소, 대소문자를 구분합니다. 이와 같은 사항을 주의해야 하며, 잘못된 주소는 단축되지 않습니다. 완료되면 [SAVE]를 클릭합니다.

6 줄인 주소로 접속한 내용에 대한 간단한 분석도 함께 제공합니다.

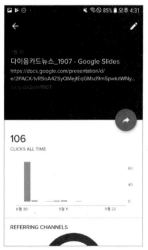
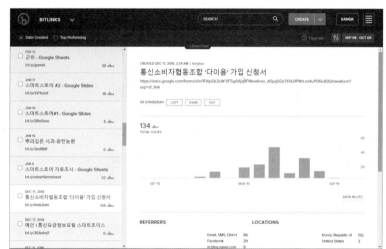

▽ QR 코드로 간단한 모바일 사이트 만들기

네이버 QR 코드 서비스(https://qr.naver.com/)를 활용하면 간단한 모바일 사이트와 QR 코드까지 한 번에 제작할 수 있습니다. 해당 서비스는 로그인해야 사용이 가능합니다.

1 [코드 생성]을 클릭합니다.

2 코드 디자인을 먼저 설정합니다. 그리고 추가 옵션으로 어떤 것을 넣을지 선택합니다. 문구를 삽입하면 QR 코드 하단에 글씨가 표시됩니다. 미리 보기를 확인한 후 [다음]을 클릭합니다.

3 페이지 유형 선택에서 [URL 링크]가 선택된 상태로 [다음]을 클릭합니다.

4 페이지 정보 입력 화면에서 항목에 맞게 문구, 파일을 최대한 채웁니다. 작성이 마무리되면 [다음]을 클릭합니다.

5 만들어진 화면에서 [코드 저장]을 클릭한 뒤 용도에 맞게 다운로드합니다.

6 스마트폰으로 접속해 내용을 확인합니다.

N ▶ ◎ f

5

SNS에서
설문조사하기

♥ ○ ▽   ⊏

마케팅의 모든 과정에서 중요한 것은 바로 고객에 대해서 아는 것입니다. 우리의 상품과 제품은 고객의 라이프 스타일과 니즈에 맞춰 가치를 제안할 수 있어야 합니다. SNS 안에서 친구를 맺고 소통하는 것으로도 고객에 대해 알 수 있지만 상품과 서비스에 대한 고객의 인식, 행동, 만족도 등은 직접적인 설문조사를 통해 깊이 파악할 수 있습니다. 또한, 설문지 문항이나 내용에 따라서는 설문조사가 사업을 홍보할 수 있는 기회가 되기도 합니다. 온라인 설문조사는 고객에게 손쉽게 바로 데이터를 확인할 수 있어 시간과 비용 면에서 매우 효율적입니다. 간단한 만족도 조사부터 복잡한 설문까지 다양한 방법과 요령을 적용할 수 있습니다.

○ 간단하고 민주적인 SNS 설문조사

페이스북의 설문은 간단하면서도 설문에 누가 참여했는지 알 수 있습니다. 그렇기 때문에 참여하는 사람들은 자신의 의견에 책임감을 가지고 선택하게 됩니다. 단순한 것이 단점이지만 댓글과 답글로 소통하면서 의견에 대한 보완이 가능합니다. 단 페이스북의 설문은 스토리와 그룹에서만 가능합니다. 인스타그램의 경우 페이스북과 연동이 되어 있을 경우 페이스북과 함께 노출되지만, 페이스북에서는 설문의 응답이 불가능하고, 인스타그램으로 연결되는 링크가 제공됩니다.

▽ 인스타그램 스토리에서 간단한 설문하기

인스타그램 스토리 업로드 화면에서 스티커 아이콘(⊡)을 선택한 후 [설문]을 선택합니다. 내용과 보기를 입력한 후 [완료]를 눌러 스토리를 완성합니다.

스토리가 업로드되면 보는 친구들은 보기를 선택하여 터치할 수 있으며, 보기마다 퍼센트(%)로 선택 비율을 보여 줍니다.

페이스북에서는 설문 부분을 터치하면 인스타그램의 스토리로 연결되는 링크를 제공합니다. 페이스북 스토리에서도 2개의 보기만 선택하는 설문을 만들 수 있습니다. 스토리 업로드 화면에서 동일하게 스티커를 터치하여 [설문]을 선택한 후 내용과 보기를 입력합니다. 그 후 [완료]를 눌러 업로드합니다. 보기는 2개까지 입력이 됩니다.

설문에 참여한 사람들이 표시되며, 어떤 보기를 선택했는지도 볼 수 있습니다.

▽ 페이스북 그룹에서 설문하기

1 글쓰기에서 질문을 입력한 다음(●●●)을 터치하고 슬라이드로 위로 올려 [설문]을 선택합니다.

2 질문과 기본 선택 항목을 입력하고 [게시]를 터치합니다. 페이스북의 설문은 선택 항목을 참여자가 추가할 수 있습니다. 참여하는 사람들은 어떤 항목에 투표했는지 얼굴이 옆에 나타납니다.

🔍 유튜브 카드 기능으로 시청자 설문조사

유튜브에서도 영상 안에서 카드를 통해 투표를 진행할 수 있습니다. 시청자의 의견을 수렴할 수 있을 뿐 아니라, 해당 시간까지 본 사람들의 숫자를 통계로 대략 알 수 있기 때문에 유용합니다. 277쪽에서 카드 기능에 대해 상세하게 설명해 두었습니다.

🔍 상세한 설문과 통계가 가능한 구글 설문지

구글 설문지는 상세한 설문부터 모집이나 신청 등의 다양한 기능을 담을 수 있습니다. 구글 설문지는 데 스크톱에서 먼저 만들고, 설문에 참여하거나 수정하는 것은 스마트폰에서 가능합니다. 구글 설문지와 관련해 이 책에서 다루지 못하는 상세하고 정확한 설명은 고객센터(http://j.mp/구글설문도움말)를 통해서 확인하는 것이 가장 정확합니다.

구글 문서 작성과 활용법은 크게 [양식 작성] – [배포와 응답 받기] – [응답 보기]의 3단계로 나눠집니다.

▽ 양식 작성

1 크롬에서 구글 드라이브(https://drive.google.com/)에 접속합니다. [신규]를 클릭합니다. [Google 설문지]를 바로 클릭하거나 혹은 ▶를 클릭하여 [템플릿]에서 하나를 선택합니다. 초보자라면 템플릿 사용을 추천합니다.

2 구글에서 제공하는 템플릿에서 가장 비슷한 템플릿을 클릭합니다.

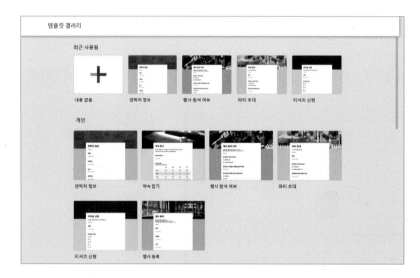

3 상단 가장 왼쪽 부분에 [파일 이름]을 입력합니다.

4 큰 글씨인 제목부터 작은 글씨인 안내글을 각 항목에 알맞게 입력합니다.

5 설문 내용을 클릭해 수정합니다. 선택 항목에서 [이미지] 아이콘(▣)을 선택하면 이미지를 첨부해 선택에 도움을 줄 수 있습니다. [X]를 클릭하면 항목이 삭제됩니다. [옵션 추가]를 클릭하면 항목을 추가할 수 있습니다. [기타]를 클릭하면 기타란 항목이 추가되고, 참여자가 자유롭게 입력할 수 있는 칸이 추가됩니다.

6 아래와 같이 원하는 설문지를 작성합니다.

7 질문을 입력한 후 [객관식 질문]을 선택해 대답 유형을 결정합니다. 자주 사용하는 항목은 아래와 같습니다.

- **[단답형]:** 사용자가 짧은 단어로 답변을 작성할 수 있습니다.
- **[장문형]:** 사용자가 하나 이상의 단락으로 구성된 긴 답변을 작성할 수 있습니다.
- **[객관식 질문]:** 사용자가 여러 옵션 중에서 하나의 옵션만 선택할 수 있습니다.
- **[체크박스]:** 사용자가 여러 옵션 중에서 하나 이상의 옵션을 선택할 수 있습니다.
  - '기타'를 옵션으로 포함해 사용자가 간단한 답변을 작성하도록 할 수 있습니다.
- **[드롭다운]:** 사용자가 여러 옵션 중에서 하나의 옵션만 선택할 수 있습니다. 객관식과 다르게 기타 옵션이 없으며, 목록으로 표현됩니다. 오른쪽 끝의 메뉴를 통해 아래 항목을 추가할 수 있습니다.

8 꼭 답변해야 하는 항목은 필수 옵션을 활성화합니다. 그러면 반드시 답변을 해야 설문지가 제출됩니다.

🢒 모두 작성한 뒤 설문을 마친 후 보여지는 최종 화면의 문구를 수정합니다. 오른쪽 상단의 [설정]을 클릭하고 아래 확인 메시지 란에 문구를 입력한 후 [저장]을 클릭합니다.

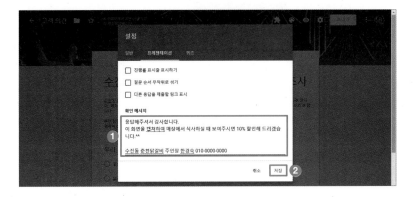

🢒 설문을 완료하면 다음 이미지와 같이 최종 화면이 표시됩니다.

▽ 배포와 응답 받기

1 응답은 URL 주소로 이뤄집니다. 먼저 [보내기] 버튼을 클릭해 아래 화면을 불러옵니다. 중간에 [링크]를 클릭합니다. URL 단축을 클릭하거나 bit.ly를 사용해 주소를 줄여서 문자, 카카오톡, 페이스북, 블로그 등 다양한 곳에 공유합니다. QR 코드로 만들어 배포해도 좋습니다. 스마트폰과 PC에서 모두 가능합니다.

2 데스크톱과 스마트폰에서의 응답 화면을 확인합니다.

 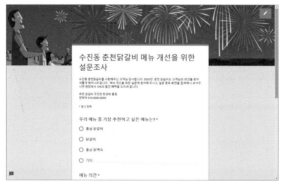

▽ 응답 보기

1 응답은 반드시 스프레드시트와 연결해 DB로 남겨 두는 것이 좋습니다. [질문]과 [응답] 탭 중 [응답]을 선택하고 스프레드시트 아이콘(⊞)을 클릭합니다.

2 [새 스프레드시트 만들기]를 선택한 후 [만들기]를 클릭하면 스프레드시트가 생성됩니다.

3 이후 스프레드시트 아이콘(⊞)을 클릭하면 자동으로 연결됩니다.

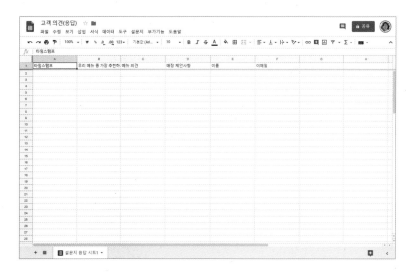

4 응답을 입력해 완료하면 응답마다 1줄의 데이터가 생겨납니다. 타임스탬프는 응답이 들어온 시각입니다. 시간 순서대로 자동 정렬됩니다.

5 응답이 1개라도 입력된다면 [응답] 탭에는 간단한 결과가 제공됩니다.

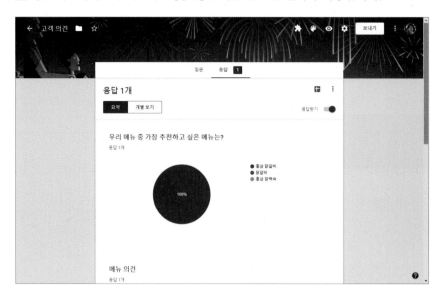

🔍 구글 스프레드시트

구글 스프레드시트는 시트를 만들어 서식을 지정하고 데이터를 관리하며, 팀원 간에 함께 작업할 수 있는 온라인 앱입니다. 마이크로소프트 오피스 중 엑셀에 해당하며, 문서로 사용하던 것을 그대로 웹에서 사용합니다. 컴퓨터, 태블릿, 스마트폰과의 연동이 가장 큰 장점입니다. 엑셀을 사용하던 분들은 손쉽게 사용할 수 있고 공유도 자유롭습니다. 문서를 작성하다가 사라지더라도 자동 저장되기 때문에 걱정할 필요도 없습니다.

- 목록 관리로 체계적인 블로그 글쓰기가 가능하며, 흩어져 있는 블로그 글이나 페이스북 글을 통합 관리할 수 있습니다.
- 부동산 물건 관리 대장을 사용해 공동 물건을 공유할 수 있습니다.
- 자영업자의 매출 관리 대장의 경우에도 스마트폰으로 관리할 수 있습니다.

▽ 컴퓨터에서 구글 스프레드시트 사용하기

상세한 사용법을 알고 싶으면 [메뉴]를 클릭해 고객센터에서 도움을 받을 수 있습니다.

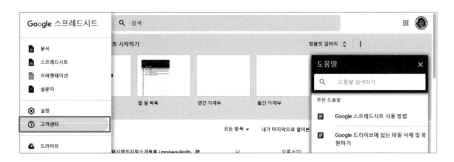

1 스프레드시트를 만드는 두 가지 방법이 있습니다. https://docs.google.com/spreadsheets/의 홈 화면에서 [+]를 클릭합니다. 또는 구글 드라이브에 들어가서 왼쪽 위 [신규]를 클릭하고 팝업창이 나오면 [Google 스프레드시트]를 클릭합니다.

2 시트 왼쪽 상단의 [제목 없는 스프레드시트]를 클릭해 이름을 정하고 변경할 때도 같은 곳을 클릭해서 이름을 바꿉니다.

3 왼쪽 아래의 [+]를 클릭해서 시트를 추가합니다. [≡]는 시트가 많을 경우 쉽게 찾도록 해 줍니다. 원하는 시트에서 마우스 오른쪽 버튼을 클릭하면 이름을 바꾸거나 복사, 이동하거나, 색상을 바꿀 수 있습니다.

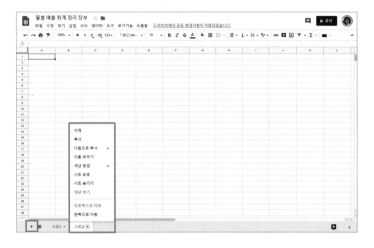

▽ 사용자 간의 공유 및 공동 작업하기

다른 사용자와 파일 및 폴더를 공유할 수 있습니다. 이때 관리와 효율을 높이기 위해서 먼저 해야 할 작업이 있습니다. 바로 폴더를 만든 후에 협업할 수 있게 하는 마스터시트를 만드는 것입니다. 시트를 만든 다음 공유하는 방법은 다음과 같습니다.

1 오른쪽 상단의 [공유]를 클릭합니다.

2 사용자의 이메일을 등록하고 오른쪽의 [편집자]를 클릭합니다.

3 [편집자]에 체크하면 사용자들이 파일을 직접 수정할 수 있고, [댓글 작성자]는 댓글 또는 제안만 작성할 수 있습니다. 또 [뷰어]는 최종 파일만 볼 수 있습니다. 여기에서는 [편집자]로 지정하고 [전송]을 클릭합니다.

▽ 링크 및 댓글 삽입하기

시트를 만들 때 링크 삽입 기능을 이용해 셀에 URL을 삽입한 뒤 외부 자료로 연결할 수 있습니다. 구글 스프레드시트는 각각의 셀마다 링크 주소를 생성할 수 있습니다. 링크를 걸면 셀에 있는 글자가 검은색에서 파란색으로 바뀝니다. 시트 위에서 마우스 오른쪽 버튼을 클릭하고 [링크 삽입]을 선택합니다. 링크 주소를 입력하고 [적용]을 클릭합니다. 링크가 삽입되면 글자에 밑줄이 나타나면서 파란색으로 바뀝니다.

한 셀에서 마우스 오른쪽 버튼을 클릭한 후 [댓글]을 선택하면 댓글이 삽입되어 한 셀의 정보와 관련된 토론이 가능합니다. 댓글의 [:]를 클릭하면 삽입한 댓글을 삭제, 수정하거나 그 댓글에 링크를 달 수 있습니다.

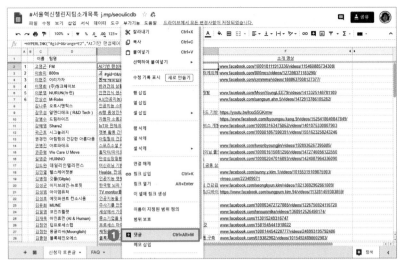

스마트폰에서 구글 스프레드시트 사용하기

1 스마트폰에서 구글 스프레드시트를 사용하려면, 먼저 플레이스토어나 앱스토어에서 설치합니다.

2 설치한 후 책에서 다루지 못한 자세한 내용은 역시 고객센터를 통해 상세하게 안내받을 수 있습니다. [메뉴]를 터치하고 [고객센터]를 선택합니다.

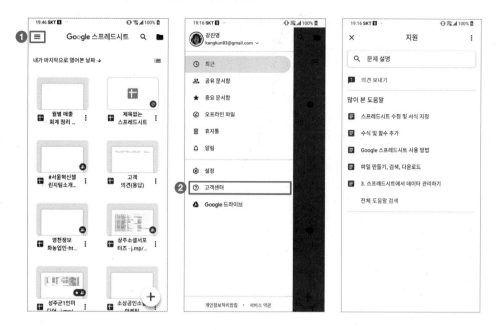

3 하단의 [+]를 터치하고 [새 스프레드시트]를 선택하면 파일이 바로 생성됩니다. 오른쪽 상단의 [:]을 터치하고 [제목 없는 스프레드시트]를 터치해 이름을 변경합니다.

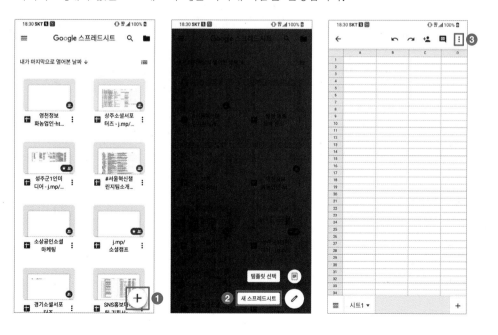

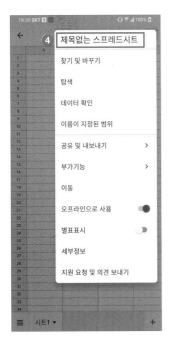

4 [┇]를 터치하고 [공유 및 내보내기]를 선택한 뒤 [공유]를 터치합니다.

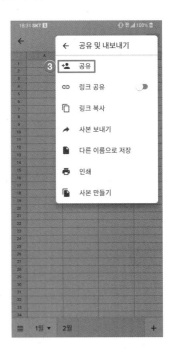

5 gmail을 입력한 후 [연필] 아이콘(✏️▾)을 터치해 권한을 조정한 뒤 종이비행기 아이콘(➤)을 터치합니다.

6 입력하고자 하는 해당 셀을 터치한 후 하단의 입력란에 내용을 입력한 후 [체크](✔)를 터치합니다.

 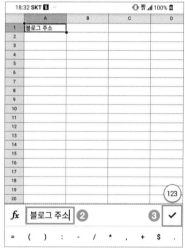

7 댓글과 링크를 삽입하고자 하는 셀을 선택한 후 상단의 [+]를 터치합니다. [링크] 혹은 [댓글]을 눌러서 삽입할 수 있습니다.

8 하단의 [+]를 터치하면 시트를 추가할 수 있습니다. 이름을 변경할 시트를 터치해 선택한 후 시트 이름 옆의 [▼]를 터치합니다. 시트 관리 메뉴 중 [이름 변경]을 선택해 원하는 이름으로 변경합니다.

후기 및 리뷰 전략

♥ ○ ▽   ◫

고객 후기, 리뷰의 역할은 세 가지입니다. 첫 번째로 잠재 및 신규 고객의 구매 여정에서 가장 결정적인 역할을 합니다. 먼저 구매를 한 소비자들의 경험이야말로 가장 신뢰감 있는 콘텐츠입니다. 두 번째로 순수한 고객 후기는 고객 경험과 우리 상품에 느끼는 핵심 가치를 알 수 있습니다. 핵심 가치는 점점 더 발전시키고, 고객의 불만 사항들은 개선하며 우리 상품을 발전시키는 계기가 될 수 있습니다. 이로 인해 마지막으로 고객과의 소통이 잘 이뤄진다면 재구매율을 높이며, 나아가 팬슈머를 발굴하고 성장하는 기회가 됩니다.

○ 후기 전략

후기와 리뷰의 전략에서 가장 우선순위이면서도 가장 근본이 되는 것은 바로 '고객 중심의 상품과 서비스에 대한 가치 설계'입니다. 지속적인 소통을 통해 고객에게 필요한 핵심 가치를 파악하고, 상품에 반영하며, 고객의 머릿속에 끊임없이 기억시키는 것을 멈추지 않는 것이 마케팅의 기본이기 때문입니다. 고객에게 진정한 감동을 이끌어내고, 고객이 자발적으로 남기는 진정성 있는 리뷰는 가장 좋은 콘텐츠가 됩니다. 신규 개업, 배달 앱 입점, 쇼핑몰 입점 등 사업의 초창기에는 리뷰를 촉진하는 이벤트 전략도 필요합니다.

- **관계, 소통 유지 중심의 참여 조건 제시**

  팔로잉, 스토어찜, 소식 받기 등처럼 지속적으로 소통할 수 있어 재구매로 이어질 수 있거나 고객이 바로 체감할 수 있는 것으로 선정합니다.

- **재구매로 이어질 수 있는 적절한 혜택**

  쇼핑몰, 스마트스토어 등 온라인 몰의 경우에는 내부 포인트나 쿠폰 등을 지급하거나, 방문 고객에게는 음료수나 간단한 사은품을 증정하는 등의 적절한 혜택이 중요합니다. 혜택을 받은 사람은 다시 긍정적인 후기를 남길 확률이 높습니다.

- **정확한 가이드 제시**

  글자 수, 사진 첨부 여부, 해시태그 등 우리가 강조하고 싶은 상품의 강점을 살릴 수 있는 가이드를 직간접적으로 표현합니다. 상점을 나타내는 해시태그, 그리고 상품 및 서비스를 적절하게 나열하거나 상점을 대표하는 다양한 단어들을 함께 표현해 주면 후기를 남길 때 많은 도움이 됩니다. 메뉴판, 간판, 인테리어, 상품 설명 등 고객의 눈이 머무르는 곳에 문장보다는 간략하고 강렬한 단어들로 정리해 놓습니다. 기존의 우수 후기들을 상품 설명에 나열하거나 인쇄해 벽에 붙여서 어떤 식으로 후기를 남겨야 할지 힌트를 주는 역할도 좋습니다.

리뷰는 꼼꼼히 응대하는 것이 좋습니다. 인스타그램, 블로그, 페이스북 등 SNS 채널에 공식 계정으로 공개적으로 댓글을 달면 광고성으로 볼 수 있기 때문에 주의하여 응대하며, 링크 기록을 정확하게 남기고, 개인적으로 메시지를 보내 감사 인사를 하는 것도 좋은 방법입니다. 스마트스토어나 지역 업체, 배달 앱 등에서는 댓글을 달아 주는 것은 리뷰 참여율을 높이는 데 중요한 역할을 합니다.

부정적인 리뷰에는 정확하게 대응하는 것이 좋습니다. 리뷰 평점이 낮은 순으로 정렬할 경우, 부정적인 리뷰들만 보이기 때문에 대응이 없으면 소통 부족으로 인식되거나 잘못된 정보로 오해를 살 수 있기 때문입니다. 정확한 답변이 되었을 경우 리뷰를 수정하는 고객들도 종종 있을 수 있고, 그런 고객들은 다시 재구매로 이어질 수 있습니다.

결국 리뷰는 시간이 답입니다. 꾸준히 쌓아간 것은 무시할 수 없습니다. 처음부터 비싼 혜택 등으로 조급하게 하는 것보다 꾸준히 소통하며 쌓아 가는 것이 훨씬 더 중요하며 진정성 있는 운영이 됩니다.

○ 후기의 종류

	설명	후기 남기는 곳	장점	단점
웹 또는 앱에서 리뷰 및 댓글	손쉬운 후기 기능 시스템적으로 가장 안정적	네이버/다음의 지역 업체 정보 배달, 숙박 앱 등을 통한 별점 및 후기 쇼핑몰 및 오픈몰	접근이 손쉬워 후기를 남길 확률이 높음 구매 혹은 방문에 영향을 미침 관리가 비교적 쉬움	구글이나 네이버 등 포털 사이트에서 검색이 안 됨 클린 후기라는 말이 생겨날 정도로 조작이 가능하여 신뢰도가 낮음 상투적이고 짧은 후기가 대부분
해시태그	해시태그를 제시하여 후기 유도	각종 인스타그램, 페이스북, 카카오스토리 등 이미지를 중심으로 한 소셜 웹 채널	소셜 미디어의 특성으로 친구들에게 전달되어 타깃층에게 노출 유리 노출된 사용자로 하여금 해시태그로 유도 가능 후기 작성자와 친구 맺기, 팔로우 등으로 관계 맺기가 편리	부정적 콘텐츠에 대한 대비 필요 개인 채널에 남기므로 콘텐츠 관리의 어려움 혜택을 받고 바로 지우는 경우도 생김
미디어	상품을 구매 혹은 제공하여 실제 경험을 사진, 동영상, 글 등으로 나누는 것	블로그, 유튜브 등 개인 미디어	검색이 상당히 잘됨 자세한 설명으로 많은 정보를 전달해 구매 전 정보 수집을 하는 소비자에게 도움	상품 및 서비스를 무상으로 제공받거나 대가를 받고 작성한 콘텐츠는 반드시 표기하도록 정책이 바뀜 많은 콘텐츠가 생성되기 어려움 (비용 필요)

• **댓글:** 네이버 스마트스토어 고영문 님의 지리산 자연밥상 후기

- **해시태그:** 양평포레스트펜션의 인스타그램 후기

- **미디어:** 고재영 빵집의 블로그 리뷰

SNS에서 고객과 소통하기

고객의 여정을 함께하며 경험의 가치를 높이는 소통법

소통 자체가 '마케팅'

Step 1
**소통을 위한
시간 만들기**

- 스마트폰 활용 능력 올리기
- 구글 킵과 캘린더로 일상 관리하기

Step 2
**효율적인 채팅
서비스 활용**

- 비즈니스 환경에 맞는 채널 개설과 설정
- 자동 응답과 FAQ 등으로 자동화하기
- 소통하며 FAQ와 자동화 관련 지속적으로 업데이트

Step 3
**콘텐츠와
소통 연결하기**

- 매일 오전에 글 올리기
- QR 코드 활용하기
- 설문조사하기
- 후기 유도하기

💡 **핵심 포인트**

- 소상공인의 스마트폰의 활용은 필수 요건입니다.
- 자동화와 기록이 소통의 핵심 포인트입니다.
- 질문, 설문조사, 후기 등의 소통으로 고객의 니즈와 우리의 핵심 가치를 파악합니다.

CHAPTER 4

소상공인을 위한 콘텐츠 마케팅

#차별화된_콘텐츠 #스토리빌딩 #라방 #유튜브마케팅

고객은 구매에 이르기까지 다양한 정보를 적극적으로 검색하고 친구와 서로 공유하며 선택하게 됩니다. 그래서 가치 있고 설득력 있고 공유할 수 있는 콘텐츠를 생산하는 것이 중요합니다. 다양한 채널마다 특징이 있겠지만, 공통적으로 콘텐츠를 활성화하는 방법을 살펴보겠습니다.

1 콘텐츠
차별화 전략

♥ ◯ ▽   🔖

콘텐츠란 위키백과에 따르면 '각종 매체가 인터넷과 컴퓨터 통신 등을 통해, 디지털 방식으로 청중 또는 최종 소비자에게 제공하는 정보나 그 내용물'을 말합니다. 이런 의미에서 콘텐츠는 세 가지 특징을 가지고 있고 모두 가지고 있어야 비로소 효과를 최대한 누릴 수가 있습니다. 링크로 표현되고, 검색이 되며, 공유로 확산되어야 합니다.

SNS가 발전됨에 따라 콘텐츠의 영향력과 신뢰의 기준도 변화하게 되었습니다. 그러기에 비즈니스와 고객에 따라서 콘텐츠는 차별화되어야 합니다. SNS는 사람 관계가 중심이 되는 소셜 네트워크입니다. 그러기 때문에 콘텐츠보다 중요한 것은 신뢰를 탄탄히 갖추는 것입니다. 콘텐츠를 기획하기 전에 기본기를 점검해야 합니다.

◯ 효율적인 전략 구사를 위한 기본 자세

- **첫째, 충실한 프로필 작성**
앞에서 이야기했듯이 프로필은 SNS 채널을 운영할 때 기본이면서도 가장 중요합니다. 연락처, 해당 채널 외의 외부 링크, 소개 등을 충실히 작성해 콘텐츠의 신뢰도를 높이고, 고객이 원하는 목표를 손쉽게 찾을 수 있도록 합니다.

- **둘째, 꾸준하고 성실한 업로드**
꾸준하고 성실한 업로드는 채널의 시스템에서도 고객에게도 신뢰도를 높이는 중요한 포인트입니다.

- **셋째, 고객과의 네트워크 확장과 꾸준한 소통**

  좋은 콘텐츠를 기획할 수 있는 힘은 바로 '고객에 대해 아는 것'이 우선이고, 꾸준한 소통을 통해 '우리 편'을 많이 만드는 것이 핵심입니다. 앞에서 작성한 마케팅 기획서를 보며, 작성한 콘텐츠가 타깃 고객에게 맞게 잘 작성되었는지 체크하며 주제, 키워드, 이미지 등을 고객의 입장에서 계속 발전시켜 나가야 합니다.

- **넷째, 스마트폰 먼저 고려하기**

  너무 당연한 이야기지만 콘텐츠는 대부분 스마트폰으로 소비됩니다. 따라서 스마트폰으로 소비, 공유할 수 있는 콘텐츠와 채널을 선택합니다. 콘텐츠를 제작할 때도 스마트폰 도구를 우선으로 두어야 비교적 부담 없고 편안하게 진행할 수 있습니다.

- **다섯째, 연결성 있게 제작하기**

  콘텐츠를 많이 제작하다 보면 자연스럽게 이어지기 마련입니다. 아이디어가 연결되어 떠오르거나 부드럽게 시리즈로 구성되기도 합니다. 링크나 추천 콘텐츠 기능을 사용해 관련 링크를 연결시키면, 상점의 채널에서 벗어나지 않게 잡아 두는 역할을 합니다.

기본적으로 콘텐츠를 차별화하는 방법은 바로 사람들과 소통하면서 얻는 콘텐츠에 있습니다. 3장에서 언급했듯이 하루를 시작하기 전에 올리는 글과 '문·청·사·례'를 실천하여 고객과 소통하며, 꾸준히 고객에 대해 학습하고, 고객과 관계를 쌓아야 합니다. 흥미, 정보성, 감동, 자극이 있는 콘텐츠를 작성하는 것도 중요한 포인트지만, 에너지 소모가 많고, 지속적으로 생산하기 어렵습니다. 전에도 언급했듯이 콘텐츠는 질도 중요하지만 양도 중요합니다. 그래서 비즈니스를 운영하면서 수없이 일어나는 크고 작은 이벤트들을 온라인으로 옮기는 '치환 전략'을 사용하면 좋습니다. 이 전략은 콘텐츠 생산에 대한 부담을 줄이면서도 비즈니스의 과정을 소비자에게 자연스럽게 알리는 효과를 볼 수가 있습니다. 다음 두 가지만 기억하고 실천하면 시간이 지날수록 실무 효율도 높아지고 콘텐츠로 인한 상품 및 서비스의 가치도 상승하고, 결국엔 고객 만족으로 이어질 수 있습니다.

◯ 차별화 기본 원칙

- **on은 off로, off는 on으로 변환합니다.**

  온라인에서 일어나는 이벤트는 QR 코드나 해시태그 등을 활용하여 오프라인에 표현해 줍니다. 그래야 오프라인 고객들의 온라인 참여를 유도할 수 있습니다. 오프라인에서 일어나는 일들은 라이브 방송, 스토리, 사진 등으로 스마트폰을 활용하여 현장에서 업로드하여 콘텐츠화합니다.

- **최대한 공개된 커뮤니케이션 채널을 선택합니다.**

  고객, 거래처 등 비즈니스와 관계된 사람들과 수없이 커뮤니케이션을 합니다. 상품과 서비스에 대한 질문, 오프라인에서 표현하지 못하는 상세 설명, 활용 및 응용법 등 오프라인에서 수도 없이 반복하는 커뮤니케이션의 내용들은 정리하여 블로그, 유튜브 등을 통해 디지털 콘텐츠로 바꿔 나갑니다. 이런 콘텐츠는 추후 QR 코드 등으로 오프라인에 표현하거나, 문의 사항이 있을 때 링크로 전달하면 상대에게 빠른 응대가 가능합니다.

앞서 이야기했다시피 콘텐츠는 질도 중요하지만, 양 또한 중요합니다. 퀄리티 좋고, 인기 많은 하나의 글도 중요하지만 상품 및 서비스를 이해할 수 있는 입체적이고 콘텐츠끼리 서로 연결될 수 있는 구조적인 기획과 설계도 중요합니다. 그래야 고객이 필요한 순간에 검색되고, 활용되어 경험의 가치가 상승하고, 만족도는 높아질 수 있습니다.

○ 콘텐츠의 세 가지 분류

1. 필수 콘텐츠

회사 소개, 연혁, 상품 소개, 대표 인사말, 오시는 길 등 상점을 소개하는 콘텐츠로 예전에 홈페이지에 기본으로 들어갔던 사이트맵을 떠올리면 됩니다.

2. 기반 콘텐츠

상점을 운영하면서 자꾸 언급되거나 참조해야 하며, 브랜드 구축의 골격 역할을 하는 콘텐츠입니다.

3. 운영 콘텐츠

SNS에서 다양한 이벤트와 함께 운영되는 콘텐츠입니다. 이 중에서 브랜드 구축의 골격을 담당하는 기반 콘텐츠를 살펴보고 콘텐츠 기획을 함께 진행해 보겠습니다. 기반 콘텐츠는 다시 다음과 같은 요소로 구성됩니다.

위의 세 가지 외에도 자칫 건조하거나 전문성으로 인해 딱딱해질 수 있는 경향을 보완하기 위해 휴머니티를 강조한 네트워킹 콘텐츠나 시사성 있는 이슈와의 연결로 관심을 끌기 위한 유인 콘텐츠 등을 따로 작성하기도 합니다. 두 가지 요소를 분야나 고객 특성에 따라 운영 콘텐츠에 담는 방법도 있습니다. 다양한 상황에 콘텐츠를 활용하는 유연성을 위해서는 오히려 분류하는 것이 나을 때도 있습니다.

◯ 기반 콘텐츠 구성 요소

- **용어(개념과 분류)**

  주로 '○○○란?'이라고 말을 붙일 때 자연스러운 콘텐츠로 어떤 것의 개념이나 분류를 설명하는 내용입니다. 전문 용어 중에 고객은 잘 모르는 개념이나 단어를 설명하는 콘텐츠가 있을 때 이해에 도움이 되도록 제공합니다.

- **연혁(역사적 사건이나 기록)**

  상점을 운영하기 전이나 초창기에 있었던 사례와 계기, 실패와 성장 내용 등을 기록합니다. 회사의 연혁을 좀더 구체적으로 풀어 놓은 내용입니다.

- **요소(객체별 1:1 포스팅)**

  상점을 구성하고 있는 사물이나 사람을 소개합니다. 주변의 지형지물이나 사연이 있는 물건들도 좋습니다.

- **후광(관계 기반의 브랜드)**

  특허, 자격증, 수료증, 유명인의 사진 및 서명 등을 기록합니다.

- **절차(매뉴얼)**

  방법, 순서 등으로 나열되는 다양한 절차나 매뉴얼, 양식 등에 대해서 설명하는 콘텐츠입니다.

기반 콘텐츠의 리스트를 만들어 보겠습니다. 이를 활용해 동영상, 카드 뉴스 등 어떤 형식으로 작성할지 블로그, 유튜브, 페이스북 페이지 등 어떤 채널에서 전달할지 고민해 봅니다.

[이경진의 광전농원 콘텐츠 리스트]

분류	콘텐츠	형식	채널
용어	접목이란?	외부 참조 링크	블로그
	친환경, 유기농이란?	외부 참조 링크	블로그
연혁	결혼과 함께 의성으로 오다	카드 뉴스	블로그, 페이스북
	SNS에 페친 사과밭으로 입성하다	카드 뉴스	블로그, 페이스북
요소	페친 사과밭 농부 배선형 그가 궁금하다!	영상	유튜브, 블로그
	1대 농장주 소개	영상	페이스북, 유튜브
	우리 농장 구경하기	생방송	페이스북, 유튜브
후광	적합을 통지받다	카드 뉴스	블로그, 페이스북
	스마트농촌 재능기부 강사가 되다	블로그	블로그
절차	사과 보관하는 방법	카드 뉴스	블로그, 페이스북
	맛있는 사과 샌드위치 만드는 방법	영상	유튜브

◯ 콘텐츠 차별화를 위한 전략

▽ 콘텐츠의 가치를 높이는 네 가지 방법

- **필요 없는 콘텐츠는 덜어내기**

  기반 콘텐츠 리스트를 작성하면서 필요 없는 콘텐츠는 덜어내고 중요한 콘텐츠에 집중해야 합니다. 두 가지 기준으로 콘텐츠를 덜어내면 좋은데, 첫 번째는 스마트폰을 먼저 고려하는 것입니다. 콘텐츠를 제작할 때 스마트폰에서 원활하게 제작부터 배포까지 가능한 것으로 선택합니다. 두 번째로 이미 잘 제작된 콘텐츠는 배제하는 것입니다. 위키백과나 유튜브, 블로그 등 다른 곳에 잘 설명되어 있다면 그 부분은 작성하지 않고 블로그나 유튜브 등에서 참조하는 링크로 넣어 줍니다.

- **부가가치를 높이는 콘텐츠에 집중하기**

  판매되는 상품 및 서비스의 질이나 부가가치를 높여 주는 콘텐츠에 집중합니다.

📄 **한 걸음 더** 약밥에 레시피 더하기

약밥 패키지를 만들어 판매하는 군위의 박신주(소보마실) 님의 포스팅은 제대로 이 약밥을 즐길 수 있도록 상세한 사진부터 영상까지 포스팅했습니다. 약밥을 쉽게 만드는 레시피를 상품과 함께 인쇄물 혹은 QR 코드로 제공한다면 상품의 부가가치를 높이는 좋은 콘텐츠가 됩니다.

- **독특함으로 고객 문제 해결하기**

  고객이 느꼈던 불편함을 해결한 사례가 있다면 이를 블로그 포스팅이나 영상으로 남겨 두는 것이 좋습니다.

📄 **한 걸음 더** 고객의 요구를 마케팅 수단으로

광전농원 이경진 님은 사과를 10kg과 5kg, 두 가지 포장으로 직거래하고 있습니다. 몇몇 소비자가 소포장을 요구해서 나눔 봉투 및 보관용 봉투를 함께 제공했습니다. 나눔 및 보관 봉투에는 간단한 스티커를 붙였고 상품 설명서도 함께 넣었습니다. 소포장에 대한 완벽한 대응은 아니더라도 농부의 세심한 배려가 돋보이는 독특함을 볼 수 있습니다.

출처: https://blog.naver.com/bibi357/220959941363

- **콘텐츠를 링크로 연결하기**

  관련 콘텐츠들은 서로 링크로 연결해야 고객이 다른 채널로 빠져나가지 않으면서도 입체적인 구성이 가능합니다. 유튜브는 카드 기능과 영상 설명에 링크를, 네이버 블로그는 링크 기능을 통해 관련 콘텐츠끼리 충분히 연결해 주면 좋습니다.

▽ 콘텐츠 유형별(폼) 비교

주제나 내용에 따라서 효과적인 콘텐츠 유형이 있습니다.

	정의	장점	채널
카드 뉴스	슬라이드 이미지를 활용한 뉴스 포맷의 형식	정보성 콘텐츠 다양한 채널에 활용 가능	인스타그램, 페이스북, 블로그
숏폼	15초~60초 이내의 짧은 동영상	하이라이트, 영상 챌린지처럼 강력하고 짧은 메시지 전달	틱톡, 인스타그램, 유튜브, 네이버 블로그
스토리	24시간만 유지되는 이미지 혹은 영상의 콘텐츠	한시적 이벤트, 설문조사 등 혹은 일상적 콘텐츠를 빠르게 아카이빙 가능	인스타그램, 페이스북, 유튜브
라이브 방송	실시간으로 영상 방송	라이브 커머스, 실시간 친구들의 참여가 필요한 콘텐츠	인스타그램, 유튜브, 페이스북, 라이브 커머스 채널
동영상	이미지가 아닌 음향, 움직임, 자막, 특수효과 등을 적용할 수 있는 콘텐츠	이미지보다 훨씬 더 많은 정보를 짧은 시간에 전달	거의 모든 채널

▽ 완벽함보다는 진정성과 성장 과정에 집중하기

콘텐츠를 기획하고 제작하다 보면 모두에게 공개된다는 특성 때문에 완벽을 추구하는 경우가 많습니다. 그래서 작업에 속도가 나지 않고 중간에 포기하는 경우가 많습니다. 소상공인의 경우에는 특히나 현장에서 어려움을 많이 느낄 것입니다. 'Market + ing'의 정의를 기억한다면, 여기서 중요한 것은 바로 진정성과 성장성입니다. 고객은 멋지게 꾸며진 완벽한 콘텐츠를 바라는 것이 아니라 시간을 같이 보내며 함께 소통하고 성장하기를 바랍니다. 비즈니스의 전체 과정에서의 진정성 있는 소통이 콘텐츠 기획 운영의 핵심입니다.

2

다양한 콘텐츠의 기본,
사진

♥ ○ ◁   ⊓

SNS에서는 동영상, 인포그래픽 등 다양한 콘텐츠가 효율적이고 사람들의 관심을 끌기 좋은 콘텐츠가 됩니다. 이런 콘텐츠의 재료가 되기도 하고, 프로필, 커버 이미지, 카드 뉴스, 블로그 포스팅 등 다양하게 활용되며 가장 손쉽게 얻을 수 있는 것이 바로 사진 콘텐츠입니다.

비즈니스의 현장에서 고퀄리티의 멋진 사진을 얻기엔 한계가 있습니다. 그러나 스마트폰만의 장점을 살려서 차별화하기는 가능합니다. 먼저 쉽게 접할 수 있는 스마트폰 기본 촬영법을 간단히 다루고 여기서는 그 장점과 차별화 전략을 상세히 다루겠습니다.

○ 스마트폰으로 사진 촬영하기

1. 렌즈를 깨끗하게 닦고 시작하기

스마트폰은 사진기와 달리 렌즈가 항상 오염에 노출되어 있습니다. 먼지, 기타 불순물과 심지어 잘 맞지 않는 커버의 영향까지도 받습니다. 사진이 중요한 입장이라면 조그만 렌즈 클리너를 휴대합니다.

2. 최대한 많이 찍기

구글 포토나 네이버 클라우드 등 사진을 백업해 주는 클라우드 서비스의 발달로 저장 비용이 거의 들지 않습니다. 좋은 사진을 찍는 요령도 중요하지만 여러 사진을 많이 찍어서 고르는 것도 필요합니다.

3. 초점을 확인하기

초점을 두고 싶은 화면상의 피사체 이미지 부분을 가볍게 터치하면 그 부분을 기준으로 초점을 맞춰줍니다.

요즘 스마트폰은 자동 초점 기능도 훌륭하고 아웃포커스 기능도 많으므로 적절히 활용합니다. 이미 찍은 사진을 대상으로도 초점을 어느 정도 조절하는 앱도 있습니다.

4. 근접 촬영하기

적당한 거리부터 초점을 잃지 않을 정도의 초근접 사진까지 사진을 넉넉하게 찍어서 고릅니다. 가까울수록 좋은 사진이 나올 확률이 높아집니다.

5. 다양한 각도로 찍어보기

음식은 항공샷으로 찍으면 그림자 없이 깔끔한 이미지를 얻을 수 있고, 서 있는 인물의 사진은 폰을 거꾸로 하거나 아래에서 위로 찍으면 다리가 길어 보이는 효과를 볼 수 있습니다. 이렇듯 카메라의 각도와 높이만 다르게 하더라도 특별한 사진을 얻을 수 있습니다.

개성 있는 사진 만드는 방법

생방송, 영상과 함께 사진은 사업 브랜드와 사업망을 구축하는 데 다양한 역할을 하는 콘텐츠 형식입니다. 사업과 관련된 훌륭하고 좋은 사진이 풍부하다면 그 활용 범위가 매우 넓습니다. 하지만 아무리 장비와 기술이 발달해도 일손과 비용이 제한된 소규모 사업자에게는 선택과 집중의 아이디어가 필요합니다. 많은 소규모 사업자들이 상품 사진에 집중합니다. 같은 품목이나 비슷비슷한 제품의 중복된 사진을 끊임없이 올리느라 지칠 때 참고가 될 몇 가지를 꼽아 보겠습니다.

▽ 함께 찍은 인증샷

▲ 경빈마마 윤광미 님(청국장)의 거실 – 소셜밥상

공간을 찾는 분들이 많음에도 불구하고 방문자와 함께 찍은 사진은 전혀 없고 상품이나 요리만 찍어 올리는 경우가 많습니다. 윤광미 대표님의 거실에서는 한 달에 한 번 모임이 있는데 거실 분위기와 방문하는 분들의 풍성함이 잘 드러난 사진이 많이 올라옵니다. 반면 하루에도 수백 명이 오고 가는 호텔 일식당 채널에서는 주의 깊게 찍힌 내부 모습과 요리만 선별적으로 올립니다.

처음부터 고객의 얼굴을 담기는 어렵습니다. 먼저 사업자의 가족과 찍은 사진을 사업장에 붙이고 메모를 남깁니다. 다음에는 같은 상인회의 이웃 사업자와 함께, 그다음에는 매장에서 가진 친한 친구들과의 모임, 다음에는 단골과의 사진 등으로 방문자 누구나 사업자와 함께 사진을 찍어 남기는 문화를 만들어 가야 합니다. 이미 찍어 둔 사진이 있으면 몇 장 골라서 시작해보고, 없다면 당장 마음 먹고 찍어서 올려 봅니다.

매장 내 고객과의 사진도 좋지만 지역사회에서 함께 활동하는 사진도 지역 주민이나 지역에서 일하는 분들에게 일체감을 전달할 수 있으므로 필요합니다. 지역명이 분명한 배너, 플래카드와 지역의 대표적인 장소가 배경인 사진이 좋습니다. 함께 찍은 사진에 지역 주민이라면 누구나 알 수 있는 분이 참여하면 더욱 좋습니다.

▲ 성남시 수정로 상인회 행사 단체 사진

지역 분들은 생각했던 것보다 많은 활동과 교육에 참여합니다. 그러나 사진 등으로 표현하지 않으면 항상 사업장에서 같은 복장으로 일하는 단면만 노출되어 친밀감 형성이 어렵고 선입견을 줄 수 있습니다.

따라서 참여하는 교육 사진도 한쪽 코너에 표현하면 좋습니다. 사업장을 지키느라 자신의 상품 외에 다른 커뮤니케이션이 불가능해 보인다는 선입견을 없애는 것은 사업자의 몫입니다. 요즘 대부분의 고객은 자신이 지불한 범위 이상의 커뮤니케이션이나 관계 형성을 시도하는 것을 에티켓이 아니라고 생각하기 때문입니다.

▲ 성남시 상인들의 스터디 풍경

그룹 스터디 모습을 담은 사진과 메모를 통해 사업자에 대한 인식을 개선하고 전문성을 드러내는 것은 사업자와 소비자 간의 위상을 평등하게 하는 데 많은 도움이 됩니다.

방문자와 사업자의 인증샷, 지역 사회 활동, 각종 교육 참여 사진 등을 오프라인 공간에 표현하고 난 후에 고객이 인증샷을 남기도록 유도해야 합니다. 이때 QR 코드와 단축 주소를 사용해서 쉽게 시도할 수 있게 유도하고, 그 방법을 알려주겠다는 친절한 안내도 간단하게 표현해 놓는 것이 좋습니다.

모임이 있을 때 사진 촬영을 부탁받는 경우가 있습니다. 이때 요청에 감사를 표하며 밝고 흔쾌히 먼저 촬영해 주고 "저도 넣어서 한 장 찍어도 될까요?" 하고 부탁합니다. 승낙하면 사진을 한 장 찍고 사업장에 표현된 SNS 공간에 올려 주기를 청할 정도가 되면 백 점입니다.

사업장에서 함께 사진을 찍을 때 인물들 중심에 품목이 표현되면 더욱 좋습니다. 테이블에 놓거나 작으면 손에 들고 크면 함께 서는 방법 등으로 표현되도록 합니다.

▽ 포토존 마련하기

넓지 않고 별도로 꾸미지 않은 공간이라도 사진을 다양하게 찍어 보면 어떤 조명이나 시간대, 어느 위치와 각도, 자세로 사진을 찍으면 특색이 드러나는지 확인할 수 있습니다. 사업장 주변과 내부에서 몇 가지 패턴을 발굴해 온/오프라인에 제시해 놓으면 유용합니다. 좁은 틈이나 벽면에 붙어서, 계단이나 특정 전시물을 활용해서 인증샷을 찍은 경우를 이미 알고 있을지 모릅니다. 그럴 때 독립된 포토존을 제시하거나 스토리를 엮어서 카드 뉴스 형식으로 편집해 블로그나 SNS에 포스팅해도 유용합니다.

적절한 브로마이드나 크게 출력한 메시지 또는 전신 크기 설치물 등을 활용해서 포토존을 구성하는 것도 많이 사용하는 방법입니다.

▽ 특정 필터 적용하기

다음 사진은 필자의 인스타그램으로, SNS에서 흔하디 흔한 장면입니다. 주로 교육이 끝나고 급한 상황과 열악한 실내 조명 아래에서 찍은 인증샷들입니다. 초점이 맞지 않거나 밝기도 제각각이라 품질이 좋지 못합니다. 그러나 간단한 흑백 필터로 일괄 처리하고 가끔 메시지를 끼워넣는 방법으로 변화를 줍니다. 이처럼 요즘 스마트폰의 필터 기능을 잘 활용하면 사진에 한계가 있더라도 나쁘지 않은 반응을 이끌어낼 수 있습니다.

▽ 일체감 또는 개성을 드러내는 포즈

© 안상수(https://www.instagram.com/ssahn01/)

이 이미지는 해외 전시회까지 성황리에 개최되었던 디자이너 안상수 교수님의 '원아이' 프로젝트입니다. 군이 이 사례를 들지 않더라도 고객들은 저비용으로 일체감이나 개성을 쉽게 표현하기를 좋아합니다. 또 많이 올라오는 사진 속에 서 어떤 패턴을 찾아내는 것은 즐거운 놀이가 될 수 있습니다. 포즈의 장점은 특정 공간이나 소품에 한정되지 않으면서도 비용 없이 메시지를 전달할 수 있다는 점입니다. 내 사업만의 독특한 촬영 포즈를 찾아내서 활용해 보면 어떨까요?

🔍 사진 콘텐츠 활용 전략

비즈니스 현장의 이야기를 있는 그대로 꾸준히 업로드하는 것만 하더라도 콘텐츠의 역할은 아주 충분합니다. 그렇다 하더라도 이벤트나 고객에게 기억되고 싶거나 참여를 유도하고 싶다면 아래의 전략을 염두에 두고 운영해서 더욱 좋은 효과를 얻어낼 수 있습니다.

- **첫 번째, 맨 첫 이미지가 중요합니다.**

  특히 인스타그램의 경우에는 첫 이미지만 피드에 보이기 때문에 중요성이 더욱 높습니다. 첫 이미지에 카드 뉴스의 형태처럼 제목을 넣거나 임팩트가 강한 사진을 앞세우는 것이 좋습니다. 예를 들면 레시피의 경우, 요리가 완성된 사진처럼 뒤에 내용을 좀더 읽고 싶게 만들고 호기심을 자극하는 첫 이미지가 중요합니다.

▲ 윤광미 님 인스타그램(https://www.instagram.com/p/CnK81AGBeZx/)

- **두 번째, 규칙성과 통일성을 갖는 것입니다.**

  위에 언급하였듯이 일정한 포즈, 소품, 필터, 글씨체 등으로 우리의 팬이면 누구나 알 수 있는 통일된 스타일을 갖는 것도 방법입니다.

◀ 미보치과 인스타그램(https://www.instagram.com/mibo_chidae/)

• **세 번째, 사람은 사람에게 끌리는 법! 사람을 강조합니다.**

상품 및 제품 사진에도 사람의 손이나 들고 있는 사진 등으로 사진을 촬영한 광고 이미지들을 볼 수 있습니다. 사람의 신체 일부, 등장 인물이 많은 사진, 주인공이 등장하는 사진 등을 활용하여 주목도를 높입니다.

▲ 이경진 님 인스타그램(https://www.instagram.com/p/BofeO2wB7ZS/)

◯ 클라우드를 활용한 사진 관리

스마트폰에서 가장 많은 용량을 차지하는 것이 바로 사진과 동영상입니다. 마케팅에 사용되는 사진들은 클라우드를 통하여 관리하는 것이 좋습니다. 스마트폰 교체, 하드디스크 등 하드웨어를 구매하는 것에 비하면 비용이 크게 들지 않으면서도 검색과 자동 분류 등 다양한 기능을 활용하면 사진 관리에도 유용합니다.

가장 많이 사용하는 것은 '네이버 마이박스'와 '구글 포토'입니다. 네이버 마이박스가 30GB로 구글 포토보다 용량이 많지만, 이미지 검색, 인물 검색 등 관리 활용 면에서는 구글 포토가 편리합니다.

	마이박스	구글 포토
무료 용량	30GB	15GB(이메일, 구글 드라이브 포함)
인물 검색	'자동 분류'를 신청한 후 가능	얼굴 인식 기술로 자동으로 가능
이미지 검색	테마로 자동 분류	사진 인식 기술로 키워드 검색 가능
사진 정리	중복, 대용량 파일 자동 정리	중복, 대용량 파일 자동 정리

▽ 마이박스

마이박스의 이미지 검색은 키워드 검색은 앨범 이름만 가능하며, 이 외에는 인물, 장소, 테마별 자동 분류를 활용하여 사진을 분류하여 보여 줍니다.

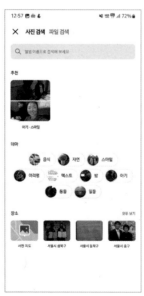

인물은 아직 베타 버전이라 [자동 분류 신청하기]를 터치하여 신청하면, 이후 인물로 분류된 사진을 볼 수 있습니다.

사진 용량을 초과하게 되면 사진 정리를 해야 합니다. 오른쪽 상단의 [프로필 사진]이 있는 메뉴를 터치하여 [파일 정리]를 선택합니다. [불필요한 사진 정리]는 스크린 캡처, 텍스트 사진, 어둡거나 밝은 사진 흔들린 사진을 자동으로 알려주어 손쉬운 정리를 할 수 있도록 합니다.

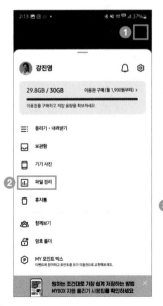  

▽ 구글 포토

구글 포토는 용량의 제한 때문에 비용의 문제만 빼면 가장 성능이 사용하기 좋은 사진 클라우드입니다. 가장 많이 활용되는 것은 바로 이미지 인식 기술을 활용한 이미지 검색으로서 클라우드 중 가장 우수합니다. 사진에 있는 인물, 사물, 위치 정보 등을 인식하여 검색해 줍니다. 하단의 메뉴에서 [검색] 메뉴를 활용합니다. 이미지에 있는 사물을 검색하여 식별합니다. 상단의 검색란에 키워드를 입력하고 검색합니다.

검색 화면에서 인물 및 반려동물의 얼굴로 자동으로 분류해 줍니다. [모두 보기]를 누르면 인식한 인물과 반려동물의 얼굴이 모두 보여집니다. 해당되는 얼굴을 터치하면 인물의 사진만 보여집니다.

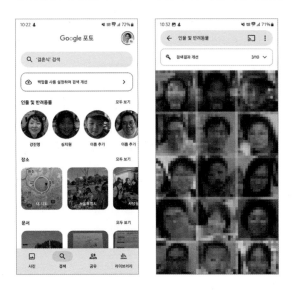

앨범을 만들거나 다른 인물이 함께 등장하는 사진을 검색할 수도 있습니다.

이 외에도 [라이브러리]의 관리 기능을 활용하면 애니메이션, 콜라주, 영화 등의 기능을 활용하여 자동으로 편집해 주며, 여유 공간 확보를 통해 사진을 정리할 수 있습니다.

3

숏폼 전략

♡ ○ ◁   🔖

요즘 동영상 마케팅 트렌드에서 Z세대를 넘어 빼놓을 수 없는 것이 바로 '숏폼'입니다. 숏폼이란 15초~1분 이내의 동영상 콘텐츠입니다. 동영상 마케팅에서 인트로와 하이라이트, 광고 영상 등 짧은 영상이 강조되었던 것을 기억하면 새로운 것이 나타난 것이 아닙니다. 다만 숏폼이 가진 마케팅 강점이 있습니다.

- **첫 번째는 바로 자동 큐레이션입니다.**

  SNS는 활동 기록을 토대로 자동으로 관심 콘텐츠를 추천해 줍니다. 고객은 따로 검색하지 않아도 계속 영상을 보게 되면서 멈추기 어려울 정도로 중독성이 있습니다.

- **두 번째는 15초의 짧은 집중력입니다.**

  스마트폰에서의 영상 집중력은 7초에서 15초라고 합니다. 긴 영상을 스마트폰에서 보면서 빠르게 재생하거나 원하는 곳으로 건너뛰고, 끝까지 영상을 시청하지 않는 경우가 많을 것입니다. 숏폼은 짧은 영상이므로 끝까지 영상을 시청할 확률이 높습니다.

숏폼은 짧은 시간 고객에게 각인될 수 있으며, 고객은 쉽고 빠르게 콘텐츠를 소비하는 도구입니다. 그렇기에 효율성이 매우 높은 마케팅 도구입니다. 그러나 숏폼이 만능은 아닙니다. 짧은 시간을 소비하고 넘어가는 만큼 고객에게 깊이 인식되기 어렵고 좋아요, 댓글 등의 참여를 기대하기 어렵습니다. 대신 핵심 주제에 대해서 관심 있는 친구를 얻고, 영상을 끝까지 시청했을 경우 우리 계정의 콘텐츠가 지속적으로 노출되는 것을 기대할 수 있습니다.

숏폼 채널 비교 분석

숏폼 콘텐츠는 대상과 콘텐츠의 특성에 따라서 채널을 결정해야 합니다. 주력 채널을 선정해야 그에 맞는 형식, 이미지 선정, 배경 음악 등 다양한 것들이 차별화되기 때문입니다. 물론 같은 영상을 올리는 것도 가능합니다.

	틱톡	인스타그램 릴스	페이스북 릴스	유튜브 쇼츠
영상 시간	최대 60초	최대 90초	최대 90초	최대 60초
노출 및 검색	팔로우 및 취향 기반 자동 추천	팔로우 및 취향 기반 자동 추천	친구 및 취향 기반 자동 추천	팔로우 및 취향 기반 자동 추천
업로드	앱/브라우저 모두 가능	앱만 가능	앱/인스타그램 연동을 통해 가능	앱/브라우저 모두 가능
편집 기능	앱과 브라우저 모두 편집 기능 제공	템플릿 제공, 최근 업로드된 스토리를 통한 자동 생성 등 다양한 편집 기능 제공	미리 작성한 영상을 페이스북에서 직접 업로드하는 방식도 제공	빠른 재생, 되감기, 배경 화면 등 간단한 편집 기능 제공
검색	틱톡 내부 노출 및 검색 가능	인스타그램 내부 검색 가능		유튜브 및 구글 포털 검색
특징	– 최초의 숏폼 콘텐츠 전용 플랫폼 – 10대 사용자가 42%로 대다수 차지(2020년 기준) – 가벼운 주제로 콘텐츠 소비	– 10대부터 30대까지 다양한 연령을 대상으로 한 콘텐츠 플랫폼 – 오랜 사용자 취향 데이터를 바탕으로 강력한 콘텐츠 매칭 기능 제공	– 35세 이상 연령층의 활발한 상호작용 – 타 소셜 미디어 서비스와 달리 관계 중심의 전파 구조	– 가장 많고 다양한 연령대의 사용자 보유 – 동영상 분야에서 오랜 강자로 사용자 취향 데이터뿐 아니라 영상 간 추천 매칭도 뛰어남

숏폼 콘텐츠 제작 전략

1. 소통하며 원활하게 반영하기

소통이 활발해야 고객과 공감대가 많이 형성되어 고객 입장에서 생각할 수 있는 감수성이 높아집니다. 숏폼은 짧은 영상 안에 많은 것을 담는 것이 불가능하고 관련 동일 주제에 관심이 높은 불특정 다수의 사람들에게 노출이 되기 때문에 자칫 잘못하면 오해를 일으키기 쉽습니다. 특히나 고객층이 되는 주제별, 세대별로 감수성이 높고, 소통이 원활한 분들이 진행해야 리스크는 적으면서도 효과가 좋습니다.

2. 프로필과 콘텐츠를 구조화하기

프로필의 신뢰성이 높고, 기반, 기초 콘텐츠가 잘 갖춰져 있어야 효과가 높습니다. 쇼츠는 신규 유입이 되는 기회가 됩니다. 신규 유입이 되었을 때 팔로우나 최종 목표가 되는 구매, 방문으로 이어질 수 있도록 기본 신뢰를 잘 갖추는 것이 중요합니다.

3. 정기적으로 꾸준히 발행하기

꾸준하게 콘텐츠를 생산할 수 있어야 합니다. 숏폼의 경우 내용이 짧은 대신 지속적으로 생산하는 것이 가능해야 합니다.

숏폼 콘텐츠 종류

▽ 챌린지

챌린지는 사람들의 자발적 참여를 유도하여 바이럴 효과를 노리는 콘텐츠이며, 아이스버킷 챌린지처럼 선한 영향력을 주거나, 여러 사용자의 참여를 이끌 수 있다면 다양한 소비자들에게 콘텐츠를 확산시킬 수 있습니다.

예를 들면, 루게릭 환자를 응원하기 위해 시작된 아이스버킷 챌린지 혹은 댄스 챌린지가 대표적입니다. 소상공인의 경우, 혼자만의 챌린지를 기획하기보다 지역 및 상권 축제, 캠페인 등의 이벤트가 있을 때 여러 상인들과 함께 기획, 운영하거나 유행하는 챌린지에 참여하는 것도 좋습니다.

▲ 서로 릴레이로 다음 챌린지 주자를 지목하는 아이스버킷 챌린지
출처: ITAR-TASS News Agency / Alamy Stock Photo

▽ 하이라이트

기존의 긴 영상의 핵심적인 내용의 일부를 클립 형태로 편집한 것으로 전체 영상으로 유도하거나 공유를 유도할 수 있습니다. 혹은 라이브나 이벤트 등을 홍보하는 수단으로 예고편에 해당하는 영상을 내보내면서 흥미를 유발할 수도 있습니다. 핵심을 전달할 수 있을 뿐 아니라 프로필이나 다른 콘텐츠들로 유입을 도울 수 있습니다.

특히 유튜브에서는 쇼츠에서 본 콘텐츠로의 링크를 제공하기 때문에 유용한 활용법 중에 하나입니다. 영상을 관리하는 유튜브 스튜디오의 [콘텐츠] 메뉴에서 [세부정보](✏️)를 선택합니다.

오른쪽의 [관련 동영상]을 클릭하고 관련 영상을 선택하여 연결합니다.

영상의 하단에 [▶영상제목]으로 표기되며, 터치하면 관련 영상으로 연결됩니다.

▽ 시리즈

꾸준한 테마를 가지고 제작하는 것으로 스토리가 있거나 한 주제를 가지고 정보성 콘텐츠 등이 해당됩니다. 교육, 강의 콘텐츠를 개발할 때 긴 글을 쓰기 어려운 경우, 짧막한 숏폼 콘텐츠로 제작하거나, 긴 영상 제작이나 라이브가 부담스러운 경우 또한 짧은 영상을 시리즈로 제작해 상품 및 서비스에 대해서 보여 줄 수 있습니다.

○ 숏폼 편집 전략

짧은 시간 안에 내용을 전달해야 하는 만큼 숏폼의 내용은 매우 직관적이어야 합니다. 숏폼의 경우 노출은 쉽지만 빠르게 소비되는 콘텐츠의 특성상 지속적으로 소통하는 것이 중요합니다. 좋아요나 댓글로 반응하거나 팔로우를 유도하는 것입니다. 그러려면 평소 고객의 경험이 더욱더 풍부해질 수 있는 콘텐츠의 주제를 잘 발굴하는 것이 가장 중요합니다. 두 번째로, 고객의 감수성을 이해하여 콘텐츠의 스타일에 적용하여 제작하고 고객으로 하여금 잘 기억되고 활용될 수 있도록 학습 효과를 유도합니다. 숏폼의 경우 다양한 시도를 하는 것보다 통일된 스타일로 노출하는 것이 중요합니다. 등장 인물, 글씨체, 배경 음악, 내레이션, 워터마크 등 우리만의 폼을 만들어내야 합니다.

1. 최대한 짧고 앞쪽에 임팩트 주기

쇼츠의 경우는 건너뛰기나 빠르게 플레이 기능을 제공하지 않습니다. 그래서 처음부터 플레이해야 하고, 손쉽게 즉시 다른 콘텐츠를 볼 수 있기 때문에 앞쪽에 임팩트 있는 내용을 배치해야 합니다. 빠르게 깊은 인상을 주려면 과정보다는 결과와 결론을 먼저 보여 주고, 강조하는 사진, 텍스트, 다양한 효과들을 앞쪽에서 보여 줘야 합니다.

2. 자막, 이모티콘 등 효과 활용하기

자막이나 이모티콘을 적절하게 사용하여 짧은 영상에서 정확한 정보와 의도한 바를 정확하게 전달해야 합니다. 배경 음악, 내레이션도 중요하며, 소리를 끄고 봐도 이해가 될 수 있도록 자막, 이모티콘 등 시각적 특수 효과를 활용합니다. 숏폼은 이동 시간 등 자투리 시간에 시청되기도 합니다. 그래서 영상의 소리를 끄고 봐도 이해가 될 수 있어야 합니다. 이렇게 음향을 끄고 볼 수 있는 경우에는 국내뿐 아니라 글로벌 콘텐츠에 더욱더 신경 써야 합니다.

3. 속도감 있게 진행하기

빠르게 재생하기, 건너뛰기 편집처럼 짧은 시간 결론에 도달해야 하는 쇼츠의 특징에 맞게 편집합니다.

4. 반전 포인트 주기

주로 메이크오버에 많이 활용되는 결과 전후의 화면 전환, 배경 음악, 효과 등으로 반전 포인트를 주면 훨씬 결과나 주제를 강조할 수 있습니다.

5. 유행하는 챌린지 혹은 배경 음악 등 폼 활용하기

고객층에게 많이 노출되는 챌린지나 배경 음악 등의 폼을 활용해 잠재 고객층에게 다가갈 수 있습니다.

6. 스마트폰에 최적화하기

다른 콘텐츠보다 스마트폰에서 가장 많이 시청되는 콘텐츠이므로 스마트폰에 최적화되어야 합니다. 여기서 가장 중요한 포인트로, 세로 화면에 최적화해야 합니다. 쇼츠는 세로 화면만 제공하는 곳이 많습니다. 유튜브 등 가로 화면에 맞게 촬영된 화면은 편집하여 세로 화면에 맞춰 표현하고, 쇼츠만 제공할 목적의 영상은 기획 및 촬영부터 세로 화면을 고려하는 것이 좋습니다. 이에 맞춰 주요 피사체, 자막, 효과 등의 크기와 위치를 고려해야 합니다. 세로 화면에서는 배경을 많이 보여 주기보다 불필요한 좌우의 요소를 빼고 피사체에 집중하는 것이 좋습니다. 자막이나 효과는 설명 글과 댓글의 위치가 하단에 있으므로 중앙에 배치하는 것이 좋습니다.

자체 숏폼을 제작하는 방법

▽ 인스타그램

인스타그램 앱에서 릴스의 자체 제작, 편집도 가능합니다. 빠르게 편집하고, 스토리를 통한 자동 생성도 가능하기 때문에 유용합니다.

인스타그램 첫 화면인 피드에서 하단의 [새 게시물(+)]을 선택한 후 하단의 [릴스] 메뉴를 선택합니다.

바로 촬영 활용하기

릴스 편집 화면에서 [카메라]를 선택하면, 바로 영상을 촬영하여 릴스를 제작할 수 있습니다. 왼쪽에 편집 도구가 있는데 하단의 [더 보기]를 선택하면 각 메뉴를 설명하는 텍스트가 보입니다.

영상을 촬영할 때는 영상의 시간, 재생 속도, 레이아웃을 먼저 결정하는 것이 좋습니다.

영상의 길이는 15초로 짧게 내보내더라도 나중에 편집할 것을 고려하여 촬영 시간은 90초로 넉넉하게 설정하는 것이 좋습니다. 재생 속도는 찍어 놓은 후에는 수정이 되지 않는 점을 고려하여 설정합니다. .3x과 .5x는 줄어든 숫자만큼 속도가 느리게 재생되며, 2x와 3x는 빠르게 재생됩니다.

레이아웃은 영상을 분할하여 촬영하게 됩니다. 총 영상의 길이에서 분할한 화면 수만큼 나눠서 촬영됩니다. 각 분할된 순서대로 촬영하고, 마지막 멈춤 화면으로 정지되며, 다음 화면으로 넘어가서 또 촬영합니다.

다른 편집 도구 또한 직관적으로 사용하기 편하게 되어 있으므로 현장에서 빠르게 촬영해서 올려야 하거나, 영상 편집이 부담스러운 경우엔 많은 도움을 받을 수 있습니다.

템플릿 사용하기

배경 음악, 효과 등 사람들이 적용한 효과들을 템플릿으로 공유하여 사용할 수 있습니다. 편집 아이디어가 부족하거나 찍어놓은 영상과 사진으로 빠르게 제작해야 할 경우 유용합니다. 상세한 사용법은 인스타그램의 아래 블로그 도움말을 활용합니다.

https://about.instagram.com/ko-kr/blog/announcements/instagram-reels-templates-updates

스토리로 자동 제작하기

스토리를 자주 활용하고, 일정한 테마를 가지고 업로드했다면 자동 생성을 사용하여 릴스를 제작하는 것도 좋습니다. 스토리를 업로드할 때 릴스를 제작을 고려한다면 텍스트를 추가하거나 이미지의 무드 등을 통일해서 릴스에 맞게 적용할 수 있습니다.

릴스의 [회원님을 위해 자동 생성]을 선택한 후 자동으로 생성된 릴스에서 [보기]를 선택하여 검토한 후 업로드하면 됩니다.

인스타그램 릴스 페이스북으로 공유하기

인스타그램에서는 스토리, 피드 글을 포함하여 릴스 또한 페이스북에 동시에 업로드하는 기능을 제공합니다. 릴스 업로드 화면에서 [Facebook에 공유] 메뉴를 선택하여 페이스북의 계정에 올바르게 연결되어 있는지 확인하고, 온오프 버튼을 활성화합니다.

한 번의 설정으로 계속 업로드 설정을 유지할 수 있습니다. 릴스 콘텐츠의 페이스북 공개 설정은 전체 공개입니다.

▽ 유튜브 영상 편집 툴

유튜브 앱에서 또한 쇼츠용 영상 촬영, 편집을 제공합니다. 업로드의 경우 사운드, 자르기와 텍스트 입력, 음성 해설, 필터 등 간단한 기능만 제공하고, 촬영의 경우는 인스타그램과 유사한 편집이 가능합니다.

유튜브에서 업로드 버튼을 누르면 하단의 [Shorts] 메뉴에서 촬영 및 편집이 가능합니다. 왼쪽 하단의 [불러오기] 메뉴를 선택하면 저장된 영상, 사진을 업로드가 가능하며, 촬영한 영상과 합치기도 가능합니다.

① [사운드 추가] 메뉴를 선택하여 배경 음악을 선택할 수 있습니다.

② 터치하여 15초 단위로 영상 및 촬영 시간을 지정합니다.

③ [더 보기]를 터치하면 촬영 시 사용 가능한 기능을 볼 수 있습니다.

① **뒤집기:** 전면, 후면 카메라로 전환을 설정합니다.

② **속도:** 영상의 속도를 설정합니다. 0.3/0.5/1배/2배/3배로 설정이 가능합니다.

③ **타이머:** 촬영 시작 시간과 종료 시간을 지정할 수 있습니다.

④ **효과:** 배경, 마스크 등 다양한 특수 효과를 설정할 수 있습니다.

⑤ **녹색 화면:** 크로마키 기능으로 촬영 중 인물을 제외하고 배경을 지우거나 배경을 추가하여 촬영이 가능합니다.

⑥ **보정:** 인물의 얼굴의 피부를 조금 부드럽게 보정해 줍니다.

⑦ **필터:** 다양한 필터와 정도를 조정할 수 있습니다.

⑧ **조명:** 밝게 촬영을 해 줍니다.

⑨ **플래시:** 카메라 플래시 사용 여부 설정을 할 수 있습니다.

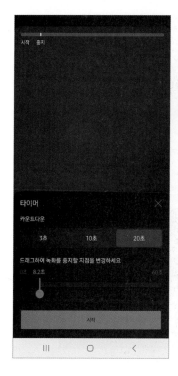

이 외에 촬영 후에도 사운드 추가, 텍스트, Q&A 스티커, 음성 해설 녹음, 타임라인 조정, 필터를 추가할 수 있습니다.

♥TIP

더 자세한 설명과 실습은 유튜브 도움말(https://support.google.com/youtube/answer/10343433)을 참고할 수 있습니다.

▽ 틱톡 동영상 편집기

틱톡은 편집의 기능보다는 다양한 효과들을 중심으로 촬영 기능을 제공합니다.

❶ **전환:** 전면, 후면 카메라로 전환을 설정합니다.

❷ **촬영 시간:** 총 영상의 시간을 설정합니다.

❸ **편집효과:** 뷰티, 필터, 그린스크린, 합성 등 다양한 특수 효과 등 사용할 수 있습니다.

❹ **MV 모드:** 다양한 추천 템플릿을 사용할 수 있습니다.

틱톡에서 많이 사용하는 것은 크리에이터의 효과를 그대로 사용하는 기능입니다.

잘 편집된 크리에이터의 영상에서 하단의 적용된 효과의 이름(노란색 별 아이콘 부분)을 터치하고 [이 효과 사용] 혹은 [편집효과 사용]을 선택하면 동일한 효과를 사용합니다.

◯ 숏폼 영상 편집 앱 추천

숏폼 영상은 손쉽고 빠른 편집을 필요로 하므로 직관적이고 편리한 스마트폰 앱을 사용하는 것이 좋습니다. 그중 인스타그램과 파트너십을 맺었으며, 인스타그램뿐 아니라 유튜브, 그리고 테마별로 풍부한 템플릿을 가지고 있는 VITA의 활용을 추천합니다. 숏폼뿐 아니라 영상 편집에도 유용합니다.

▽ 기존 영상을 숏폼으로 편집하기

[프로젝트] – [새 프로젝트]를 선택하면 스마트폰에 기존 영상이 나오고, 해당 영상을 선택하여 숏폼으로 편집할 수 있습니다. 여러 개의 영상을 선택하면 영상 합치기도 가능합니다.

아래 편집 도구를 사용하면 다양한 효과를 활용할 수 있습니다.

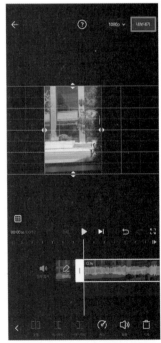

화면 아래 [편집](✂️)을 선택하여, 아래의 타임 테이블에서는 영상의 시간을 편집할 수 있고, 위의 미리보기 화면에서 양방향 화살표를 움직이면 가로, 세로의 영상의 화면 자체를 자르기가 가능합니다.

다음 편집 도구를 사용하면, 자막, 테마, 배경 음악 등 다양한 효과를 적용할 수 있습니다. 편집을 완료한 후 [내보내기]를 터치하면 영상을 스마트폰 갤러리에 저장하고, 다양한 채널에 업로드할 수 있습니다.

▽ 템플릿을 활용해 숏폼 영상 제작하기

자막, 음향, 스티커 등 다양한 효과가 미리 적용된 템플릿을 활용하면 빠르게 쇼츠 영상을 만들 수 있습니다.

하단의 [템플릿] 메뉴를 선택하면, 채널별 혹은 테마별 템플릿을 사용할 수 있습니다.

원하는 템플릿을 선택한 후 [사용하기]를 터치하고 영상 혹은 사진을 선택한 후 화살표 아이콘을 터치하면 미리보기가 가능합니다.

하단의 해당 클립을 터치하여 편집을 선택하여 [클립 변경]으로 사진 혹은 동영상을 변경하거나 [편집]을 사용하여 이미지를 확대 혹은 축소가 가능합니다.

모두 완료하면 [내보내기]를 터치하여 갤러리의 저장하거나 SNS에 공유하여 완료합니다.

4

제작부터 공유까지
가성비 좋은 카드 뉴스

♥ ◯ ▽   ◻

워낙 많은 콘텐츠의 제작 방식들이 생겨나고 트렌드가 빠르게 변하고 있지만 SNS에서 정보성 콘텐츠의 경우 텍스트보다 이미지 중심의 콘텐츠가 많이 소비되고 공유되기 때문에 '카드 뉴스'는 효율적이고 가장 많이 활용되는 방식입니다.

카드 뉴스는 프레젠테이션 형식의 문서들이 스마트폰과 SNS에 맞게 변형된 모습입니다. 대표하는 이미지와 적정량의 텍스트가 합쳐진 이 형식은 앞으로도 많이 활용될 것입니다. 카드 뉴스의 장점은 다음과 같습니다.

1. 스마트폰에서 빠르게 읽기 편합니다.

카드 뉴스는 주로 정사각형을 사용하므로 가로와 세로 화면 모두 무난히 읽을 수 있고, 좋아요를 표현하거나 댓글을 달기가 편안합니다. 또 텍스트와 함께 적절한 이미지가 함께 첨부되기 때문에 쉽게 이해됩니다.

2. 공유 및 저장하기 좋습니다.

한 장씩 낱개의 이미지로도 활용이 가능한 카드 뉴스는 필요한 부분만 골라 친구들에게 공유하거나 저장하기가 좋습니다.

3. 다양한 채널에 활용도가 높습니다.

페이스북, 인스타그램, 카카오스토리 등의 게시물로 최적화되어 있을 뿐 아니라 네이버 블로그 포스팅에 활용하기도 좋고, 동영상 혹은 GIF(움직이는 이미지)로 변환이 가능합니다.

○ 카드 뉴스 기획하기

1. 대상자와 목적을 분명히 해야 합니다.

마케팅 기획서를 다시 살펴보며, 이 카드 목적과 뉴스가 도달해야 하는 대상자를 정합니다.

2. 주제, 제목, 내용을 정합니다.

위의 차별화된 콘텐츠 전략을 보며 카드 뉴스로 전달하기에 효율적인 주제와 내용을 적어 봅니다.

3. 도입부를 포함해 콘텐츠 구성을 정합니다.

어떤 문서든 첫 장이 가장 중요합니다. 도입부를 포함해 어떤 텍스트와 이미지를 넣을지 고민합니다. 핵심 내용, 즉 결론을 앞쪽에 배치하면 끝까지 읽을 확률이 높아집니다.

도입부 및 구성에 참고하는 방법은 다음과 같습니다.

- **읽어야 하는 대상자를 언급**: 대상자를 언급함으로써 목적을 분명히 하며, 대상자의 주목을 이끕니다.

- **질문으로 시작**: 누구나 공감할 수 있는 질문으로 시작합니다.

- **파격적인 결론을 보여 주기**: 누구도 상상 못한 결론을 먼저 보여 주어 주목을 끕니다.

- **○○○하는 방법 0가지:** 콘텐츠의 끝을 가늠할 수 있어 쉽게 읽으면서도 이해가 빠릅니다.

○ 카드 뉴스 제작 시 참고할 점

- **첫째, 텍스트를 최소화하고 단순하게 표현합니다.**

  해시태그를 포함한 핵심 정보만 담은 간결한 문장을 쓰고 강조점을 확실하게 둡니다. 스마트폰 화면에서도 의미 파악이 쉽도록 복잡한 구성을 가급적 피하고 부득이한 경우 화면을 나눠서 설명합니다.

- **둘째, 글씨와 배경이 분명히 구분해서 표현합니다.**

  임팩트 있는 보색을 활용해야 스마트폰에서 읽기가 편안합니다. 또 폰트는 통일하거나 많더라도 두 가지 정도만 사용하는 것이 좋습니다. 또한 강조하고 싶은 단어는 분명하게 표현해야 가독성이 좋은 카드 뉴스가 됩니다.

- **셋째, 저작권에 신경 써서 이미지와 폰트를 사용합니다.**

  공유되는 콘텐츠는 저작권에 특별히 신경 씁니다. 직접 생산한 이미지를 사용하거나 혹은 무료 이미지와 폰트를 사용합니다.

▷ **한 걸음 더** 무료 이미지, 동영상 사이트 – 픽사베이(https://pixabay.com/ko/)

모바일 앱에서도 가능한 픽사베이는 고화질의 이미지와 동영상을 상업/비상업용으로 무료로 사용할 수 있습니다. 수정이나 편집도 가능하니 저작권에 대한 고민 없이 편안하게 활용할 수 있습니다.

🔍 카드 뉴스를 만드는 모바일 서비스 세 가지

1. 구글 프레젠테이션

PC뿐 아니라 스마트폰에서도 이미지 삽입 및 텍스트 등 간단한 편집이 가능합니다.

  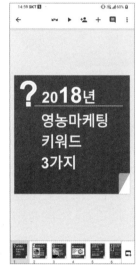

2. 미리캔버스(https://www.miricanvas.com/ko)

상품, 업종, 서비스에 따라 주제와 내용에 따라 디자인된 템플릿이 필요하다면 미리캔버스를 추천합니다. 다양한 그래픽, 일러스트 이미지, 폰트 등 다양한 디자인 요소를 저작권에 대한 고민 없이 활용할 수 있으며, 모바일과 PC에서 별도의 앱 설치 없이 브라우저에서 사용이 가능합니다.

3. 캔바(https://www.canva.com/ko_kr/)

소셜 미디어에서 활용되는 다양한 무료, 유료 디자인 템플릿을 제공하는 앱입니다. 데스크톱 웹 브라우저에서 접속해 사용할 수도 있습니다.

5

사람들과 함께 만드는
라이브 방송

♥ ♡ ◁   ⊓

코로나 이후 비대면 서비스가 일반화되면서 화상 회의, 교육, 진료 등 다양한 환경에서 누구나 스마트폰의 카메라를 이용해 대화하는 것을 자연스럽게 경험하게 되었습니다 이에 따라 라이브 방송은 소셜 미디어를 활용한 방송을 넘어 그립(https://www.grip.show/), 네이버 쇼핑 라이브 등 라이브커머스 플랫폼까지 오게 되었습니다.

라이브 방송의 가장 큰 장점은 다른 콘텐츠보다 관계의 친밀도가 상승한다는 것입니다. 실시간 소통으로 잠재 고객들과 친밀도가 높아질 뿐 아니라 인스타그램, 페이스북에서 라이브 방송은 팔로워들에게 알림이 다른 콘텐츠보다 적극적으로 가고, 피드에 잘 노출됩니다. 바로 콘텐츠의 최신성이라는 우선순위 때문입니다. 팔로워들의 시청, 댓글, 좋아요 등의 반응까지 이어진다면 그들과 공통된 관심사로 연결된 사람들에게도 이후의 콘텐츠의 노출 가능성이 높아지고, 그만큼 관계와 신뢰도에 긍정적인 영향을 미칠 수 있습니다.

◯ 라이브 방송의 장점

1. 관계의 친밀도가 상승합니다.

SNS에서는 친밀도에 따라 뉴스피드의 우선순위가 바뀌게 됩니다. 그다음에는 바로 최신성입니다. 라이브의 경우 이 두 개의 요건을 모두 충족하는 콘텐츠입니다. 현재 접속해서 활동하고 있는 팔로워들에게 적극적으로 알림이 되고 평소 소통이 뜸하던 친구들과 관계를 새롭게 설정할 수 있으며, 참여하게 된 친구들에게는 뉴스피드에 노출될 가능성이 높습니다. 그래서 팬을 확보할 기회가 됩니다.

2. 생동감 있는 콘텐츠를 얻을 수 있습니다.

구매 또는 방문 전의 고객이라면 생방송을 통해 서로 직접 소통하며, 상품, 서비스, 공간 등에 대해서 알 수 있기 때문에 보통의 후기, 블로그 리뷰보다 적극적인 간접 경험을 할 수 있습니다. 간접 경험은 구매, 방문으로 이어지기 전에 가장 중요한 과정이며, 상품과 서비스의 만족도도 높아지는 계기가 되기도 합니다.

상점을 운영하는 경우, 대부분의 개점 시간 동안 상점을 지켜야 하지만, 고객들은 상점에서 떨어져 있는 것이 보통입니다. 지역 분들에게 생생한 현장 이야기를 전달하는 채널이 필요합니다. 소셜 웹에서의 라이브 방송은 혼자 만들어 가는 것이 아닙니다. 들어오는 사람들과 효율적으로 소통한다면 시청하는 친구들과 함께 만드는 생동감 넘치면서도 사용자들이 원하는 콘텐츠를 얻을 수 있습니다.

3. 신뢰를 입증하는 손쉬운 도구입니다.

실시간으로 들어오는 댓글에 대해 반응하는 진행을 할 수 있습니다. 또한, 편집된 영상이나 사진보다 생방송은 당연히 신뢰가 높습니다. 사용자들과 소통하면서 방송하기 때문에 조작하기 쉽지 않으므로 사용자에게 신뢰를 줄 수 있습니다.

4. 편집에 대한 부담이 매우 적습니다.

생방송은 보는 사람이 편집에 대한 기대가 낮습니다. 글을 쓰거나 사진을 올릴 때는 시간이 많이 들어가고 신경을 많이 써야 합니다. 전달하고자 하는 내용을 충분히 제공하려면 동영상이 좋습니다. 반면 자막이나 배경 음악, 편집 등의 부담을 가져야 하는 동영상에 비해 생방송은 편집에 대한 부담감이 전혀 없습니다.

	시간 제한	저장	게시	도구
페이스북	최대 8시간	자동으로 페이스북에 저장	타임라인 및 뉴스피드에 공유	스마트폰, PC 모두 가능
인스타그램	최대 1시간	기기에 저장 가능	릴스로 저장됨	스마트폰으로만 가능
유튜브	제한 없음 (구독자 50명과 전화번호 인증으로 승인을 받은 사용자만 가능)	방송 종료 후 자동으로 채널에 게시	채널	스마트폰, PC 모두 가능

라이브 방송은 다양한 채널에서 제공합니다. 특히, 페이스북 생방송은 구독자, 팔로워 숫자에 대한 제약이 없으며, 시청자 확보에 유리하고 방송 이후에도 관계가 유지되므로 처음 시작할 때 추천할 만합니다.

라이브 방송 전략

▽ 방송 주제 선정법

1. 콘텐츠의 인사이트를 참고하기

라이브 방송을 선정 전에 기존에 콘텐츠의 조회수, 댓글 등의 인사이트를 살펴봅니다. 이를 통해 사전에 소통하던 콘텐츠에서 인기가 많았던 것을 심도 있게 다루면, 고객들의 참여를 이끌어내기가 쉽습니다. 반대로 이야기하면, 중요한 라이브 일정 전에 주제와 관련된 카드 뉴스 등의 연관 주제의 콘텐츠들을 미리 업로드하여 고객과 소통하며 학습 효과를 노려볼 수 있습니다.

2. 앞두고 있는 큰 이벤트에 대한 홍보하기

런칭, 공구, 오프라인 모임 등 비즈니스와 관련된 다양한 이벤트를 생방송으로 주제로 선정합니다. 이벤트에 대한 홍보도 가능하지만 이벤트를 준비하며 사람들의 원하는 바를 조사하고 소통하며 조정할 수 있는 시간으로 가지면 홍보 효과도 자연스럽게 누릴 수 있습니다.

3. 오프라인 행사를 중계하기

오프라인에서 일어나는 행사를 중계하는 것은 예전부터 가장 많은 사람들이 했던 방송 형태로 손쉽게 할 수 있습니다. 다만, 단순 중계를 넘어선 결과물을 원한다면 그만큼 현장감을 전달하기 쉽지 않아 온라인 참여자가 소외감을 느끼지 않도록 오프라인 현장을 생동감 있게 전달하고, 참여자들의 의견을 반영해 주는 호스트 역할이 매우 중요합니다.

4. 인터뷰나 게스트 초대하기

다른 채널의 운영자나 셀럽, 혹은 고객 등을 초대하는 형태도 많이 시도합니다. 다양한 인물들이 출연할수록 부담도 줄고, 다양한 시도가 되고, 시청 대상 및 잠재 타깃 고객과 소통이 잘 되는 게스트로 초대하면 한계를 극복하는 데 도움이 됩니다.

5. 정기화하기

한 분야에 대한 전문성을 보여 주고, 꾸준한 운영으로 성실성을 보여 주려면 정기적으로 방송을 하는 것도 고려해 볼 만합니다. 격주는 사람들이 기억하기에 어려움이 있으므로 주 1회 혹은 월 1회의 정기 운영을 추천합니다.

▽ 예고하기

생방송을 즉흥적으로 진행할 수도 있지만 사전 홍보로 참여를 유도하고 친구들의 의견을 수렴과 반응을 사전에 보려면 예고를 하는 것이 좋습니다. 또한, 예고를 하면 방송 사전에 결정되어야 할 것들을 미리 점검하는 기회도 됩니다. 인스타그램은 스토리나 카드 뉴스 등 게시글의 형태로 예고를 하고, 유튜브 채널은 커뮤니티로, 페이스북은 자체 이벤트 공지 기능을 활용하는 것이 좋습니다.

▽ 이벤트 공지 사항 체크 항목

- **방송 제목:** 일시, 대상자, 참여하는 사람들의 이득이 확실하게 나타나는 제목을 고민하여 선택합니다.

- **목표 지점:** 생방송을 참여하는 채널과 링크 등을 표현하여 혼선 없이 참여할 수 있도록 도와줍니다. 링크가 길다면 줄이거나 새 게시물 알림을 요청할 수도 있습니다.

- **대상자 선정:** 대상자를 정확하게 지정하면 참여자들이 방송에 대한 목적과 주제에 대해서 파악이 가능합니다.

- **사전 질문 혹은 설문조사:** 의견을 수렴하고, 사전에 방송에 대해서 경험을 할 수 있으며, 참여자의 숫자나 반응 정도에 따라서 방송의 흥행에 대해서 예측하고, 대응할 수 있습니다.

- **프로모션 설계:** 참여자를 위한 이벤트를 설계하여 예고합니다. 퀴즈, 추첨 등 다양한 이벤트는 참여자들의 집중도를 높이고, 참여 동기를 줄 수 있습니다.

- **해시태그:** 해시태그를 결정하여 공지하고, 주제에 대해서 파악하고 다양한 키워드로 검색될 수 있도록 합니다.

▽ 방송 전 체크하기

1. 배터리가 충분한지 살펴보세요.

2. 인터넷 속도가 괜찮은지 살펴보세요.

3. 화면을 가로로 할지 세로로 할지 먼저 결정하세요.

4. 스마트폰으로 방송할 때는 스마트폰을 방해 금지 모드로 설정하여 다른 알람이 오는 것을 방지하세요.

영상을 다운로드해 유튜브에 업로드할 생각이라면, 평소 가로 모드로 방송하는 습관을 들이는 것이 좋습니다. 진행 중에 가로세로를 전환하면 화면이 기울어지므로 방송 시작 전에 스마트폰의 자동 회전 기능을 켜놓고 방송하기를 실행합니다.

페이스북 라이브 방송의 경우 가로 모드로 하려면 방송 시작 버튼을 누르기 전에 미리 가로 모드로 확인하고 시작해야 합니다. 그렇지 않고 방송 중에 가로세로를 전환할 경우 시청자의 화면에서는 좌우로 기울어져 방송이 나갑니다. 짐벌의 사용이나 전/후면 카메라 전환 방법도 숙지해서 필요에 따라 효과적으로 사용합니다.

▽ 생방송 전 결정해야 할 것

1. 생방송 제목

방송을 내보내는 쪽에서는 현장 상황을 알고 있지만 시청자는 판단하기 어려우므로 방송 전에 설명을 꼭 입력하고 시작해야 합니다. 중간에 입장한 사람들도 주제를 알 수 있도록 제목을 설정합니다. 이 생방송 제목은 방송 중간중간에도 반복해서 언급해 주면 좋습니다(예 라이브로 하는 랜선 개업식).

2. 시작(인트로)과 끝맺음(아웃트로)

시작과 끝 부분은 고정된 내용이나 일정한 패턴으로 진행하면 좋습니다. 시작할 때 전체 내용을 간략하게 설명하거나 이벤트 또는 광고 사항을 말로 안내하거나 육하원칙에 따라 안내하는 멘트가 필요합니다. 방송의 주체, 장소, 시간(차후 녹화 영상을 위해 표현하거나 일부러 뺄 수도 있음), 출연자 소개, 방송 목적, 순서 등을 소개합니다.

시작과 마무리에서 통일된 멘트나 제스처로 고객에게 통일된 이미지를 전달하고 영상 전체 구성의 안정감을 전합니다. 인트로/아웃트로 부분을 짜임새 있게 구성하면 이후 생방송을 다운로드받아 편집할 때 매우 편리합니다.

3. 간략한 순서와 꼭 해야 할 대사 정하기

방송의 간략한 순서와 꼭 해야 할 대사는 정해서 잊지 않고 할 수 있도록 합니다. 중간중간 참여하는 사람에 의해서 순서는 변하겠지만 주제와 목적에 맞도록 큰 진행 순서를 정해 놓으면 흔들리지 않습니다.

그리고 적당한 간격으로 기본 멘트와 진행된 내용 요약 및 이후의 안내 멘트를 하는 것이 중요합니다. 편집할 경우에도 중간에 들어온 분이나 건너뛰며 보는 분들이 전체 상황을 이해하기에 유용합니다.

◯ 라이브 방송하기

대부분의 스마트폰에서 페이스북 앱을 실행하고 첫 화면의 글쓰기에서 [방송하기]를 선택하면 바로 라이브 방송 서비스가 나타납니다.

▽ 페이스북 라이브

[라이브 방송]을 터치하고 [설명을 추가하려면 누르세요]에 방송 주제를 입력한 후 [방송하기]를 터치합니다.

▽ 인스타그램 라이브

인스타그램 라이브는 스토리를 통해서 알림이 갑니다. [스토리 추가]를 선택하여 [카메라]-[라이브]를 터치한 후 [방송 시작] 아이콘을 터치하면 바로 생방송을 시작합니다. 방송이 시작되면 현재 접속되어 있는 팔로워들에게 알림이 갑니다.

▽ 유튜브 라이브

유튜브는 채널의 구독자가 50명 이상 확보되고 전화번호 인증이 되어 승인된 사용자에게만 모바일에서 라이브 방송을 허용합니다. 하단의 [비디오 업로드]를 터치하고 [라이브 스트리밍 시작]을 터치합니다.

▽ 패널 또는 게스트 초대하기

라이브 방송 채널은 현장에 있지 않은 원격 패널 또는 게스트를 초대하는 경우가 많습니다. 단골이나 서비스 및 상품과 관련된 파트너, 또는 분야 전문가를 초대해서 함께 진행하는 기능은 처음에는 어렵게 느껴질 수 있지만 생동감 있고 수준 높은 진행을 가능하게 합니다.

출처: https://www.facebook.com/jaeyeong.go/

무거운 주제나 전문적인 내용이라면 방송 전에 먼저 초대해서 시작하는 방법을 사용하고, 자연스럽고 즉각적인 반응이 필요하다면 방송을 보는 분들 중에서 실시간으로 캐스팅해 진행하는 방법도 있습니다. 초대하는 인원 수를 채널에서 제한하기도 하지만, 네트워크 상태와 방송 분위기를 고려해서 진행자가 제한할 필요도 있습니다.

▽ 라이브 방송 진행 중 옵션과 마무리하기

진행 중 옵션

1. **특수 효과:** 진행 중인 생방송에 다양한 특수 효과를 줍니다.

2. **전후 카메라 전환:** 풍경이나 상대방에서 자신을 번갈아가며 진행할 수 있습니다.

3. **초대석:** 사전 초대와 달리 방송 중에 참여자를 소환해서 작은 보조 창에 띄우고 양쪽 상황을 한 화면에서 진행합니다. 라디오 방송 중의 전화 통화나 명사 초대석처럼 다양한 진행 방식으로 쓸 수 있습니다.

4. **방송 초대:** 친구에게 방송을 알리고, 방송을 볼 수 있도록 초대하는 기능입니다.

5. **댓글:** 터치하면 댓글을 입력할 수 있는 입력창이 나타납니다.

6. **종료와 취소:** 종료 버튼을 누른 후에도 잠깐 동안은 다시 취소할 수 있습니다.

7. **영상 공개 범위와 시한:** 생방송 시작 전에도 공개 범위를 조정할 수 있지만, 라이브 방송이 끝나면 동영상 콘텐츠가 되므로 이후 공개 범위와 처리 방안을 한 화면에서 설정할 수 있습니다.

🔍 라이브 방송의 저장과 유튜브 업로드

OBS(Open Broadcaster Software)는 다양한 영상 소스, 사진, 텍스트 등을 이용해서 라이브 방송이나 녹화를 진행할 수 있는 무료 소프트웨어입니다. 스마트폰만으로도 진행할 수 있는 외부 현장 생방송과 달리 OBS는 주로 실내나 안정적인 장소를 필요로 합니다. 밖에서 진행하기 위해서는 사전 준비가 많이 필요합니다. 그럼에도 교육용 라이브 방송이나 사후 편집을 최소화하는 동영상 클립을 얻는 데 유용합니다.

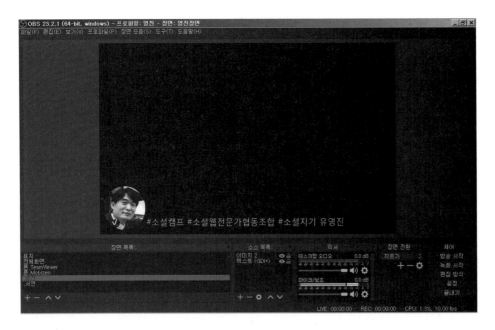

이를 잘 활용하면 방송뿐만 아니라 상인회나 협동조합, 특히 영농조합, 프랜차이즈 등에서 원격 교육이나 실시간 프레젠테이션도 가능합니다. 조직의 교육, 커뮤니케이션에 드는 높은 비용을 줄일 수 있는 획기적인 프로그램입니다.

구글 캘린더 등으로 일정을 예약하고, 페이스북 이벤트로 사전 정보와 참여자를 파악한 후 진행하면 됩니다. 장비 사양과 네트워크 상황이 충분하다면 단일 송출로 페이스북 라이브, 유튜브 라이브, 영상 저장까지 한 번에 해결할 수도 있습니다.

> ♥ TIP https://obsproject.com/에서 다운로드와 사용법 등 다양한 정보를 볼 수 있습니다.

6 동영상 콘텐츠의 핵심, 유튜브

유튜브(youtube.com)는 전 세계 최대 무료 동영상 공유 사이트로 누구나 영상을 시청, 업로드, 공유할 수 있으며 크리에이터라는 직업을 탄생시킬 만큼 영향력 있는 마케팅 채널로 자리 잡았습니다. 유튜브 마케팅의 강점과 필요성을 살펴봅니다.

- **첫 번째, 간접 경험에 매우 유용한 채널입니다.**
  글보다 사진 그리고 영상이 상품에 대한 정보를 짧은 시간에 많은 정보를 접할 수 있기 때문입니다.

- **두 번째, 고객 타기팅에 유리합니다.**
  유튜브도 인스타그램과 마찬가지로 개인의 피드에 구독 채널, 시청 및 검색 기록을 통해 개인의 취향에 맞춰 노출됩니다. 그런 특징 때문에 꾸준한 운영을 통해 잠재 고객에게 도달 확률을 높일 수 있습니다.

- **세 번째, 검색 엔진에 최적화되어 있습니다.**
  유튜브는 국내에서는 네이버, 구글 같은 검색 포털 다음으로 정보 검색을 많이 하는 채널입니다. 또한 유튜브의 영상은 구글, 네이버에서 검색 우선순위가 높습니다. 구글에서는 영상의 검색 순위가 광고보다도 높기 때문에 검색 엔진에 최적화가 필요한 업종의 경우 가장 중요한 채널입니다.

- **네 번째, 다양한 기기로 사용 가능합니다.**
  모바일뿐 아니라 텔레비전 등 다양한 디스플레이에서 시청될 수 있는 온스크린 마케팅 도구입니다. 유튜브는 스마트폰에서 주로 소비되고 있으나 텔레비전 등으로 확장되며, 3D나 360 VR 등이 적용되고 있어 나중에 가상현실까지 확장할 수 있는 채널입니다.

◯ 개설 및 운영 전략

▽ 채널 맞춤 설정 정비하기

인스타그램, 유튜브 등을 이미 운영하고 있다면 통일성 있는 프로필을 설정하도록 합니다. 특히, 얼굴 사진은 동일한 사진을 활용하고, 채널명, 핸들 등은 기존 다른 SNS를 통해 오는 친구들이 쉽게 알아볼 수 있도록 합니다.

유튜브의 [내 채널]의 [채널 맞춤설정]을 클릭하면 채널의 운영에 필요한 다양한 기능을 제공하는 유튜브 스튜디오로 이동합니다.

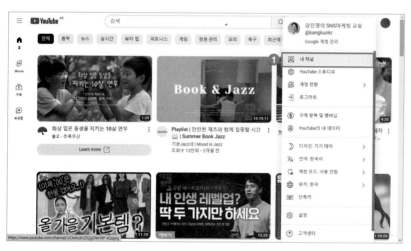

[기본 정보]에서 활용하여 아래 사항을 수정합니다.

- **이름:** 채널 이름은 14일 이내에 2회만 변경할 수 있습니다. 유튜브에서는 채널 이름이 활동 이름이 됩니다. 그러므로 다른 채널에서 쓰고 있는 프로필 이름과 주제를 조합한 채널 이름을 권장합니다.

- **핸들:** 핸들은 인스타그램이나 페이스북처럼 댓글이나 글에서 @로 언급할 수 있도록 하고, 유튜브 내 검색창에 검색할 수 있으며 채널의 고유 URL처럼 접속할 수 있는 역할을 함께 합니다. 영문으로만 설정할 수 있습니다.

- **설명:** 채널 설명을 기입합니다. 이때 다른 SNS의 프로필처럼 필요 여부에 따라 연락처나 위치 등을 정확하게 기입합니다.

- **채널 URL과 맞춤 URL:** 채널 URL은 유튜브에서 자동으로 설정되며, 맞춤 URL은 단 한 번만 사용자가 설정할 수 있습니다(설정되면 변경이 불가능합니다). 한글로도 설정되나 영문으로 손쉽게 찾을 수 있도록 해야 공유하기도 편합니다.

- **외부 링크 설정:** 외부 SNS나 다른 링크들이 있으면 최대 5개까지 노출됩니다. [링크 추가]를 클릭하여 항목을 추가할 수 있으며, 맨 앞쪽의 아이콘을 드래그 앤 드롭하여 노출되는 순서를 바꿀 수도 있습니다.

- **연락처 정보:** 연락처 정보는 이메일로 설정할 수 있습니다. 유튜브 스튜디오의 채널 맞춤설정의 [브랜딩] 탭에서 아래 사항을 수정할 수 있습니다.

- **프로필 사진:** 다른 SNS의 프로필 사진을 공통으로 사용하는 것이 좋습니다.

- **배너 이미지 수정:** 채널의 상단에 표시되는 이미지로 2048x1152픽셀, 6MB로 업로드하면, 자동으로 기기에 따라 이미지가 설정됩니다.

- **워터마크 설정하기:** 150x150픽셀로 채널의 로고를 워터마크로 활용할 수 있습니다. 업로드하는 모든 영상에 자동으로 보여집니다.

재생목록 운영하기

재생목록은 블로그의 카테고리로 비유되기도 합니다. 하나의 주제로 여러 개의 동영상을 묶을 수 있는 기능입니다. 다른 채널의 영상으로도 만들 수 있어 내 동영상이 아직 양적으로 충분하지 않더라도 잘 만들어진 재생목록으로 채널을 운영하면 시청자 유입에 도움이 됩니다.

재생목록 만들기

피드나 검색 후 목록 화면에서 재생목록에 넣고자 하는 영상의 하단의 [:]를 선택하거나 플레이 화면에서 하단의 [저장]을 선택하면 [재생목록에 저장] 메뉴를 볼 수 있습니다.

웹 브라우저 화면에서도 마찬가지로 영상의 목록에서 [:] 혹은 영상의 상세 보기에서 공유 옆 [:]를 선택하고 [재생목록에 저장]을 클릭한 후 원하는 재생목록을 선택합니다.

원하는 재생목록을 선택할 수도 있으며, 필요할 경우 [+새 재생목록]을 터치하여 새로운 재생목록을 만

들 수 있습니다. 재생목록은 [공개]로 설정해야 홈 화면, 검색, 공유 등에 활용하기 좋습니다.

재생목록은 모바일에서는 하단의 [보관함]에 있고, 브라우저에서는 [내 채널]의 왼쪽 메뉴 [보관함]에 나타나며, 공개 재생목록일 경우에는 [재생목록] 메뉴에서 확인할 수 있습니다.

▽ 재생목록의 공유

재생목록을 터치하여 상세 화면으로 가면 [설명](✏️)을 추가하거나 [공유]를 선택하여 링크로 갈 수 있습니다.

▽ 재생목록 홈 화면에 추가하기

이렇게 다듬어진 재생목록은 내 채널의 홈 화면의 표시하여 보여 줄 수 있습니다.

1 오른쪽 상단의 [계정]을 클릭하고 [내 채널]을 선택합니다.

2 [채널 맞춤설정]을 클릭합니다.

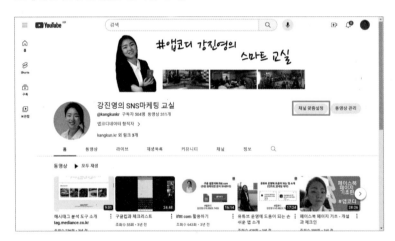

3 [레이아웃]의 메뉴에서 [추천 섹션]에서 [섹션 추가]를 선택하여 유형을 선택한 후 재생목록을 선택하여 레이아웃에 표시합니다.

- **단일 재생목록:** 한 가지 재생목록만 보여 주는 것
- **생성된 재생목록:** 생성된 모든 재생목록을 보여 주는 것
- **여러 재생목록:** 2개 이상의 재생목록을 선택하여 보여 주는 것

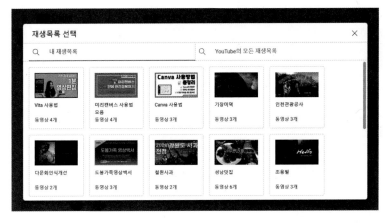

4 섹션에 표시된 후 앞쪽의 [=]를 드래그 앤 드롭하여 순서를 조정할 수 있으며, 오른쪽의 [더 보기]에서 섹션을 삭제할 수도 있습니다.

○ 영상 업로드하기

쇼츠처럼 짧은 영상을 정기적이고 자주 업로드하는 것도 좋지만, 업로드할 때 영상 설정을 세심하게 해두면 시청자 입장에서는 영상 활용성이 높아지며, 공유와 구독 촉진에 도움이 됩니다.

스마트폰에서는 하단 가운데의 [+] 버튼을 터치하고 웹 브라우저에서는 오른쪽 상단의 [+] 버튼을 클릭하여 업로드합니다. 그런 다음 [동영상 업로드]를 선택합니다.

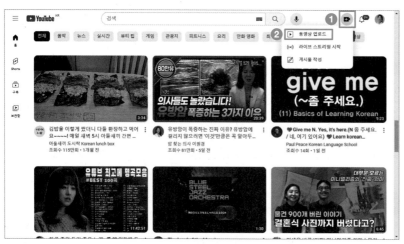

동영상을 선택한 후 아래 내용대로 설정하고 [다음]을 누릅니다.

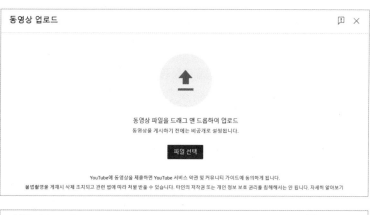

▽ 업로드 영상 설정

- **제목과 내용:** 영상의 주제를 나타내야 하는 것도 매우 중요하지만 CTA(Call To Action)가 있다면 반드시 제목과 내용에 강조되면 좋습니다. 이때 자극적인 제목으로 사람들을 유인하기보다는 시청하는 사람들의 목적과 운영자의 목적을 모두 달성하는 것이 중요합니다. 예를 들면, 우리 상점에 제품을 구매하고 활용하는 사람들을 대상으로 한다면 '000을 구매하신 분들 이 영상을 터치하세요!'라고 하고, 내용에 영상을 통해 어떤 것을 얻을 수 있는지 나열하고, 구매 링크나 문의 연락처 등도 기입하는 것이 좋습니다. 이렇듯 고객이 얻을 수 있는 정보 등 혜택에 대해서 정확하게 언급하는 것이 중요합니다.

> 📑 **한 걸음 더** 유튜브 아동용 영상 설정 시 주의할 점
>
> 아동용 영상이란 아동의 보호를 위해 영상 혹은 채널의 연령층을 설정하는 기능입니다. 아동용 영상, 채널로 설정했을 시 개인 광고, 기부 버튼, 댓글, 워터마크, 카드, 최종 화면 설정 기능, 재생목록 저장 등 다양한 기능들을 제한합니다. 라이브 또한 아동용은 실시간 채팅과 기부 등 일부 기능의 사용이 불가능합니다. 아동이 직접 시청자가 되는 영상이여서 아동의 보호를 위한 조치이기 때문에 기능 제한이 필요한 경우를 제외하고, 보호자와 함께 봐야 하거나 상업적으로 활용될 영상이라면 설정에 주의해야 합니다.

- **섬네일:** 탐색, 검색, 혹은 공유했을 때 등 시청자들에게 동영상의 장면을 미리 보여 주는 기능입니다. 표지의 역할을 하는데 제목 노출도 가능하며, 눈에 띄는 이미지로 설정하여 동영상 시청을 결정하는 데 도움을 줍니다. 유튜브에서 자동으로 영상에서 추출하여 보여 주기도 하며, 미리캔버스나 캔바 등을 활용하여 제작하여 [섬네일 업로드]를 선택하여 업로드할 수 있습니다.

- **예약 업로드 설정:** 이벤트나 상품 런칭 등 다양한 이유로 정각에 영상을 공개해야 할 경우는 예약 업로드 설정을 활용합니다. 브라우저의 경우 다음 화면에서 [공개 상태] 설정 시 예약 설정을 할 수 있으며, 모바일에서 역시 [공개] 설정을 선택하면 가능합니다.

- **동영상 요소 설정:** 화면 상단의 [동영상 요소]를 선택하면 아래 사항들을 설정하여 영상을 보는 시청자의 이해를 돕고, 다른 영상들과의 연결성을 높여 채널에 체류하는 시간이 길어져서 마케팅에 도움이 됩니다.

- **자막 설정:** 영상 내용의 이해에 도움을 줄 뿐 아니라 검색에도 영향을 미칩니다. 물론 유튜브는 음성을 자동으로 인식하여 검색하기도 하지만, 자막의 텍스트 또한 검색에 영향을 끼칩니다. 자막 설정에서 먼저 영상의 자막 언어를 [한국어]로 선택합니다. 영상에 사용된 언어와 동일하다면 자동으로 자막을 생성해 줍니다.

▽ 자막 설정

1 [동영상 요소] 단계에서 [자막 추가]의 메뉴 옆에 [수정]을 클릭해 자막을 수정, 추가할 수 있습니다.

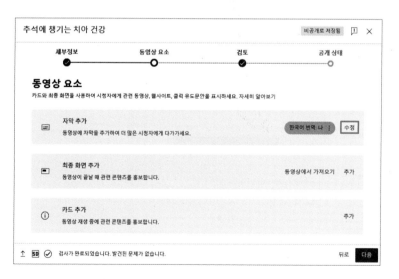

2 처음엔 [파일 업로드], [자동 동기화], [직접 입력] 메뉴를 볼 수 있습니다.

- **파일 업로드:** 외부 자막 생성기를 통해 자막 파일을 생성했다면 파일(확장자 .vtt, .srt, .sbv)을 업로드하여 자막을 생성할 수 있습니다.

- **자동 동기화:** 일반 텍스트 파일을 입력하면 영상의 음성을 인식하여 자동으로 동기화하여 자막을 생성합니다.

- **직접 입력:** 자동으로 나눠진 타임스탬프에 따라서 자막을 입력하여 생성합니다.

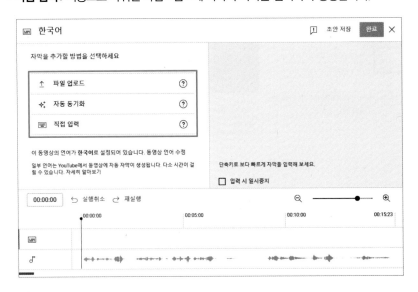

3 자막을 한국어로 설정했다면, 영상의 길이마다 다르지만 약간의 시간이 지나면 자동으로 자막이 생성되어 있습니다. 자막 입력란을 클릭해 타임스탬프별로 자막을 수정하여 완료합니다.

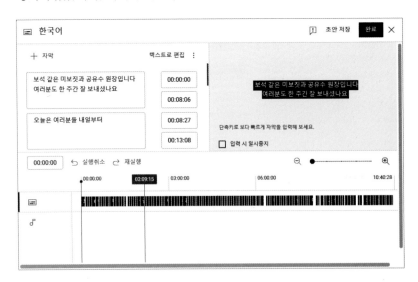

▽ 카드 설정

영상의 플레이 도중 다른 영상을 참조해야 할 때 바로 카드 기능을 활용하여 시청자에게 안내할 수 있습니다.

1 동영상 요소 화면에서 [카드 추가]를 터치하면 영상, 재생목록, 채널을 카드로 추가할 수 있습니다.

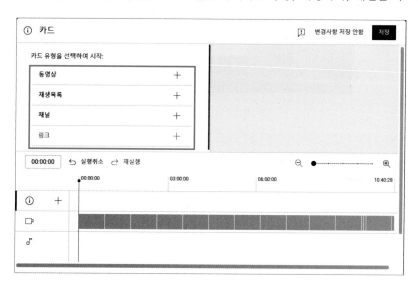

2 추가하고 싶은 요소를 선택하면, 요소를 선택하는 화면에서 해당 영상, 재생목록, 채널을 선택합니다.

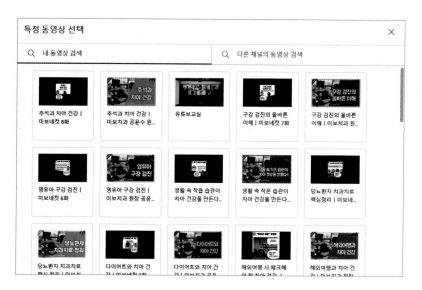

3 해당되는 요소를 선택한 후 아래 타임스탬프에서 파란색 바를 타임라인으로 움직여서 카드가 보여지는 시점으로 옮기거나 해당 영상의 시간을 직접 입력하고, [저장]을 클릭해 완료합니다.

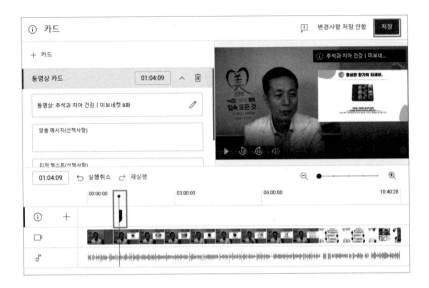

4 왼쪽의 [+ 카드]를 클릭하면 카드를 추가할 수 있습니다.

▽ 최종 화면 설정

영상 완료된 다음 시청할 동영상을 추천하고, 구독을 요청할 수 있습니다. 최종 화면 설정은 관련 영상으로의 연결성을 높여 영상 이해도를 높이며 다른 채널로의 이탈을 막아 채널의 신뢰도가 높아져 노출에 좋은 영향을 미칩니다.

1 [최종 화면 추가]를 클릭하면 최종 화면의 타입 중 원하는 타입을 선택합니다.

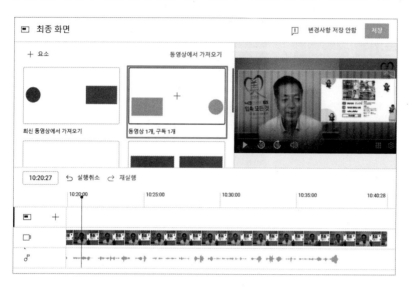

2 선택한 최종 화면 타입의 해당되는 요소들을 설정하고 완료합니다.

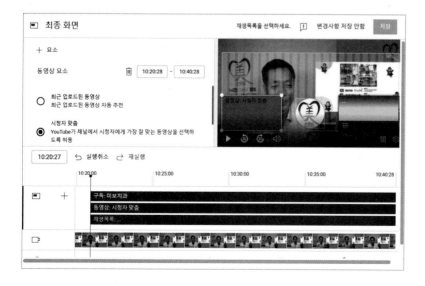

▽ 동영상 챕터 설정

사용자들에게 구간을 나눠서 쉽게 필요한 구간으로 이동할 수 있도록 설정하는 기능입니다. 동영상 챕터를 추가하면 동영상에 구간이 나누어지고 각 구간의 미리보기가 생성됩니다.

동영상 챕터는 유튜브 스튜디오 혹은 동영상 업로드 등에서 동영상 수정에서 '동영상의 설명' 항목에 구간의 시간을 적어 완성하면 됩니다.

주의점으로, 목록의 첫 타임스탬프가 00:00으로 시작해야 하며, 한 동영상에 적어도 3개의 타임스탬프가 있어야 하고, 최소 길이 10초 이상의 타임 스탬프를 재생되는 시간 순서대로 등록해야 합니다.

◌ 채널 및 영상 홍보 포인트 체크하기

▽ 섬네일 이미지 만들기

영상을 검색하거나 공유할 때 보이는 이미지가 미리보기입니다. 다음의 미리보기 이미지 부분을 활용해 편집합니다. 미리보기 화면은 영상의 제목, 주목을 끄는 이미지, 채널 이름이 적절하게 표현되어야 합니다. 이미지 편집은 캔바 혹은 미리캔버스 같은 서비스를 활용하여 만들어도 좋습니다.

▽ 외부 채널에서 유입하기

오프라인의 인쇄물에 QR 코드를 활용하는 것은 물론이고, [공유하기] 기능을 활용해 페이스북, 카카오톡, 블로그 등 다른 소셜 미디어를 통해 내용을 공유하는 것은 시청자 유입을 늘리는 가장 간단한 방법입니다. 또한 유튜브 채널 주소와 이름 또한 인쇄물이나 다른 채널의 프로필에도 기입되어 있는지 반드시 확인합니다.

▽ 커뮤니티 활용하기

공지 사항 혹은 사전에 방송을 예고하거나 간단한 설문과 퀴즈 등 올려서 구독자들과 꾸준한 소통을 합니다. 첨부되는 이미지 크기는 가로세로 비율이 1:1인 카드 뉴스 형태를 권장합니다.

채널 관리와 인사이트 보기

유튜브 스튜디오를 활용해 채널 운영에 다양한 도움을 받을 수 있습니다. 오른쪽 상단의 [계정]에서 [YouTube 스튜디오]를 클릭합니다.

첫 화면에서는 간단한 분석과 도움말을 볼 수 있습니다.

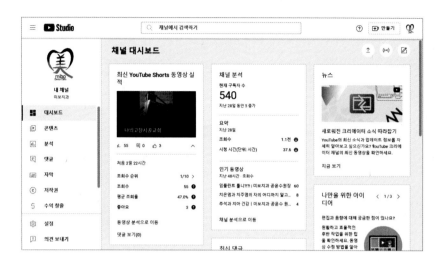

[분석]을 선택하면 채널 전체에 대한 통계 분석을 볼 수 있습니다. 콘텐츠 분석으로는 채널에 유입되는
경로와 인기 동영상 등을 파악하고, 시청자층으로는 시청자들의 연령 및 성별, 이용 시간, 타 채널 구독
정보 등 다양한 성향과 경향을 알 수 있습니다. 이런 분석을 통해서 콘텐츠를 기획하고 라이브 스트리밍,
이벤트, 업로드 시점 등을 기획할 수 있습니다.

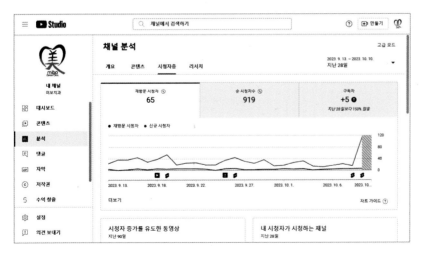

스마트폰에서 유튜브 스튜디오 앱을 다운로드하면 간단한 분석 도구와 영상의 제목, 내용, 미리 보기 이미지를 수정할 수 있습니다.

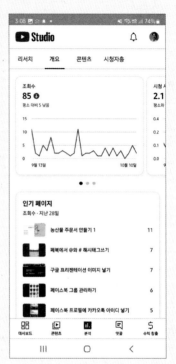

7

동영상
제작 전략

♥ ○ ◁   ⊓

다른 디지털 콘텐츠처럼 동영상 또한 자주 많이 만들다 보면 방향성과 전략이 생기기 마련입니다. 하지만 처음부터 전략을 세워서 진행한다면 다음과 같은 효과를 기대할 수 있습니다.

1. 효과적인 마케팅 성과를 거둘 수 있습니다.

SNS 마케팅을 위한 동영상은 단순히 재미있거나 예쁜 영상이 아니라, 마케팅 목표를 달성하기 위한 콘텐츠 유형 중 하나입니다. 따라서 목표를 달성하기 위한 기본 전략을 수립하고, 이를 바탕으로 영상을 제작해야 합니다.

2. 시간과 비용을 절약할 수 있습니다.

SNS 마케팅을 위한 동영상 제작은 시간과 비용이 많이 소요되는 작업입니다. 미리 기본 전략을 수립하고, 이를 바탕으로 제작하면 시간과 비용을 절약할 수 있습니다.

3. 효율적인 영상 제작을 할 수 있습니다.

SNS 마케팅을 위한 동영상 제작은 다양한 요소를 고려해야 하는 복잡한 작업입니다. 기본 전략을 수립하면 영상 제작에 필요한 요소들을 파악하고, 이를 효과적으로 구성할 수 있습니다.

○ SNS 기반 마케팅을 위한 영상 제작 포인트

1. 타깃 고객층 분석

마케팅용 영상을 제작하기 전에 가장 먼저 해야 할 일은 타깃 고객층을 분석하는 것입니다. 타깃 고객층의 연령, 성별, 관심사, 행동 패턴 등을 파악하여 그들이 관심을 가질 만한 영상을 제작해야 합니다. 주력하는 채널에서 타깃 고객층의 활동 성향에 따라 제작 기준이 맞춰야 합니다. 내부 고객과 파트너사 또한 매우 중요한 고객군입니다.

2. 영상의 목적 설정

영상을 제작하는 목적을 명확히 해야 합니다. 제품이나 서비스의 홍보, 브랜드 인지도 상승, 고객과의 소통 등 다양한 목적이 있고, 그 목적에 따라 영상의 내용과 형식이 달라질 수 있습니다. 목적에 맞추어 채널 구성에 충분히 반영해 놓을 경우 영상 제작이 효율적으로 이루어질 수 있습니다.

3. 영상의 구성

영상의 구성은 시청자의 관심을 끌고 메시지를 효과적으로 전달할 수 있도록 해야 합니다. 도입부에서 시청자의 관심을 끌고, 본론에서 메시지를 전달하며, 결론에서 시청자의 행동을 유도하는 것이 좋습니다. 채널 설정과 영상별 기능을 충분히 활용하면 단순한 구성으로도 좋은 효과를 거둘 수 있습니다.

4. 영상의 품질

영상의 품질은 시청자의 만족도에 큰 영향을 미칩니다. 영상의 화질, 음질, 편집 등을 잘 살펴야 합니다. 예를 들어 컴퓨터에서의 페이스북 직접 스트리밍 방송은 2023년 중반부터 품질이 급격히 나빠져서 영상 소스로 사용할 수 없을 정도입니다. 스마트폰에서 라이브 방송이나 OBS 등 외부 프로그램을 사용하는 경우 화질이 많이 개선됩니다.

5. 영상의 홍보

영상을 제작한 후에는 이를 효과적으로 홍보해야 합니다. 유튜브 내에서의 노출을 높이고, SNS를 통해 공유하는 등의 방법을 활용할 수 있습니다.

○ 제작 관리에서 고려할 점

1. 영상 제작의 효율성

영상 제작은 시간과 비용이 많이 소요되는 작업입니다. 따라서 영상 제작의 효율성을 높이기 위한 방안을 마련해야 합니다. 언제나 영상 촬영과 라이브 방송을 하더라도 문제가 없을 만큼 사업의 환경 자체가 투명하고, 디지털 친화적일수록 라이브 방송이나 기록 영상을 소스로 활용할 수 있는 비율이 높아집니다. 반대로 기밀 사항이 많을수록 영상을 소스부터 별도로 제작해야 해서 비용과 시간 소모가 커질 수 있습니다.

2. 영상의 지속 가능성

영상은 한 번 제작되면 계속 노출될 수 있습니다. 따라서 영상의 지속 가능성을 고려하여 제작해야 합니다. 관리가 잘되어 있는 FAQ를 기준으로 만들어진 영상은 고객 응대에 다각도로 활용될 수 있고 노출 가능성이 높아집니다.

3. 영상의 데이터 분석

영상의 시청률, 조회수, 좋아요, 싫어요 등의 데이터를 실시간으로 분석하여 영상의 효과를 측정하고, 다음 영상부터 개선안을 적용해야 합니다.

◯ 동영상 제작 5원칙

1. 스마트폰을 가장 우선으로 생각합니다.

콘텐츠의 대부분은 스마트폰에서 소비됩니다. 동영상의 길이, 영상의 편집 방향 등 다양한 요소들은 모두 스마트폰을 중심으로 생각해야 합니다.

2. 운영 효율을 높이고 고객에게 가치 있는 콘텐츠를 만듭니다.

동영상은 구매 결정 전에는 사진, 텍스트의 콘텐츠보다 상품 및 서비스에 대해서 가장 간접적으로 경험할 수 있는 가장 효율적인 콘텐츠이며, 구매 후에는 고객 경험 가치를 극대화할 수 있는 콘텐츠입니다.

그렇기에 고객의 입장에서 부가가치를 느낄 수 있는 다양한 콘텐츠를 만들어 내는 것도 중요합니다. 고객을 대면하는 현장에서 쓰일 수 있는 콘텐츠를 생산하면 QR 코드, 해시태그, 실시간 채팅 상담 등을 활용하여 고객 응대에 자연스럽게 사용됩니다. 또 실용적인 콘텐츠는 일에 편리함을 줄 뿐 아니라 사람들에게 자연스럽게 공유되기 때문입니다.

3. 배경과 소품 등을 활용하여 현장 모습 그대로 촬영합니다.

상점을 운영한다면 고객이 매장에 방문했을 때의 모습 그대로를 보여 주는 것이 유리합니다. 영상 내용에서 배경이나 복장으로 분위기를 전달하고 의도하는 바를 편안하게 펼쳐 보일 수 있는 곳이 바로 일하는 현장이기 때문입니다.

4. 라이브 방송, 스토리, 쇼츠, 카드 등을 다양한 콘텐츠 활용도 함께 고려하여 제작합니다.

방송 전에 미리 콘텐츠를 예고하는 목적으로 카드 뉴스, 스토리 등 다양한 콘텐츠 형식을 활용하여 사람들과 자연스럽게 질문과 답변을 주고받으며 영상의 방향과 목표를 함께 만들어 나가는 것이 좋습니다. 이렇게 미리 소통하면 좋은 콘텐츠를 만들 수 있을 뿐만 아니라 함께 만들었다는 기분에 공유하고 싶은 마음까지 불러일으킬 수 있습니다.

영상을 제작할 때에는 자막이나 중간에 들어가는 이미지 등은 카드 뉴스로 인트로 영상이나 하이라이트 등은 쇼츠로 활용할 수 있는 부분 등 다양한 콘텐츠로의 전환도 고려하여 제작합니다.

5. 동영상의 목적 및 타깃을 분명하게 정합니다.

콘텐츠에서 가장 중요한 것은 어떤 고객에게 어떤 내용을 전달할 것인가입니다. 동영상 또한 목표와 타깃에 따라서 제목, 내용부터 자막, 특수 효과 등이 달라집니다. 그래서 초기 기획부터 정확하게 정해야 편집에서 많은 요소들의 결정이 빠르고 효과적으로 적용될 수 있습니다.

○ 콘텐츠 효과를 더하는 편집 전략

1. 그래픽, 자막을 최대한 활용합니다.

동영상은 대부분 스마트폰에서 시청되며, 이동하거나 다른 음악을 듣거나 대중교통을 이용하면서 음소거를 하고 영상을 보는 경우가 상당히 많습니다. 그럴 경우를 대비해 적절한 설명을 자막으로 넣어서 소리를 듣지 않아도 이해할 수 있도록 해야 합니다. 또 중요한 부분을 캡처하거나 빠르게 감기를 할 때도 시청자에게 자막이 유용합니다. 시청의 집중도를 높이기 위해서 자동 완성 자막 외에 그래픽 자막은 보통 3, 4초에 한 번씩 등장하는 것을 권장합니다.

2. 동영상 시작 후 15초 이내에 강렬한 임팩트를 줍니다.

한 동영상을 끝까지 시청을 결정할 때 영상 제목, 미리보기 이미지도 중요하지만 영상 초반 15초가 중요합니다. 이 영상을 통해 얻을 수 있는 것, 즉 필요성을 인식할 수 있도록 영상의 전반적인 내용, 결과물, 시청해야 할 대상을 언급하는 등 강조할 부분을 영상 앞쪽에 배치합니다.

3. 다양한 효과를 활용합니다.

고객이 영상을 보면서 집중도와 이해도를 높이기 위해 그래픽, 자막, 배경 음악, 타임랩스, 역방향 재생, 합성 등 다양한 동영상 효과를 애플리케이션 등을 활용하여 넣습니다.

4. 내레이션, 배경 음악 등 음향을 적절하게 활용합니다.

영상 검색에서 제목과 영상 설명도 검색되지만 사람이 말하는 음성을 분석하여 검색이 됩니다. 따라서 중요한 키워드를 반복해 언급하면 검색에도 영향을 미칩니다.

배경 음악의 박자에 맞춰서 편집점을 맞추는 것이 좋습니다. 음악의 박자나 무드가 바뀔 때 화면 전환을 해 주면 시청자로 하여금 영상을 보았을 때 이해도를 높이고, 피로도를 줄일 수 있습니다.

5. 인트로 설정

유튜브 영상을 보면 채널명, 영상의 하이라이트 등을 보여 주는 인트로 영상은 매우 중요합니다. 인트로 영상은 채널의 이미지를 비주얼로 인식시키면서도 시청 시 몰입도를 높이고 주제를 파악하는 데 많은 도움을 줍니다. 채널의 고유한 인트로 템플릿을 적용하거나 영상이 많거나 많아질 계획이라면 재생목록처럼 카테고리에 분류마다 만드는 것도 좋습니다.

○ 영상 편집을 위한 앱 추천

여기서 설명하는 앱 세 가지는 초보부터 사용할 수 있고, 오랫동안 운영되어 사람들이 많이 쓰고 있는 앱입니다. 사용법은 유튜브 검색 혹은 앱 내부의 사용법을 보고 배울 수 있습니다.

▽ VLLO

오랫동안 유튜버들 사이에서는 브이로그를 만들 때 많이 활용했던 앱입니다. 많이 사용되는 간단한 기능부터 세밀한 편집까지 가능하며 화면 필터부터 전환효과 영상 클립 등 시청자들의 눈길을 끄는 다양한 효과를 활용하여 워터마크가 없이 영상을 만들 수 있습니다. 또한, 충분히 활용할 수 있도록 사용 방법까지 안내되어 있습니다.

앱 실행 후 왼쪽 상단의 [메뉴] – [튜토리얼]을 터치하면 잘 설명된 사용법을 볼 수 있습니다.

▽ YouCut

간단한 영상 편집도 가능하지만 쇼츠, 인스타그램, 페이스북에 적합한 영상 템플릿이 제공되어 쉽게 사용할 수 있습니다. 폰에서 찍은 사진 혹은 짧은 클립 영상으로 임팩트 있고 품질 좋은 영상을 만들기 좋습니다. 인트로 혹은 아웃트로 영상, 예고편, 요약 영상 등 다양하게 활용 가능한 영상들을 만들고 제작할 수 있습니다.

앱을 실행한 후 오른쪽 아래의 아이콘을 터치하면 다양한 템플릿으로 편집이 가능합니다. 오른쪽 상단의 [설정] 아이콘을 터치하면 FAQ를 볼 수 있으며, 사용법이 상세하게 안내되어 있습니다.

 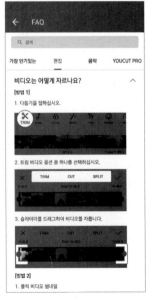

▽ 네이버 클로바 노트

네이버 클로바 노트(https://clovanote.naver.com)는 즉흥적인 대사가 많이 나오는 라이브 영상을 정리해서 올리거나, 3명 이하의 여러 사람들이 참여하는 영상의 경우 자막을 생성하거나 텍스트로 요약 정리해야 할 때 유용한 앱입니다. 음성을 녹음하면 목소리 구분을 해서 참석자를 구분하여 자동으로 텍스트로 변환하며, 참여자들과의 공유, 요약 정리 등 편리한 기능을 제공합니다. 웹사이트에서도 동시에 편집이 가능하며, 다양한 사용법과 활용법이 안내되어 있습니다.

▽ 네이버 클로바 AI 더빙

쇼츠를 활용한 음성 강의 영상처럼 음성을 통한 정확한 정보 전달이 필요한 경우 AI 더빙이 필요합니다. 이럴 때 네이버 클로바 AI 더빙(https://clovadubbing.naver.com)을 활용하면 좋습니다. 내용과 콘셉트에 맞는 음성을 선택하여 텍스트를 입력하면 영상에 더빙을 입혀 편집할 수 있습니다.

출처 표기를 지키면 무료로 사용할 수 있으며, 20분 영상을 최대 5개 생성할 수 있으며, 30일간 저장되고 다운로드할 수 있습니다. 웹 브라우저를 통해 동영상을 업로드하여 더빙하는 기능을 사용할 수 있으며, 더 확장된 기능과 도움말을 사용할 수 있습니다.

8 콘텐츠 저작 도구, 캔바 vs 미리캔버스

♥ ◯ ◁   ⊓

캔바나 미리캔버스 같은 도구를 이용하면 전문가의 도움이 없이도 그래픽 도구를 사용할 줄 몰라도 콘텐츠 제작이 가능합니다. 디자인에 대한 전문 지식 혹은 도구에 대한 깊은 학습 없이도 이미지 및 동영상의 톤, 폰트, 배경, 다양한 효과, 음향 등 틀이 정해진 템플릿 형태의 편집 도구들은 직관적으로 바로바로 사용이 가능합니다.

특히 이미지 저작권에 대해 비교적 자유롭습니다. 폰트, 이미지, 배경 음악 등 마케팅 및 홍보 활동을 포함한 상업적 사용에 대해서 미리 허용되어 있기 때문입니다. 단, 서비스마다 허용 범위는 확인해야 합니다. 또한 여러 구성원이 공유하고 협업하는 기능이 제공됩니다.

다양한 콘텐츠의 제작이 가능한 장점도 있습니다. 쇼츠, 스토리, 동영상, 인트로 영상 등 다양한 유형에 따라 크기, 재생 시간 등 형식과 형태가 모두 각각 다르게 됩니다. 이런 것들을 모두 신경 쓰기보다 각 유형별로 템플릿이 정해져 있는 서비스를 활용하면 쉽고 편안하게 제작할 수 있습니다.

	미리캔버스	캔바
기기	브라우저(PC, 모바일)	앱/브라우저(PC, 모바일)
무료 스토리지	1GB	5GB
저작권	광고 홍보 목적이 아닌, 판매 목적의 상품 제작에는 사용이 불가 (예 머그컵, 티셔츠 등 인쇄 후 판매 금지)	상업적 이용에 모두 사용 가능
공유 기능	제공	제공
동시 편집	불가능	가능

▽ 콘텐츠 저작 도구를 사용할 때 주의점

캔바나 미리캔버스에서는 제공되는 템플릿을 그대로 편집 없이 사용하면 안 됩니다. 문구나 작은 요소라도 바꿔야 상업적 사용이 가능합니다. 또한 무료와 유료 템플릿 및 디자인 요소를 구분해서 써야 합니다. 유료 템플릿의 경우 결과물에 워터마크가 표시되거나 비용을 결제해야 사용할 수 있습니다.

▲ 유료 템플릿에는 왕관 아이콘으로 표시가 되어 있습니다.

▽ 디자인 팁 학습하기

캔바나 미리캔버스는 책이나 유튜브 동영상보다 서비스 내부의 도움말이나 활용 가이드가 훨씬 유용합니다. 미리캔버스에서는 [헬프센터]에 접속한 후 [사용법] – [디자인 팁] 메뉴에서 내용을 확인해 보세요.

▲ 캔바의 사용자 가이드: https://www.canva.com/ko_kr/learn/

▲ 미리캔버스 헬프센터: https://help.miricanvas.com/hc/ko

콘텐츠 마케팅의 기획부터 제작까지
나만의 콘텐츠를 기획하고, 다양한 형태로 제작하기

소통 기반의 콘텐츠

Step 1
차별화된
콘텐츠 기획

- 신뢰감 있는 프로필 먼저
- 필수/운영/기반 콘텐츠
- 콘텐츠 유형 정하기

Step 2
콘텐츠 제작

- 콘텐츠의 기본 재료는 사진
- 가독성 좋고 유통이 용이한 카드 뉴스
- 임팩트 있는 빠른 콘텐츠 소비 숏폼
- 실시간 쌍방향 소통과 빠른 관계 형성을 위한 라이브 방송
- 간접 경험 마케팅 최적화 동영상
- 동영상 기본 채널 유튜브

💡 **핵심 포인트**

콘텐츠보다 신뢰를 갖추는 설정과 관계가 먼저입니다.
다양하고 재미있는 콘텐츠 아래 기반 콘텐츠를 갖춰야 고객의 유입을 도울 수 있습니다.
콘텐츠의 기획, 제작, 유통까지 가장 중요한 것은 바로 관계와 신뢰입니다.

CHAPTER 5

이벤트와 광고의
기획 및 실행

#이벤트 #인스타그램 #인플루언서

마케팅에서 이벤트란 무엇일까요? 한정된 자원 안에서 최대한 사람을 모으고 함께 소통한 것을 디지털 콘텐츠화하고 네트워크를 확장해 효율적으로 확산하는 것으로 SNS 마케팅의 꽃이라 할 수 있습니다. 인증샷, 후기, 팔로우 이벤트 등을 생각해 보면 이벤트의 정의가 쉽게 다가올 겁니다.

1

이벤트의
중요성과 활용법

♥ ◯ ▽   ◰

매일 고객 및 잠재 고객과 온/오프라인에서 만나며 소통하고, 내 상점을 포함하여 지역, 상권에서 수많은 사건과 만남이 이뤄지고 있습니다. 이런 다양한 일들을 '이벤트'의 시각으로 바라보고 기획하고 실천하면 마케팅의 효과는 달라집니다. 즉, 온/오프라인에서 일어나는 일을 더 많고 깊은 만남으로 발전시키고, 다양한 이야기를 디지털 콘텐츠화하는 것을 이벤트라고 할 수 있습니다. 이벤트는 'SNS 마케팅의 꽃'입니다. 왜 중요한지 알아보고, 기획하고 실천하는 방법에 대해서 알아보겠습니다.

◯ SNS에서 이벤트의 역할

이벤트는 친구들과의 상호 소통을 통해 서로 얼마큼의 학습이 되었는지 확인할 좋은 기회가 됩니다. 이벤트를 기획하고 운영하는 가운데 타깃 고객들에 대해 아는 만큼 실천이 쉽고 편하게 될 것이며, 참여하는 SNS 친구들의 참여율과 적극성에 따라서 그동안 소통했던 결과를 알 수 있습니다. 그렇기에 이벤트는 꾸준히 실행하면서 SNS 운영에 대해 다음 항목을 점검해 보면 좋습니다.

- **고객에 대해 학습했는가?**

  고객의 라이프 스타일을 충분히 학습하여 이벤트의 기획에서 목적과 목표에 맞게 고객의 눈높이에 맞춰서 의미를 부여하고, 기획했는가?

- **고객과 꾸준한 소통을 했는가?**

  잠재 고객과의 댓글과 좋아요 등을 통하여 꾸준히 소통하고 이벤트가 충분히 노출되었고, 참여 대상과 참여 인원은 만족하는가?

- **콘셉트와 타깃 고객에 알맞은가?**

  - 우리의 이벤트가 콘셉트가 잘 전달되었는가?
  - 참여 고객이 우리와 지속적으로 소통할 사람들인가?
  - 타깃 고객과 맞는가?
  - 콘셉트와 타깃 고객을 수정해야 하는 것은 아닌가?

◯ SNS 이벤트의 중요성

- **첫째, 콘텐츠와 관계가 풍성하고 다양하게 확보됩니다.**

  상점에서 일어나는 모든 일들이 온라인에서 콘텐츠로 남겨진다면 엄청난 자산이 될 것입니다. 많은 사람이 친구가 되고 연결되며, 나 혼자가 아닌 여럿이 함께 콘텐츠를 만들어 간다면 더욱더 멋진 일입니다. SNS에서 진행되는 후기, 팔로우, 친구 태그 등 다양한 형식의 이벤트는 많은 친구들이 연결되고, 온라인에서 혼자가 아닌 여럿이 함께 만드는 다양한 콘텐츠가 됩니다. 오프라인 이벤트에서는 디지털 콘텐츠와 관계를 확보하는 데 어려움이 있지만 온라인 이벤트는 특별하게 관리하지 않아도 글, 사진, 생방송, 댓글, 답글 등 다양한 콘텐츠가 남을 확률이 좀 더 높습니다.

- **둘째, 오프라인의 가치보다 지속 가능성에서 효율이 높습니다.**

  SNS에서의 이벤트는 정기적으로 꾸준히 진행하게 되며, 관계와 콘텐츠가 디지털에 기록으로 남고 참여자들과는 신뢰 관계가 쌓여 콘텐츠와 이벤트 소식이 더욱 잘 전달됩니다. 즉, 각 이벤트는 서로 참여율에 영향을 미치게 됩니다. 이벤트를 정기적으로 지속할수록 고객이 원활하고 일관된 경험을 할 수 있습니다.

- **셋째, 입체적인 스토리텔링을 통해 고객의 직/간접적 경험 가치를 높여 줍니다.**

  상품이나 서비스 위주로 개인이나 회사가 만들어낸 콘텐츠보다 다양한 사람들이 함께 참여한 콘텐츠가 좀 더 다양하고 입체적이며, 고객들이 공감하는 콘텐츠가 될 확률이 높습니다. 또한 이벤트를 하는 동안 친구 사이의 네트워크, 나아가서는 우리에 대해서 우호적인 공동체가 형성되기도 합니다. 이런 과정을 통해 고객의 경험 가치를 높이기 좋은 조건이 만들어집니다.

- **넷째, 시공간을 뛰어넘는 고객 가치를 전달할 수 있습니다.**

  온라인 이벤트는 미리 준비하는 과정, 현장을 중계하는 과정, 그리고 마무리되고 나서 남는 콘텐츠로 현장을 간접 체험할 수 있습니다. SNS에서는 시간과 공간의 제약을 받지 않기 때문에 좀 더 많은 고객에게 콘텐츠가 전달되고 소통이 가능합니다.

- **다섯째, 다양한 채널에서 (잠재적) 고객과 연결될 기회입니다.**

  오프라인에서 일어나는 행사에서도 다양한 사람들을 만날 수 있지만 짧은 시간 안에 지속적인 관계로 이어 나가고 공감대를 형성하기는 어렵습니다. 이에 비해 SNS를 활용한다면 인스타그램, 페이스북, 카카오톡 등 다양한 채널을 통해 지속적인 관계로 이어 나갈 수 있습니다. 고객들의 친구들과도 연결 가능성이 높아집니다.

▽ 이벤트 사전 준비하기

지금까지 이 책의 내용은 이벤트를 하기 전에 준비해야 할 내용들입니다. 다시 한번 내용을 상기하면서 다음 내용을 체크해 보겠습니다.

1. 온/오프라인 채널의 기본 설정이 잘되어 있는가?

이벤트를 진행하면 네트워크와 콘텐츠가 모이는 채널의 기본 설정이 가장 중요합니다. 네이버, 다음, 구글, 내비게이션 등에서 지역 업체로 등록합니다. 그리고 이벤트로 만나게 될 사람들과 친구나 팔로우를 맺는 계정부터 유튜브, 블로그, 트위터 등 소셜 미디어 계정들을 통일감 있게 구성하고, 최종으로 고객이 가야 할 목적지를 분명하게 표현해야 합니다. 또한, 오프라인에서도 명함, 메뉴판, 간판, 각종 인쇄물 등에 해시태그, 도메인, 온라인 채널을 잘 찾아갈 수 있도록 표현되어 있는지도 확인합니다.

2. 타깃층과 네트워크가 형성되어 있는가?

이벤트가 도달해야 하는 고객 및 잠재 고객들과의 네트워크의 규모, 즉 친구들의 숫자도 중요합니다. 이벤트의 마중물이 될 수 있는 적극성을 가져 참여, 댓글, 공유 등의 활동을 해 줄 수 있는 10여 명의 친구들이 있으면 좋습니다. 네트워크의 규모와 질이 이벤트의 기획에서도 영향을 미치는 만큼 평소에 친구들과 친밀하게 소통하는 것을 꾸준히 하면 좋습니다. 혹은 타깃층과 네트워크 형성이 잘되어 있는 인플루언서와 함께 이벤트를 진행하는 것도 고려해 볼 만합니다. 공공기관, 대기업의 경우 SNS 기자단 등을 먼저 구성하기도 하는데, 이런 이유 때문입니다.

3. 이벤트와 연관된 콘텐츠가 계획 및 발행되었는가?

이벤트 전, 도중 및 후에 공유할 콘텐츠를 계획합니다. 예를 들면 티저 게시물, 이벤트 공지, 라이브 업데이트, 비하인드 스토리 영상 및 이벤트 후 하이라이트가 포함될 수 있습니다.

특히 사전에 발행되는 콘텐츠는 이벤트에 대한 이해도와 기대감을 높여 참여율을 높이는 역할을 합니다. 그뿐만 아니라 콘텐츠 내용에 따른 반응과 선호도를 보며 이벤트의 기획에서 방법, 내용 등을 조정할 수 있습니다.

4. 이벤트와 관련된 기술의 구현을 원활하게 할 수 있는가?

이벤트에 라이브 스트리밍, 화상 회의 또는 기타 기술적 측면이 포함된 경우 이벤트가 시작되기 전에 기술을 철저히 테스트하고 제대로 작동하는지 확인하는 것이 필요합니다. 평소 다양한 기능들을 접하고 사용하는 것이 도움이 됩니다.

2

효과적인 이벤트 운영하기

♥ ○ ▽   🔖

온라인에서 이벤트를 진행할 때 기획부터 운영까지 다양한 부가가치를 창출하고 목적을 달성할 수 있도록 단계별로 챙겨야 할 것들을 알아봅니다.

🔍 마케팅(이벤트) 캘린더 만들기

이벤트를 계획할 때 시기에 잘 맞는 의미를 부여해야 사람들의 인식 속에도 잘 남고 참여하는 사람들에게 동기부여를 할 수 있습니다. 그래서 의미 있는 기념일이나 행사를 찾고, 그것을 우리 상품과 결합하는 것도 이벤트와 콘텐츠 기획에서 도움이 됩니다. 다음 사항을 고려하여 이벤트와 콘텐츠의 계획을 6개월 혹은 1년 단위의 마케팅 캘린더로 만들면 좋습니다.

1. **타깃과 콘셉트:** 이벤트 기획의 가장 기본 바탕이 됩니다.
2. **이벤트 캘린더:** 좋은 시기와 그에 알맞은 의미를 부여합니다.
3. **콘텐츠 계획:** 이벤트와 연관성이 높은 콘텐츠를 발행합니다.

• **첫째, 주기적인 오프라인 모임을 이벤트로 진행합니다.**

각각 이벤트는 독립적이면서도 맥락이 서로 연결되어야 합니다. 개업일, 시식회, 지역 및 상권의 행사 및 축제 등 오프라인에서 일어나는 다양한 이벤트나 혹은 오프라인에서 정기적인 모임 등을 SNS와 함께 진행한다면 참여도가 좋습니다.

- **둘째, 기념일을 활용한 이벤트를 진행합니다.**

타깃군이 중요하게 생각하는 기념일을 챙겨서 이벤트를 진행합니다. 예를 들어 6월 9일은 치아의 날입니다. 그런 날을 기념하여 치과나 치아 건강과 관련된 업종에서 이벤트를 하면 그 연관성 때문에 고객의 기억에 남습니다. 단순한 할인 이벤트를 넘어서 우리만의 콘셉트를 지키며 스토리를 이어 나가고 콘텐츠와 새로운 관계, 신뢰의 증진, 이를 통한 브랜드 인지도 향상을 가져오는 것이 이벤트의 바탕입니다. 똑같이 보이는 빼빼로데이에도 고객에게 장식과 원하는 글자를 넣어 나만의 빼빼로를 만드는 이벤트를 진행합니다. SNS의 특성에 좀 더 맞는 연구도 필요합니다. 답글로 얻을 메시지를 보내거나 하나 정도 만드는 모습을 미리 생방송 하기, 자기가 만든 빼빼로의 인증 사진을 올려서 응원 받아내기 등으로 2차, 3차 이벤트 유도하기, 원하는 문양을 3D 프린터로 원격 출력하기 등 색다른 시도를 차근차근 쌓아 올려야 합니다.

▲ 고재영 빵집의 빼빼로데이 인증샷 이벤트

기념일을 참고할 때는 우리나라 기념일은 구글 캘린더와 네이버 캘린더에서 구독해도 좋습니다. 혹은 행정안전부 사이트(https://www.mois.go.kr/chd/sub/a05/feteDay/screen.do)에서도 확인이 가능합니다. 또한 국제 기념일(https://ko.wikipedia.org/wiki/국제_기념일)을 함께 보는 것도 도움이 됩니다.

- **셋째, 상품이나 서비스의 시작에서 함께합니다.**

농산물처럼 생산하는 데 시간이 오래 걸리는 상품은 제작 과정을 자연스럽게 알 수 있는 이벤트를 열면 좋습니다. 경북 의성의 이경진 님은 성탄절을 맞이해 페이스북 친구들에게 사과나무에 성탄 메시지를 인쇄해 걸어 주는 이벤트를 진행했습니다. 나무 하나에 한 사람의 얼굴과 성탄 메시지를 남기고 인증 사진을 올리는 단순한 이벤트로 1년 내내 사과밭의 풍경을 사람들과 함께했습니다.

참여한 인원은 36명으로 크지 않은 이벤트였지만 사과가 생산될 때까지 내 이름과 성탄 메시지가 있는 사과나무의 성장 과정을 함께했습니다. 사람들은 자기 사과나무의 성장 과정을 공유했고, 이 이벤트를 통해 많은 사람이 이경진 님의 사과를 알게 되었습니다. 이렇듯 상품의 런칭, 리뉴얼 등 상품의 수명주기 내내 사람들과 함께 기념하는 이벤트를 열 수도 있습니다.

🔍 이벤트 기획하기

온라인 이벤트는 기획부터 홍보가 될 수 있습니다. 3장에서 언급한 대로 댓글을 촉진하는 문/청/사/례는 이벤트 기획에서도 동일하게 활용됩니다. 이벤트는 홀로 기획하는 것이 아닙니다. 참여자가 되어 줄 대상이 있는 그룹이나 개인의 타임라인에서 가볍게 시작하는 질문도 이벤트 참여자를 모집하는 홍보 활동이 됩니다.

예를 들어, 다음 항목을 평소 주력하는 소통 채널에 올리고 한 항목씩 함께 채워 갑니다. 평소 협력해 주는 분이 모여 있는 경우 한곳에 모두 올리는 방법도 있고 여러 채널에 비슷한 콘텐츠를 올려서 내용을 조율해 가는 방법, 여러 채널에 항목을 나눠서 진행하다가 연결해 가는 방법 등 기획 단계에서부터 다양한 기법이 가능합니다. 중요한 인물을 @로 언급하면서 질문과 작은 부탁으로 시작하는 것이 핵심입니다.

농사펀드의 박종범 대표는 함께 김치 담그기 이벤트를 시작하기 전에 페이스북 친구들에게 배추 농가를 찾는 것부터 질문으로 올렸습니다. 그러면 참여가 예상되는 사람들의 관심을 끌면서도 자연스럽게 질문과 답변이 이어져 이벤트를 함께 기획하는 효과로 이어졌습니다. 결국 이벤트를 시작하기도 전에 적극적으로 참여할 수 있는 사람을 확보하는 효과도 자연스럽게 가지게 되었습니다.

▲ 농사펀드 박종범 대표의 김장 이벤트 준비 사전 질문 글

○ 기획을 위한 세부 요소 살피기

1. **제목:** 마케팅 기획서를 중심으로 콘셉트와 이벤트의 미션이 정확히 표현되는 제목이 좋습니다.

   📋 인스타 친구 하고, 할인받자!

2. **목적과 목표:** 목적과 목표를 분명히 해야 채널과 참여자들의 미션을 알맞게 설정할 수 있습니다.

   📋 인스타그램 팔로워 수 1만 명 달성, 해시태그 후기 이벤트 100명 참여, 유튜브 구독자 1,000명 확보

3. **기대 효과:** 목적과 목표를 달성했을 때 어떤 효과를 볼 수 있는지 정리하고 목적과 목표가 올바른 방향으로 설정되었는지 다시 확인합니다.

   📋 구독자 확보를 통한 채널 인지도 강화, 페이스북 그룹 가입 유도를 통한 지속적인 사용자 확보, 후기 이벤트를 통한 콘텐츠 확산과 검색 최적화

4. **대상 및 채널 설정:** 마케팅 기획서에 작성한 타깃을 보고 연령대, 지역, 특징을 알고 대상층이 많이 사용하는 채널을 선택합니다. 보통은 참여하는 사람과 콘텐츠가 확산되어 도달해야 하는 대상이 같습니다. 하지만 구매자와 사용자가 다른 경우는 두 대상이 공통으로 사용하는 채널이 필요합니다. 다양한 연령대면 페이스북, 10대 ~20대의 비주얼 콘텐츠면 인스타그램, 검색에서 다양한 콘텐츠가 노출되기를 원한다면 네이버 블로그, 영상 콘텐츠의 검색과 확산이 중요하다면 유튜브 등 목표와 타깃에 따라서 달라집니다. 또 이벤트를 유료로 진행하려 한다면 대상에 맞는 채널의 설정이 아주 중요합니다. 대상을 선정할 때 신규 고객 유치에만 너무 몰려서 기존 고객과의 신뢰에 부정적인 영향이 생기지 않을지도 살펴야 합니다.

5. **기간:** 이벤트의 시기를 정할 때는 상품 및 서비스 런칭 시기와 같은 내부 일정과 함께 명절, 기념일, 지역 행사 등 외부 일정도 고려해 기간을 정합니다. 고3 수험생을 위한 이벤트를 준비 중이라면 개학 시기 혹은 수능일과 맞춰 진행하거나 명절 및 새해맞이, '00데이'라고 불리는 날에 일어나는 다양한 이벤트를 볼 수 있습니다.

6. **당첨자 발표 일자 및 선정 기준:** 타깃층과 목표에 맞는 당첨자 선정 기준을 가지면 좋습니다. 이벤트의 효과를 높이고 목적에 따라 페이스북은 친구 숫자, 인스타그램은 팔로우 숫자를 고려해 선정합니다.

7. **이벤트 프로모션 방안(내부 및 외부 홍보):** 이벤트를 알리기 위한 프로모션 방법을 마련합니다. 광고부터 커뮤니티와 제휴, 오프라인 매장 광고 등 다양한 방법으로 이벤트를 홍보합니다. SNS의 특성을 활용해 @로 친구 소환 이벤트나 릴레이 주자로 다음 주자를 선택하는 등 이벤트 자체에 프로모션 방법이 들어간 경우가 많습니다.

8. **내용:** 이벤트에 공개될 이미지와 문구를 결정하고 내용을 확정합니다.

▲ 철원향의 아동그룹홈과 나눔 이벤트 배너

9. **경품과 혜택 종류 및 지급 방법:** 경품을 선정할 때는 배송이 어렵거나 사고가 날 수 있는 것은 피하고 되도록 쿠폰이나 포인트, 교환권 등의 디지털 형태가 효율적입니다.

10. **이벤트 예산:** 이벤트 진행에 필요한 예산을 책정합니다. 마케팅 비용은 예상 수익에 대비해 적절한 비용으로 책정하는 것이 중요합니다. 고가의 경품을 사용하거나 지나친 예산을 투입하면 고객이 제품 가격에 그 비용이 포함된다고 생각하게 되어 오히려 신뢰를 깨는 일이 될 수 있습니다.

◯ 이벤트 공지하기

▽ 페이스북

개인(이벤트 메뉴에서), 그룹, 페이지에서 이벤트 기능을 활용해 공지합니다. 페이스북의 중요한 요소 중 하나가 이벤트입니다. 그룹, 개인, 페이지 모두 이벤트를 개설할 수 있습니다. 이벤트를 공지했을 때 효과가 보장되는 채널은 그룹입니다. 그룹의 인원과 활성화, 개인의 설정에 따라 다르지만 초대 알림이 가능하고 이벤트에 대한 사전 토론에서 가장 활발하게 할 수 있기 때문입니다. 개인이나 페이지는 알림 을 별도로 신청하거나 평소에 교류가 많은 사람에게만 표시되므로 한계가 있습니다.

개인 이벤트 공지

1 개인은 왼쪽의 메뉴에서 [이벤트]를 클릭하거나 안 보이면 [더 보기]로 확장하여 확인합니다.

2 내가 관련된 그룹, 페이지 혹은 나와 가까운 지역에서 일어나 이벤트 목록을 확인할 수 있습니다. 왼쪽의 [새로운 이벤트 만들기]를 클릭하여 이벤트를 개설합니다.

페이지 이벤트 공지

1 페이지로 계정 전환을 먼저 합니다.

2 개인 이벤트 개설과 동일하게 왼쪽의 이벤트 메뉴에서 [이벤트] – [이벤트 만들기]를 클릭하면 주최

자가 [페이지 이름]으로 된 이벤트 개설 팝업창을 볼 수 있습니다.

그룹 이벤트 공지

1 그룹의 메뉴에서 [이벤트] 탭을 선택합니다. [이벤트 만들기]를 클릭합니다.

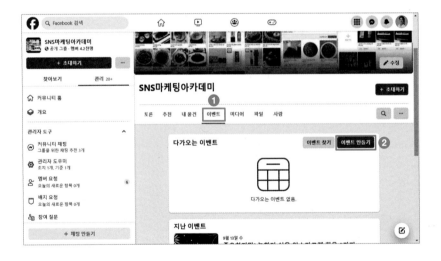

2 이벤트 만들기를 합니다.

- **커버 이미지:** 가장 넓은 영역을 차지하므로, 프로필의 커버 이미지와 동일하게 이벤트의 성격이 잘 드러나고 눈에 띄는 이미지로 제작하여 올립니다. 올리지 않으면 페이스북에서 자동으로 배정되거나 혹은 그룹의 경우는 그룹 커버 사진이 올라갑니다.

- **이벤트 이름:** 제목만 나열하는 것도 좋지만 이벤트의 대상자, 혹은 요일 등을 언급하는 것도 좋습니다.

  예 초보자를 위한 SNS 금요 아카데미

- **시작 날짜 및 시간 + 종료 날짜 및 시간:** 시작 시작을 입력하고, 종료 시간이 필요한 시간에는 [종료 날짜 및 시간]을 선택하여 입력합니다.

- **오프라인 이벤트:** 오프라인 이벤트는 위치를 추가해야 합니다.

- **온라인 이벤트:** 온라인으로 진행하는 채널을 선택하고, 외부 링크와 기타의 경우는 상세한 정보를 추가 입력합니다.

- **상세 정보:** 이벤트의 상세 정보를 적습니다.

- **공동 주최자:** 이벤트의 정보를 함께 수정하거나 참여자 관리를 할 경우 공동 주최자를 추가합니다.

- **채팅 설정:** 이벤트 참여자와의 페이스북 단체 채팅방이 생성되며 사전, 사후에도 대화가 가능합니다.

- **반복 이벤트:** 주간이나 월간으로 반복되는 이벤트의 경우에는 반복 이벤트를 설정할 수 있으나 이벤트의 참여나 관리에 있어서 약간의 불편함이 있어 초보자에게는 추천하지 않는 기능입니다.

▽ 카카오톡

1 일반 채팅과 오픈 채팅에서는 [메뉴] − [달력(일정)] − [일정 등록]을 선택하여 해당 항목을 입력하면 채팅방에 공지됩니다.

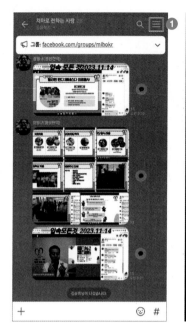

② 개별로 공지하여 개별 친구들을 초대도 가능합니다. [더 보기] 메뉴에서 [캘린더] 서비스를 선택하여 하단의 [+]를 터치하여 [일정]을 입력합니다. 해당 항목을 입력하고 [참석자 초대]를 터치하여 친구 목록에서 선택하면 개별 채팅방으로 공지됩니다.

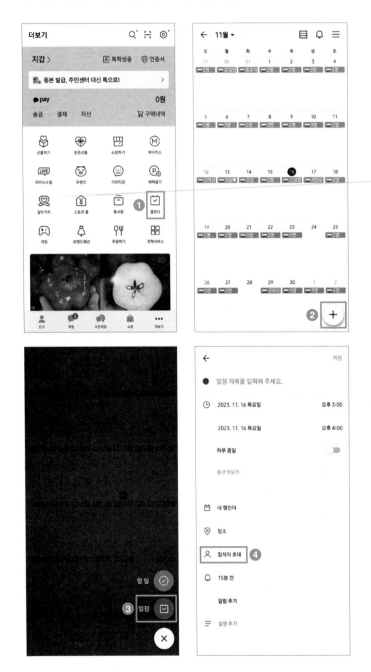

▽ 밴드

1 일정 관리 기능을 사용합니다. 공지하고자 하는 해당 밴드의 [달력]을 터치하고 [+]를 터치하여 일정을 입력한 후 오른쪽 상단의 [완료]를 터치하여 입력합니다.

▽ 해시태그(#), 체크인, 태그(@)

이벤트의 참여 설계를 할 때부터 콘텐츠의 마케팅 효과를 높이면서도 참여자 확인까지 가장 중요한 세 가지 요소가 바로 해시태그(#), 체크인, 태그(@) 기능입니다. 이벤트의 참가자가 이 중 한 가지 요소는 꼭 수행할 수 있도록 하는 것이 좋습니다.

- **해시태그:** 이벤트가 진행되는 동안 콘텐츠에서 신경 써야 할 것은 해시태그입니다. 이벤트에서 해시태그는 검색도 중요하지만, 해시태그 자체가 사람들과 상호 연결하는 역할을 합니다. 주최하는 쪽, 대표 이름, 사업체명, 이벤트 주제 등을 체크해 해시태그를 하나 결정합니다. 이때 너무 많은 해시태그를 정하면 참여율에 부정적인 영향을 끼치거나 콘텐츠를 업로드할 때 실수할 확률이 높아지게 됩니다. 그래서 핵심적인 해시태그 한두 개로도 충분합니다. 나머지는 자유롭게 사용자가 편안하게 추가할 수 있도록 합니다.

- **체크인:** 오프라인에 참여하는 분들은 꼭 장소의 체크인을 확인합니다. 페이스북, 인스타그램에서도 체크인 기능을 활용합니다. 참여 독려도 되면서, 장소를 중심으로 콘텐츠가 모입니다. 페이스북은 게시글 유형에 체크인이 있고, 인스타그램은 사진을 선택한 후 위치를 추가할 수 있습니다. 장소가 링크되며 터치하거나 클릭했을 때 페이

스북은 공식 페이지로 이동하고, 인스타그램은 해당 위치가 태그된 콘텐츠만 모아서 보여 줍니다. 게시글을 올릴 때 [체크인]을 선택한 후 [위치 추가]로 장소를 검색하여 사진 혹은 동영상 등을 첨부하여 글을 올립니다.

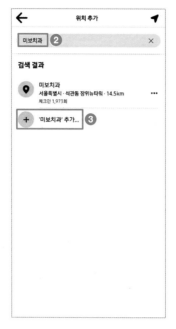

▲ 페이스북 체크인

▲ 인스타그램 체크인

- **태그(@) :** 댓글과 글에서도 좋고, 사진에 태그하는 것도 좋습니다. 태그 방법은 3장의 LESSON 3 글쓰기 전략에 상세히 설명되어 있습니다.

◯ 중계 및 기록하기

▽ 생방송 하기

페이스북은 이벤트 안에서도 생방송의 기능을 제공합니다. 생방송을 볼 수 있는 공개 범위는 이벤트 참여자와 그들의 친구입니다. 이벤트 내에서 토론을 탭한 다음 [하고 싶은 이야기를 남겨주세요]를 터치하여 글 작성 화면에서 [라이브 방송]을 선택하여 방송합니다.

인스타그램의 라이브나 유튜브 라이브는 행사에 많이 쓰이며, 전체 공개 중계일 경우 많이 활용됩니다. 자세한 내용은 4장의 LESSON 5 안내되어 있습니다.

▽ 페이스북 공유 사진첩 만들기

이벤트 현장에서 다양한 분들이 다양한 각도와 상황에서 여러 시간대에 찍은 사진을 한곳에 모아 올리면 대량의 콘텐츠가 활성화되고 친구들에게 전달되어 높은 효과를 보입니다.

페이스북 그룹 사진첩은 다수의 멤버가 행사 사진과 영상을 한곳에 모으거나, 특정 주제에 맞는 사진을 모을 수도 있고, 슬라이드를 이미지로 반출해서 모아 쓰는 것처럼 프레젠테이션 소스로 활용할 수도 있습니다. 그룹뿐만 아니라 개인 프로필, 페이지 등에서도 사진첩을 만들고 운영할 수 있습니다. 그렇지만 여럿이 함께 사진을 올릴 수 있는 사진첩 기능은 그룹과 개인만 가능합니다.

■ 그룹의 [미디어] – [사진첩]을 선택하여 [사진첩 만들기]를 클릭하거나 앱에서는 그룹의 메뉴를 슬라이딩하여 [사진첩]을 선택합니다.

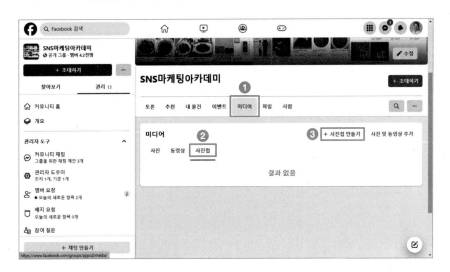

2 사진첩 만들기 화면에서 사진첩 이름을 입력하면 바로 사진첩을 만들 수 있습니다.

3 그룹의 멤버들은 누구나 스마트폰 갤러리에 있는 사진을 한 번에 30장까지 선택해서 업로드할 수 있습니다. 그룹 이름과 멤버들 아래 메뉴를 왼쪽으로 밀어 추가할 사진첩을 선택한 뒤 [사진 추가]를 터치합니다.

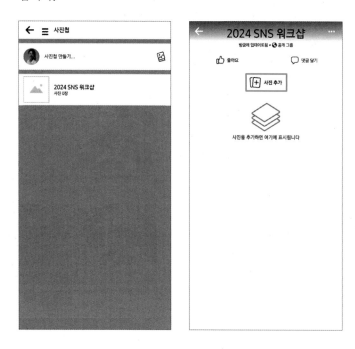

4 그룹뿐 아니라 개인도 사진 분류와 공유를 위한 사진첩을 개설할 수도 있습니다. 개인의 [사진] 탭에서 [사진첩]을 선택한 후 [사진첩]에서 [사진첩 만들기]를 선택합니다. 사진첩의 이름을 입력한 후 [만들기] 터치합니다.

5 사진첩을 개설한 후 해당 사진첩에서 […]을 터치하여 수정 화면에서 공동 작업자 추가가 가능합니다.

6 [공동 작업자 추가]를 활성화하고 친구 리스트에서 선택하면 됩니다.

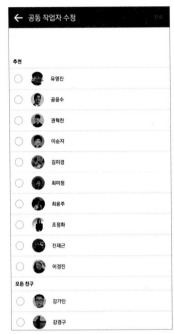

○ 이벤트 진행 후 마무리하기

온라인 이벤트는 진행 후에도 후속 작업을 해야 합니다. 우선 가장 먼저 해야 할 것은 해시태그로 검색해 콘텐츠와 사람을 모으는 것입니다. 검색된 콘텐츠와 사람의 글이나 반응을 보면서 사업에 반영하거나 오프라인에서의 반짝 이벤트로 끝나는 것이 아닌 지속적인 관계로 이어 나갈 수 있습니다.

▽ 글 저장하기

1 페이스북에서는 [···]를 터치하고 [게시물 저장]을 선택합니다. 해당 컬렉션을 선택하거나 [새로운 컬렉션]을 터치합니다.

2 [메뉴]에서 [저장됨]을 터치하면 컬렉션별로 저장한 게시물이 나타납니다.

3 인스타그램에서는 하단의 [북마크] 아이콘(■)을 터치합니다. [컬렉션에 저장] 안내문이 보이고 북마크에 색이 칠해집니다. [컬렉션에 저장]을 터치하면 기존 컬렉션(분류)이 아니라 새로운 컬렉션을 추가할 수 있습니다.

4 가장 오른쪽의 본인 [프로필 홈]을 터치하고 오른쪽 위에 있는 [메뉴]를 선택합니다. 메뉴에서 [저장됨]을 터치하면 게시물이 나타납니다.

▽ 참여한 사람들과 친구 혹은 팔로우 맺기

방문했던 사람들의 재방문을 유도하거나 새 고객들까지 확보하려면 그 글에 반응을 보인 사람들까지 관계를 맺어 놓으면 좋습니다. 페이스북 이벤트 참여자 그리고 인스타그램의 경우는 해시태그 검색, 체크인, 태그(@) 기능 등 다양한 검색 기능을 활용하여 참여자를 찾아서 친구를 맺습니다.

▽ 감사 인사 나누고 그룹에 초대하기

게시물은 친구들에게 전달되며 검색도 가능해집니다. 이때 댓글은 아주 훌륭한 도구가 됩니다. 댓글로 존재를 알리고, 상품을 구매하거나 방문할 때 쉽게 찾아올 수 있도록 합니다. 페이스북 그룹, 밴드, 카카오톡 오픈 채팅방 등 온라인 공동체를 운영하는 상점은 그룹의 멤버로 초대합니다. 수락 확률이 낮더라도, 수락한 친구는 좀 더 깊은 유대감을 가질 뿐 아니라 차후 이벤트에 편하게 초대할 수 있기 때문입니다.

3

인스타그램에서 홍보하기

♥ ◯ ◁   ◻

인스타그램 마케팅 운영의 핵심은 '콘텐츠의 검색과 노출'입니다. 그러나 소통 없이는 좋은 콘텐츠의 발굴과 제작이 어렵습니다. 자극적이고 흥미 위주인 콘텐츠만 제작하거나 일방적인 소통을 추구한다면 지속적인 마케팅 효과를 가질 수 없으며, 우호적인 친구가 없다면 오히려 차후 작은 실수에도 비난받거나 모든 것을 잃게 될 수도 있는 위험을 겪게 될 수도 있습니다. 인스타그램의 특징을 알아보고 올바르게 운영해야, 운영할수록 효과가 점점 높아집니다.

• **인스타그램은 콘텐츠의 공유가 매우 쉽습니다.**

블로그와 유튜브와 다르게 인스타그램에서는 빠르고 쉽게 누구나 편안하게 콘텐츠를 공유합니다. 그러기 때문에 최신의 콘텐츠가 빠르게 노출되며 소비됩니다. 그렇기 때문에 오히려 타깃 고객의 필요에 맞는 콘텐츠를 생산하여 기억에도 남고 나아가서는 팔로잉, 외부 링크에서의 제품 구매, 공유 등 목표 지점까지 움직일 수 있어야 합니다. 그렇기 때문에 평수 운영에서도 고객과의 신뢰감 있는 관계 생성과 유지가 중요합니다.

• **인스타그램은 사람들의 반응이 빠르게 반영됩니다.**

인스타그램은 개인의 최신 선호도 적용이 매우 빠릅니다. 그래서 좋아요, 댓글, 조회수, 공유 등에 따라 선호도가 빠르게 반영되어 검색, 노출에 영향을 줍니다. 그래서 타깃 고객과 관계를 맺고 활발하고 진정성 있는 소통을 한다면 단기간의 높은 효과도 노릴 수 있습니다. 그러나 지속적인 운영이 되지 않는다면, 효과 또한 빠르게 감소할 수 있습니다.

• **인스타그램은 검색에 강합니다.**

구글에서도 검색이 빠르게 적용되며, 인스타그램 내부에서 계정, 해시태그, 장소, 텍스트 검색 등 포털과는 다른 검색 도구로 사용자의 최근 선호도까지 파악하여 현재의 편의와 성향에 맞는 콘텐츠를 검색해 줍니다. SNS 마케팅의 측면에서 보면 인스타그램은 내 사업에 적합한 해시태그(키워드)를 찾고, 새로운 고객을 창출하고, 타깃에 맞는 친구들과 함께 협업하는 것이 핵심입니다.

🔍 인기, 계정, 태그, 장소 검색하기

인스타그램의 강력한 기능 중의 하나는 바로 '검색'과 '탐색'입니다. 검색과 탐색을 잘 활용하면, 인스타그램의 알고리즘을 이해하고 변화를 빠르게 읽어내는 데 도움을 줍니다. 그 이유는 콘텐츠를 소비하는 입장에서는 최신의 관심사가 적용되기 때문입니다. 또한, 생산하는 입장에서는 소비자의 최신 동향과 필요에 대해 파악하여, 콘텐츠 제작 혹은 운영에 관한 인사이트를 얻을 수 있습니다.

인스타그램의 검색은 자주 소통하는 계정, 팔로잉, 자주 보았던 연결 콘텐츠 등 기존 관심사를 중심으로 나와 가장 관련성이 높은 항목을 기준으로 검색합니다. 사람이나 해시태그를 검색할 때 @이나 #을 키워드 앞에 추가하지 않을 경우 자동으로 최근 관심사와 가까운 계정을 추천해 줍니다. 하단의 [돋보기] 혹은 하단의 [결과 모두 보기]를 선택하면 [추천], [계정], [오디오], [태그], [장소], [릴스] 분류별 검색 결과를 볼 수 있습니다.

검색 콘텐츠 결과 화면에서는 상위 8~12개의 게시물이 가장 눈에 잘 띕니다. 추천 게시물은 최근 나의 활동(팔로우한 계정, 조회 게시물, 과거 계정과 교류한 방식 등)을 고려하고, 좋아요나 댓글 등의 인기도 시그널도 고려하여 보여집니다. 이러한 특징 때문에 상단에 게시물을 올리는 가장 좋은 방법은 타깃 고객을 찾고, 고객의 필요와 관심도가 잘 반영되어 참여할 관련성이 높고 좋은 콘텐츠를 만드는 것입니다.

추천 해시태그의 경우는 해시태그마다 게시물의 개수가 표시됩니다. 추가 검색 결과가 궁금한 경우, 해당 해시태그를 터치하면 됩니다. 이 기능은 해시태그를 선정할 때 활용할 수 있습니다.

▲ 해시태그로 검색했을 때 인기 게시물 검색 결과

위치의 경우, 최근 자주 방문한 곳부터 현 위치로 가까운 순서대로 표시됩니다.

○ 인스타그램 마케팅의 기본

▽ 고해상도 사진과 동영상 사용하기

사람들은 해상도가 높은 사진에 더 집중합니다. 최대 너비 1080픽셀까지 해상도 높은 이미지와 가로세로 1080×1920픽셀의 영상을 올릴 수 있고, 사진의 확대 기능도 제공합니다. 화질이 고해상도로 올라갈 수 있도록 아래 설정을 반드시 확인합니다.

▲ [메뉴] – [데이터 사용량 및 미디어 품질] – [데이터 절약 모드]는 off / [고화질로 업로드]는 on

▽ 비즈니스 계정 대시보드 활용하기

인스타그램의 대시보드는 광고를 하지 않아도 계정별, 게시글별 간단한 통계를 볼 수 있습니다. 타깃 고객의 인구통계학적 분석부터 게시글의 업로드 시간, 인기 콘텐츠에 대한 분석에 활용할 수 있습니다. 차후 온라인 광고나 이벤트를 할 때도 유용한 데이터가 되며 고객에 대해 학습할 수 있는 좋은 재료입니다.

1 [프로필]에서 [프로페셔널 대시보드]를 터치합니다.

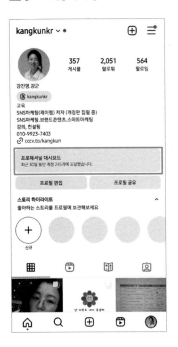

2 도달한 계정, 참여한 계정, 총 팔로워, 공유한 콘텐츠의 메뉴를 터치하면 다양한 게시물과 관련된 상세한 인사이트를 보여 줍니다.

3 인사이트에서 각 항목의 집계 기준과 체크할 내용은 다음과 같습니다.

- **도달은 콘텐츠의 노출을 기준으로 집계됩니다.**

  - 최근 어떤 콘텐츠가 도달이 많이 되었고, 지속적으로 노출되는 콘텐츠는 어떤 것인가?
  - 내 프로필로 이동 혹은 외부 링크로 이동하는 행동의 증감은 어떻게 되는가? 하락하고 있다면 최근 게시물의 문제점이나 개선할 점은 있는가?
  - 팔로워가 아닌 사람에게 내 게시물이 노출되는가?

- **참여는 게시글의 좋아요, 댓글을 기준으로 집계됩니다.**

  - 어떤 콘텐츠가 고객에게 참여를 유도했는가?
  - 참여한 고객의 인구통계학적 특성은 무엇인가?

- **팔로워는 현재 팔로워의 통계를 확인할 수 있습니다.**

  - 팔로워의 인구통계학적 특성은 무엇인가?
  - 팔로워의 활동이 많은 요일과 시간은 언제인가?

각 게시물의 하단의 [인사이트]에서도 개별 상세 인사이트를 제공합니다.

▽ 좋은 해시태그 선정하기

검색이나 노출에서 최근 해시태그의 영향력이 줄었다고 하지만, 고객이 우리의 콘텐츠를 찾거나 글끼리 연관 짓는 활동을 할 때는 활용되므로 인스타그램에서는 여전히 해시태그가 필요합니다. 관련 서비스를 활용해서 추천받은 해시태그를 복사해서 붙여 넣거나 무분별하게 너무 많은 해시태그를 사용하는 것보다는 정확하고 올바른 해시태그를 사용하는 것이 중요합니다.

▽ 팬들과 꾸준히 상호작용하기

인스타그램은 우리만의 브랜드용 해시태그를 만들고 팬에게 사용하도록 하는 것이 중요하기 때문에 상시 혹은 시즌에 맞는 이벤트를 진행합니다. 이를 통해 우리와 관련된 게시물에 반응을 보이는 것이 중요합니다. 특히, 신중한 댓글은 고객에게 큰 인상을 줄 수도 있습니다.

댓글을 남길 때는 무미건조한 댓글보다 기억에 남을 만한 의견을 주어야 합니다. 특히, 고객을 대면하는 경우, 친밀함에 많은 영향을 주는 것이 바로 댓글입니다.

▽ 라이브 방송 활용하기

인스타그램 라이브는 노출과 계정의 신뢰도를 높이는 데 가장 영향력 있는 콘텐츠이자 이벤트입니다. 빠른 시간 내에 계정을 활성화하고 친구들과 직접 소통하고 싶다면 가장 좋은 도구가 될 것입니다.

▽ 팔로워 찾고 인플루언서 활용하기

인스타그램에서는 초기 친구를 맺는 것과 함께 협업을 위해 인플루언서를 검색해서 찾기도 합니다. 간단한 후기, 이벤트 공동 홍보 등을 진행할 때 메가 인플루언서보다 해당 주제에 대해서 충실하게 운영하고, 우리 제품을 사용하거나 매장에 방문해 준 사람의 추천을 받으면 훨씬 신뢰도가 높습니다. 인플루언서와의 협업을 진행하고자 할 때는 꼭 다음 두 가지를 확인하는 것이 좋습니다.

첫 번째로, 나의 마케팅 타깃과 인플루언서의 팔로워가 일치하는지를 봐야 합니다. 게시글의 주제가 일치하더라도 지역, 연령, 문화 등의 다양한 면을 살펴보고 나의 현재 고객군 혹은 이번 협업을 통해서 얻고 싶은 잠재 고객군, 즉 타깃과 일치하는지 살펴보아야 합니다. 주제가 일치하지 않더라도 협업 주제의 교집합만 잘 찾는다면 타깃군과의 팔로워의 매칭이 일치하는 것이 훨씬 더 나을 수 있습니다. 팔로워의 목록으로 확인할 수도 있지만 프로필에 나의 친구들이 몇 명이나 겹치는지를 보면서 판단할 수 있습니다.

▲ 프로필 하단에서 자신과 팔로워가 겹치는 사람들의 목록을 볼 수 있습니다.

두 번째로, 게시글에 댓글과 답글의 수준이 높은지를 봐야 합니다. SNS 안에서 댓글을 다는 빈도 수가 일정 수준 이상이라면 다른 팔로워들과 공감대가 형성되어 있다는 뜻입니다. 이처럼 정성스럽고, 스토리가 있는 댓글은 해당 계정에 대한 신뢰를 바로 측정할 수 있으며, 협업했을 때의 나의 계정의 신뢰도 상승과 높은 참여율을 기대할 수 있습니다.

🔍 인스타그램 스토리 활용하기

인스타그램과 페이스북에 적용된 스토리는 24시간만 글이 유지되는 게시글입니다. 피드 상단에 표시되며, 평소 소통의 정도에 따라 팔로워들에게 노출됩니다.

▽ 스토리 올리기

업로드한 스토리의 하단에서 조회한 사람의 리스트를 확인할 수 있습니다. 이 목록에서 중요한 인물은 면밀히 살펴보고, 고객 또는 잠재 고객과 가깝다면 친한 친구를 설정하여 관리합니다.

스토리는 모바일 앱에서 피드 혹은 프로필 화면에서 프로필 사진의 [+] 버튼을 터치하여 업로드할 수 있습니다. 먼저 원하는 사진 혹은 동영상을 선택합니다(동영상은 60초 단위로 나눠 올라갑니다).

상단에 있는 편집 메뉴를 활용하여 다양한 요소들을 추가할 수 있습니다.

① 뒤로 가기
② 텍스트 삽입하기
③ 카드

▽ 스토리 카드 기능

카드에는 다양한 기능이 많지만 아래의 기능을 이벤트에 활용하기를 추천합니다.

- **카운트다운 기능:** 상품의 런칭, 인스타그램 라이브 방송 등 다양한 이벤트의 시작 전에 카운트다운 기능을 활용합니다. 바로 카운트다운 카드가 보이지 않는다면 슬라이딩하여 아래로 화면을 움직입니다. 카운트다운 카드를 선택한 후 종료 날짜를 선택합니다. [하루 종일]을 해제하면 해당하는 날짜와 시간까지 설정이 가능합니다.

- **링크 기능:** 블로그, 홈페이지 등 외부 링크를 추가할 수 있습니다. 친구들은 터치하여 해당 링크로 이동이 가능합니다. URL을 입력한 후 완료하거나 [스티커 텍스트 맞춤 설정]을 터치하여 스티커에 보일 텍스트를 입력합니다. 반응형 카드로 사람들이 카드에 직접 참여할 수 있습니다. 참여한 친구들은 알고리즘에 따라 좀 더 친밀한 관계로 인식되어 서로의 피드에 잘 보이게 됩니다.

• **질문:** 사람들이 나에 대해 혹은 어떤 주제에 대해 질문을 받을 수 있고, 답을 할 수 있습니다. 해당 기능은 어떤 주제에 대해서 사람들과 하루 동안 스무고개처럼 많은 대화를 할 수 있는 재미있는 기능입니다.

질문 주제를 입력하면 질문 입력창과 함께 업로드됩니다. 친구가 질문을 입력하면, 조회 화면에서 질문 목록을 볼 수 있으며, 선택한 후 [메시지로 보내기] 혹은 [응답 공유하기]를 터치하면 스토리로 다시 답을 할 수 있습니다.

- **설문:** 간단한 선택형 설문을 할 수 있습니다. 설문과 항목을 입력합니다. 설문에 참여한 친구에게는 선택한 항목
의 투표율이 얼마나 되는지 안내해 주고, 나에게는 설문 결과와 질문에 답변한 사람들을 보여 줍니다.

• **퀴즈:** 라이브 방송을 한 후 혹은 중요한 콘텐츠의 업로드 시 퀴즈 카드를 활용하여 이벤트를 할 수 있습니다. 퀴즈의 질문과 답을 입력한 후 답을 선택하여 (연두색으로 표시) 완료합니다. 참여하는 친구들은 정답을 맞히면 폭죽이 터지고, 오답이면 화면이 흔들립니다. 나에게는 답변한 사람과 조회한 사람을 함께 보여 줍니다.

이 외에도 다양한 추가할 요소들을 편집한 후 하단의 [▷]를 터치하면 스토리가 업로드됩니다.

▽ 게시글 스토리로 공유하기

게시글을 스토리로 공유할 수 있습니다. 피드의 경우 금방 지나가 버리는 특징이 있어 스토리로 공유하면 이런 단점을 조금은 보완할 수 있습니다. 게시글 하단의 종이비행기 아이콘(▽)을 터치한 후 [스토리에 추가]를 터치하여 스토리에 공유합니다. 공유한 스토리에서 [게시글 보기]를 터치하면 해당 글로 이동합니다.

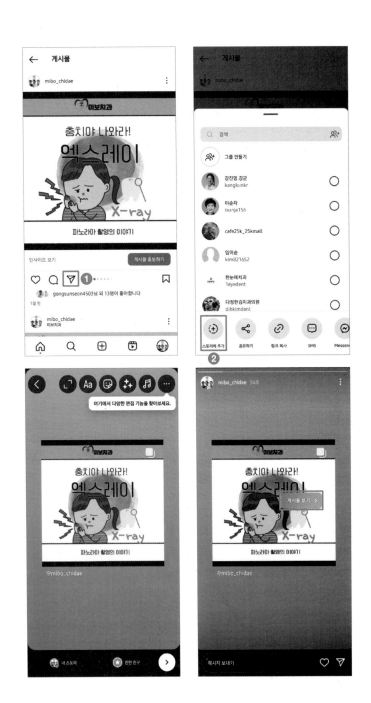

▽ 지난 스토리 확인하기

24시간 동안 스토리가 유지되지만 기록은 [보관]에서 확인이 가능합니다. 조회 기록은 48시간이 지난 후 삭제됩니다. 프로필 화면에서 [메뉴]를 선택한 후 [보관]을 선택합니다.

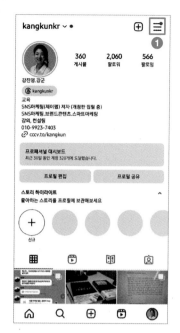

보관된 스토리로 하이라이트를 만들 수 있습니다. 홈페이지의 FAQ, 구매 방법, 후기 모음 같은 메뉴나 공지처럼 중요한 내용들로 구성하면 됩니다. 하나의 하이라이트에 스토리는 100개까지 넣을 수 있으며, 하이라이트의 개수 제한이 없습니다.

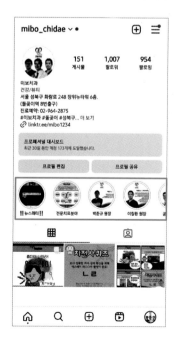

1 프로필의 [+]를 터치하거나 보관 메뉴에서 [하이라이트 만들기]를 선택합니다.

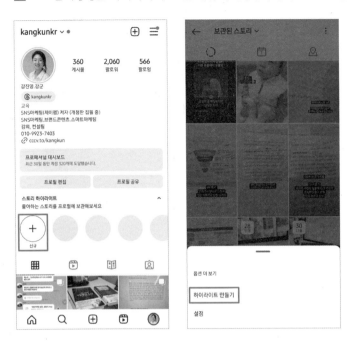

2 하이라이트로 묶을 스토리를 여러 개 터치하고 [다음]을 터치합니다.

3 커버 이미지를 수정할 수 있으며 하이라이트의 이름을 입력한 후 완료합니다. 완성된 후 커버 이미지나 이름을 변경하거나 스토리를 추가하고 싶다면, 해당 [하이라이트] 보기를 하고 더 보기 메뉴에서 [하이라이트 수정]을 선택합니다.

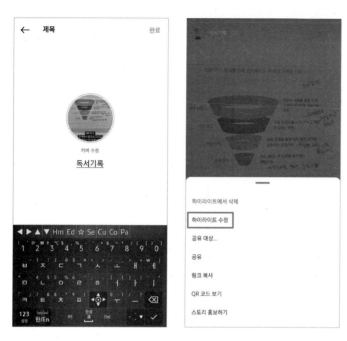

4 스토리를 추가하려면 [스토리] 탭에서 해당하는 스토리를 선택한 후 완료합니다.

◯ 공지와 가이드 운영하기

▽ 이벤트 공지하기

라이브 방송, 상품 런칭, 할인, 오프라인 행사 등을 이벤트를 예고하고 싶을 때 게시글의 알림 추가 기능을 추가할 수 있습니다. 이 기능을 사용하면 설정한 시간에 친구에게 앱을 통해 알림이 갑니다.

1 게시물을 업로드할 때 하단의 [알림 추가]를 터치합니다.

2 이벤트의 이름을 입력한 후 알림 시작 시간과 종료 시간(선택 사항)을 입력합니다.

③ 입력 후 해당 게시물에는 알림 표시와 함께 시간이 표시되면 터치할 경우 [알림 받기]를 할 수 있습니다. 알림 받기를 하는 경우 이벤트의 해당 날짜와 이벤트 시작 전에 알림을 받게 됩니다.

▽ 공지 채널 운영하기

인스타그램에서도 카카오톡 오픈 채팅방과 같이 공지방을 운영할 수 있습니다. 다른 채팅방과 다른 점은 개설자와 설정한 사람을 제외하고는 메시지를 보낼 수 없기 때문에 회원 간 상호 소통은 불가능한 1대 다의 채팅방입니다. 단, 크리에이터 계정이고, 팔로워 숫자, 계정의 활성화 정도에 따라 인스타그램에서 권한을 부여받은 사람만 개설할 수 있습니다. 권한을 부여받으면 인스타그램으로부터 알림을 받습니다.

공지 채널에서는 일부 회원 상대의 전용 채널로 활용하거나 라이브 방송, 이벤트 등 중요 메시지의 깔끔하고 빠르게 전달에 유용합니다. 텍스트, 사진뿐 아니라 음성 메시지, 게시물의 공유 등도 가능하며, 간단한 설문이 가능합니다. 공지 채널 만들기와 운영 방법에 대해서는 인스타그램의 공식 도움말(https://bit.ly/instarchn01)을 참고합니다.

▽ 가이드 활용하기

인스타그램에서 하이라이트처럼 글을 묶어서 관리하고 싶다면 가이드 기능을 활용하면 됩니다. 예를 들어 FAQ 혹은 장소 가이드, 제품 가이드, 여행 가이드처럼 여러 개의 글을 묶어서 보여 주고, 공유할 수도 있습니다.

1 프로필 페이지에서 [가이드] 탭을 선택한 후 [+] 버튼을 눌러 가이드를 생성합니다.

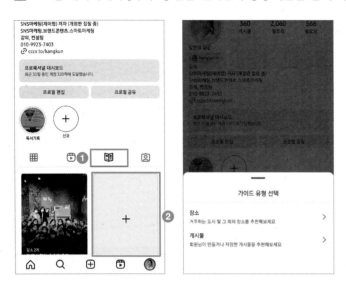

2 장소를 선택했을 경우 해당하는 위치를 검색하여 선택하면, 해당하는 위치의 게시물이 표시됩니다. [내 게시물]을 선택하여 내가 체크인한 장소 중 선택하면 다른 사람들의 체크인한 글이 함께 표시됩니다. 1개 이상 글을 선택한 후 [다음]을 선택하고 제목과 가이드 설명을 입력합니다. 장소 가이드의 경우 [장소 추가]를 터치하여 두 개 이상의 장소를 등록해야 완성이 됩니다.

3 게시물을 선택했을 경우, 저장하거나 업로드한 게시글을 3개 이상 선택한 후 각각 제목과 설명을 입력한 후 완료하면 됩니다.

4 완료한 후 종이비행기 아이콘(▽)을 터치하여 공유합니다.

4

소셜 미디어에서
광고 홍보하기

♥ ○ ◁   ⊏

지금까지의 모든 과정을 잘 따라왔다면, 타깃 고객에게 게시물이 도달하거나 이벤트 참여 등 소통이 원활하여 별도의 광고비 지출 없이도 충분한 효과를 누릴 수 있습니다. 그런데도 광고 비용으로 추가 지출이 가능하거나 반복적으로 친구들에게 메시지가 노출되어야 한다거나 또 다른 잠재 고객군을 발굴해야 하는 경우에 광고를 활용할 수 있습니다.

	노출 대상	광고 콘텐츠 형태	노출 위치	과금 방법	비용
소셜 광고	타깃층 (연령, 지역, 관심사)	이미지 및 동영상 등 콘텐츠 형태	피드에 자연스럽게 노출	노출 수	1회 도달에 따른 동일 금액
키워드 광고	키워드를 검색한 사람	링크 및 테스트	검색 결과에 노출	클릭 수 혹은 검색 결과	키워드와 위치에 따라 천차만별

▲ 타깃 광고와 포털 키워드 광고의 차이점

소셜 광고와 포털 광고의 가장 큰 차이점은 바로 노출되는 대상입니다. 소셜 웹은 그동안 쌓아 왔던 사용자 데이터를 통해 연령, 지역, 관심사 등을 파악하여, 가장 근접한 타깃에게 하나의 콘텐츠가 노출되며, 포털의 키워드 광고는 주요 키워드를 검색하는 사람들에게 해당 키워드의 광고에 입찰한 모든 키워드와 링크가 모두 노출됩니다.

소비자의 구매 여정에서 보면 소셜 광고는 잠재 고객을 유입할 수 있고, 키워드 광고는 구매 결정 후 선택을 도와줄 수 있는 광고입니다. 이 차이점을 알고 소셜 광고를 기획, 운영해야 합니다.

🔍 소셜 광고의 기획과 운영 시 고려할 점

- **첫 번째, 타깃 고객에 대해 정확히 이해해야 합니다.**

  타깃 고객은 짧은 시간에 이해할 수 없습니다. 자연스러운 소통으로 오랜 시간 동안 고객에 대해 학습하고 분석해서 어느 정도 세분되어 있어야 합니다. 그래야 주제, 문구, 이미지, 영상의 콘셉트 및 내용을 결정하고, 광고의 노출 시기, 타기팅 등 모든 요소를 손쉽게 결정할 수 있습니다.

- **두 번째, 광고로 얻은 사람들과의 관계를 최대한 지속할 수 있게 소통이 필요합니다.**

  광고를 통해 얻은 고객과 한 번의 소통으로 끝나는 것이 아니라 지속적인 소통으로 이어져서 결국 우리의 팬이 되어야 합니다. 그래야 점점 더 정확한 타깃층을 정의하고 선정할 수 있으며, 비용을 낮추면서도 효과는 극대화할 수 있습니다.

  그러기 위해서는 광고를 통한 유입이 있을 때 친구 맺기 및 팔로우는 물론, 해당 고객의 프로필 및 피드를 검토한 후 특별히 관리해야 하는 프로필은 리스트를 따로 작성하여 추후 다양한 이벤트에서 참여 적극적으로 유도하거나 인플루언서 마케팅으로 진행이 될 가능성을 염두에 두어야 합니다.

- **세 번째, 채널의 기본 설정 및 프로필과 기반 콘텐츠를 점검합니다.**

  도달한 소비자가 제일 먼저 하는 행동은 프로필을 확인하는 것입니다. 그렇기에 프로필의 신뢰도와 최종 목표 지점이 정확하게 표현되어 있는지를 확인해야 합니다. 또한, 고객이 바로 구매하지 않고, 검색하거나 피드를 확인해서 검증을 하는 경우가 많습니다. 그렇기에 광고에 추가적인 정보를 줄 수 있는 기반 콘텐츠는 미리 제작하고 정리하여 잘 찾을 수 있도록 합니다. 예를 들면 유튜브는 재생 목록, 인스타그램 및 페이스북은 피드 상단에 고정하거나 하이라이트 기능을 활용하는 것입니다.

광고 전 체크리스트

광고 타깃의 최적화
친구, 팔로우 등 네트워크 분석이 되어 있는가?   연령층, 지역, 관심사, 성별 등으로 네트워크를 상세하게 분석해 보기
타깃층과 가까운 친구들과 좋아요, 댓글 등을 통한 활발한 소통이 되어 있는가?   우리에게 중요한 친구는 따로 리스트업하여 친한 친구, 먼저 보기, 새 글 알림 등을 통해 상호 소통하기
네트워크 구성이 점점 타깃층과 가까워지고 있는가?   인스타그램, 페이스북 페이지의 인사이트를 통해 확인하기

신뢰도 점검
연관 콘텐츠의 양과 질이 모두 확보되었는가?   광고 콘텐츠와 연관되어 고객에게 필요가 예상되는 콘텐츠 확보하기

SNS 계정이 활성화되어 있는가?

좋아요, 댓글 등의 고객 참여도 측정하기

광고의 목표 지점에 도달하기 위한 다양한 경로가 확실하게 안내되어 있는가?

해시태그, 도메인, 검색 키워드, 링크 등으로 목표 지점으로 가기 위한 다양한 경로를 리스트업하기

내용이 타깃 대상과 시기에 적절한가?

해시태그, 검색어 분석 등을 통하여 광고와 관련된 키워드의 추이를 분석하여 트렌드 파악하기

○ 인스타그램과 페이스북에서 광고하기

인스타그램과 페이스북은 비교적 광고가 매우 쉽습니다. 계정과 페이지의 게시글에 [게시물 홍보하기]를 터치하면 바로 광고를 설정하여 실행할 수 있습니다.

페이스북의 경우 광고가 노출되는 타깃을 세부적으로 내가 조정할 수 있지만, [어드밴티지 타깃]이라는 기능을 선택하면 계정의 활동 및 정보를 활용하여 자동 조정하여 진행합니다.

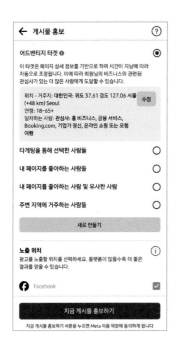

인스타그램에서는 광고를 선택했을 때 이동하고자 하는 목표를 설정한 후 타깃 대상을 페이스북과 마찬가지로 자동 혹은 직접 선택할 수 있습니다.

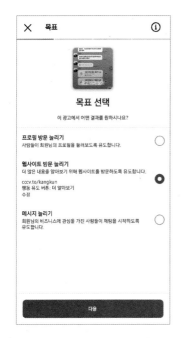

둘 다 일일 예산과 기간을 세부적으로 설정하고 수단을 입력한 후 완료하면 됩니다.

인스타그램과 페이스북에 광고하려면 페이스북의 페이지를 개설해야 Meta 비즈니스 관리자에서 광고 관리를 할 수 있습니다. 페이스북 메뉴에서 [페이지]를 선택한 후 [만들기]를 터치하고 안내에 따라 페이지를 개설하면 됩니다. 개인 피드와 같이 게시글을 업로드할 수 있습니다.

페이스북과 인스타그램은 Meta 비즈니스 관리자(https://www.facebook.com/business)라는 서비스로 통합하여 활용할 수 있도록 유도하고 있으며, 서비스에서 광고에 대해 학습하고, 실천할 수 있도록 상세히 안내했습니다.

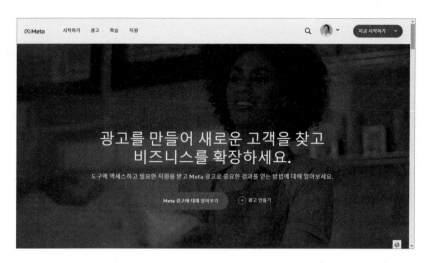

Meta 비즈니스 관리자에서는 광고 관리뿐 아니라 비용 추가 없이도 페이지의 정보, 디자인 관리, 인사이트 등 전체 관리가 가능합니다. 또한 게시글의 경우 인스타그램의 게시글과 특히 스토리를 포함해 예약 업로드가 가능하여 게시글 운영 관리가 용이합니다. 브라우저에서는 https://business.facebook.com/으로 접속하며, 스마트폰에서는 Meta Business Suite 앱을 다운로드합니다.

스토리 및 게시글 예약 업로드하기

[콘텐츠] 메뉴에서 [게시물 만들기] 옆 ▼를 클릭하여 원하는 게시글의 형태를 선택합니다.

게시물의 형태에 맞는 요소들을 입력한 후 하단의 [예약]을 클릭하면, 업로드 시간을 설정할 수 있습니다.

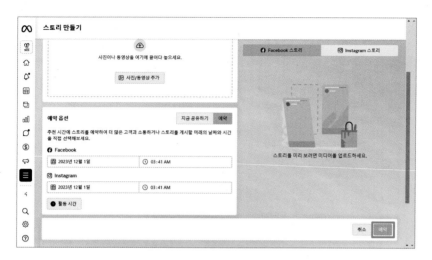

모바일에서는 하단의 [+] 버튼을 터치하여 게시물의 형태를 선택한 후 브라우저와 동일하게 예약 업로드 설정이 가능합니다.

이벤트의 기획부터 광고까지
이벤트를 통한 우리만의 문화 만들기

마케팅의 꽃, 이벤트

Step 1
**마케팅 캘린더
만들기**

- 타깃과 콘셉트 명확히 하기
- 좋은 시기와 그에 알맞은 이벤트 기획
- 이벤트와 연관성이 높은 콘텐츠 발행

Step 2
**이벤트 운영 및
촉진하기**

- 채널별 이벤트 공지
- 해시태그, 체크인, 태그 설정
- 중계 및 기록하기
- 참여자와 친구 맺기
- 이벤트 기록 정리하기
- 커뮤니티에 초대하기

Step 3
**광고
활용하기**

- 타깃 최적화하기
- 신뢰도와 콘텐츠 점검하기

💡 **핵심 포인트**

1년 혹은 6개월 단위의 사업 계획과 타깃에 맞는 마케팅 캘린더를 반드시 작성해 봅니다.

네트워크, 콘텐츠, 이벤트는 한 세트이며 순환되고 반복됩니다.

광고 전 타깃 고객과의 활발한 소통은 필수입니다.

CHAPTER 6

가치와 네트워킹으로 경쟁을 넘어서기

#소셜링크 #광고홍보 #거미줄과_같이_연결된_SNS

아날로그 공간에서 다양하게 나타났던 연결 가치를 스마트폰과 소셜 웹에서 어떻게 만들어 낼 수 있을까요? 여기에서는 컴퓨터와 웹, 스마트폰으로 손쉽게 실행할 수 있는 연결에는 어떤 게 있고, 어떻게 연결해야 하며, 또 어떻게 누릴 수 있는 지 이야기하겠습니다.

1

컨슈머를 넘어 팬슈머로

♥ ◯ ▽   🔖

누구나 '단골 손님'의 중요성을 알고 있습니다. 기본적으로 상품과 서비스에 대한 품질에 만족하고 신뢰하여 반복적으로 구매하는 것도 중요하지만 이것을 넘어 상점을 운영하는 다양한 사람들과의 인간적인 소통 또한 필요하다는 데 누구나 공감할 것입니다. 이렇듯 단순 소비를 넘어 상품 기획, 마케팅 등 비즈니스의 전반적인 과정에 관여하는 사람을 팬(Fan)과 소비자(Consumer)를 합성한 단어로 '팬슈머(Fansumer)'라고 합니다.

우리는 이 책의 처음 부분에서 마케팅(Marketing)이라는 단어를 '비즈니스 전체의 과정을 고객과 함께하는 것'이라고 정의했습니다. 이처럼 SNS 마케팅을 통해 고객을 팬슈머로 성장시키고, 그 규모를 한 명씩 늘려 나가는 것은 브랜드 구축에 매우 중요합니다. 이렇듯 소속감과 결속력을 가진 팬슈머를 구축하는 방법을 알아봅니다. 전략을 알기 전에 먼저 '마케팅 기획서'를 한번 써 봐야 합니다.

▽ 1단계: 브랜드의 강점과 콘셉트 제시

마케팅 기획서를 앞서 작성했다면 [상품 용도] 항목에서 상품과 내 사업을 고객과 사용자에게 우리 상품의 강점을 적어 보고 '콘셉트'를 결정했을 겁니다. 브랜드 구축의 시작은 바로 콘셉트와 우리 상품에 대해서 고객이 가질 이미지를 정리해서 제시하는 것입니다. 공급자 스스로가 이미지를 가지지 못하고 자연스럽게 만들어지기를 기다린다면 오랜 시간이 걸리고 그때까지 사업이 생존할 확률은 낮을 수밖에 없습니다. 부족한 대로 이미지를 먼저 정리해서 제시하고 고객과 함께 수정 보완해 가는 것이 낫습니다.

▽ 2단계: 콘셉트가 드러나는 정확하고 일관적인 표현

콘셉트와 강점에 대해서 정리했다면 그것을 채널에 정확하고 일관되게 드러나야 합니다. 예를 들면 홈페이지에서는 사업 소개, 대표 인사말, 연혁 구성, 상품 소개부터 페이스북, 인스타그램, 블로그 등 SNS 채널의 프로필과 커버 스토리의 이미지 등을 결정할 때 콘셉트가 기준이 됩니다. 사진, 영상, 글을 올릴 때 해시태그, 제목, 내용 등에서도 이벤트를 기획할 때도 사람들에게 댓글을 달 때도 활동하면서 모든 것에 콘셉트를 염두에 두고 활동하면 됩니다.

▽ 3단계: 고객과 함께 성장하는 콘셉트와 스토리

구체적인 콘텐츠는 콘셉트에서 바로 나오지 않습니다. 콘셉트 구축과 함께 수집한 정보 안에서 스토리를 발굴해야 콘텐츠의 중심이 잡힙니다. 남들을 따라서 계속 만들어 내는 콘텐츠는 피로를 가중시키고, 다듬어진 이미지를 제시하기도 어렵습니다. 스토리를 억지스럽게 만들기보다 사업 초기부터 현재까지 있었던 일을 건별로 기록하고 의견을 나누다 보면 자연스럽고 잘 짜인 스토리가 만들어집니다. SNS를 통해 공개적인 질문, 설문조사, 이벤트, 댓글과 답글 등을 통해 고객과 소통하면서 브랜드와 상품에 반영하여 성장시킨다면 고객이 스토리 빌딩까지 기여할 수 있습니다. 고객 또한 브랜드와 상품에 대한 이해와 애정이 증가하며 다른 고객들에게 애정을 공개적으로 표현하며, 우리의 모든 활동에 적극적으로 지지하며 함께 하게 됩니다. 그렇게 고객에서 팬슈머로 성장하게 되는 것입니다.

▽ 고객 맞춤형 채널 관리

고객의 상황과 특성에 맞는 몇 개의 소통 채널을 배치하고 유지합니다. 단일 채널로 유지하면 좋겠지만 카카오톡만 쓰는 고객부터 SNS를 원활하게 사용하고 라이브 방송을 하는 고객까지 그 스펙트럼이 매우 다양합니다. 어떤 쪽도 소홀할 수 없는 것이 사업자의 입장입니다.

카카오톡 채팅방을 운영한다면 개설하면서 사람들을 한꺼번에 초대하는 것을 피해야 합니다. 먼저 대화를 편하게 나눌 수 있는 분부터 시작해 채팅방을 안정시킵니다. 그 후 양해를 얻고 다음 분을 초대하는 식으로 자연스럽게 해야 반발이 심하지 않습니다. 오프라인에서 안면이 있더라도 한꺼번에 초대하면 상당수가 나가 버리는 것을 경험하게 됩니다. 날마다 반응을 끌어낼 수 있는 자료나 부담 없는 주제를 나누며 다른 분들이 참여할 수 있도록 유도하는 것이 좋습니다.

인원이 늘어나고 콘텐츠와 이벤트가 다양해지면 채팅방만으로 부족하고 밴드나 카페가 필요해집니다. 이때 보통 다수의 참여를 유도하기는 어려워서 대부분 지켜보고 소수가 일방적으로 제공하는 형태를 띄게 됩니다. 채팅방과 폐쇄형 사용자 그룹의 문제는, 밖에서 안 보인다는 특징 때문에 제어되지 않는 곤란한 콘텐츠로 분위기를 흐리는 멤버가 나타난다는 점입니다. 미리 최소한의 약속을 공지하고 좋은 분위기를 유지하는 노력이 필요합니다.

홍보 마케팅 효과가 가장 높으면서도 숙달이 필요한 것이 SNS 그룹입니다. 멤버 프로필, 토론, 이벤트를 관리하며 페이지와 연동하고 전체 고객의 사용까지 유도하기란 쉽지 않습니다. 따라서 카카오톡 등 채팅방으로 시작해서 자연스러운 콘텐츠 링크 등을 통해 가능한 인원까지만 밴드와 SNS 그룹으로 유도하는 방법이 좋습니다. 그 인원을 기반으로 그 채널만의 새로운 멤버들을 유입해 가면 높은 효과를 볼 수 있습니다.

▲ 화살표 방향이 높을수록 마케팅 효과가 높음

▽ 오프라인 인연을 온라인에서도

명함, 광고물, 기타 다양한 방법으로 주변 사업장들의 목록을 얻을 수 있습니다. 그렇게 확보한 목록으로 정보를 모으면 고객에게 더욱 쉽게 접근할 수 있습니다. 검색을 통해 찾아낸 홈페이지, 블로그, 페이스북 페이지, 그룹, 유튜브 채널, 인스타그램 등에서 친구를 맺고, 팔로잉하며, 댓글과 답글을 달고, 좋아요와 공유를 하면 직접 만나지 않아도 밀착된 관계를 쉽게 만들 수 있습니다. 지나치게 상업적인 접근은 지양하고 우연한 발견처럼 자연스럽게 반가움을 표시하고 협조하다 보면 자투리 시간으로도 중요한 고객을 다수 확보할 수 있습니다. 이때 긴 홍보 글보다 부드러운 짧은 질문이 훨씬 효과가 높습니다. 사업체의 대표도 중요하지만 총무나 비서, 홍보 부서나 담당자와 온라인 소통 노력이 중요합니다.

▽ 고객을 모니터 요원으로

아무래도 인증샷은 부담이 없기도 하지만 무의미하게 홍보에 동원된다는 느낌이 들어서 한계가 드러날 수 있습니다. 오히려 '개선점을 사진과 함께 OO에 올려 주시면 작지만 OO으로 답례하겠습니다'라는 식의 솔직한 접근이 필요합니다. 혹 안 좋은 내용이 돌아다닐까 염려할 수도 있지만 알지 못하는 곳에 오래 방치되는 글보다 관리 가능한 곳에 모이는 편이 명분도 있고 조치하기도 쉽습니다. 때로 직원도 이야기하지 않는 좋은 개선점을 고객에게서 얻을 수 있는 경우도 많습니다. 이는 서비스 개선 효과뿐만 아니라 적은 비용으로 이미지를 개선하는 높은 수준의 마케팅 전략이기도 합니다. 참여하는 고객은 해당 사업장에 대해 파트너 의식을 가지게 됩니다.

▽ 팬슈머를 만드는 효과적인 방법

1. 팬 이름(애칭) 만들어 주기

요즘에는 유명 아이돌이 아니더라도 유튜버 등 유명 인플루언서들이 자신의 팬의 이름을 지정하여 부르는 것을 자주 접하게 됩니다. 이런 팬의 이름 하나만으로도 공동체 의식을 심어 주고, 그것 자체가 문화가 되기도 합니다. 또한, 우리 고객을 부르는 애칭을 한번 만들어 보는 것이 좋습니다. 특히 타깃의 연령이 낮을수록 좋은 전략이 됩니다.

2. 우수 등급 만들어 주기

회원의 등급을 만드는 것도 좋습니다. 흔히 방문 횟수나 소비 금액으로 나누기도 하고 미션이나 일정한 조건을 충족하거나 취향별로 구분하여 부여하는 경우가 많습니다. 이런 등급을 나누면 우리 또한 그 고객에 대해서 구분하여 신경 쓰게 되며, 고객은 충성도와 몰입도가 높아져 이벤트, 콘텐츠 등 다양한 마케팅 활동에 있어 많은 도움을 주는 팬슈머가 될 확률이 높습니다.

3. 혜택과 함께 역할 부여해 주기

고객에게 다양한 혜택을 주는 것도 좋지만 적당한 역할 부여로 소속감, 충성도, 몰입도를 더욱 높여줄 수 있습니다. SNS 안에서 흔히 볼 수 있는 명예 홍보단, SNS 기자단, 체험단 같은 활동들은 바로 혜택과 함께 역할을 부여해 주는 것과 동시에 마케팅 활동이 됩니다.

고객 의견 수렴, 시장 조사, 이벤트 참여 등 다양한 마케팅 활동에서 우리가 필요한 것을 고객에게 역할을 부여하면서도 우리가 줄 수 있는 혜택을 줌으로써 고객과의 관계가 일방적인 관계보다 상호적인 관계로 발전되며, 좀 더 지속적이고 끈끈한 유대감을 느낄 수 있습니다.

2

SNS 마케팅과 온라인 커뮤니티

♥ ◯ ◁   ⊓

SNS 마케팅과 온라인 커뮤니티는 밀접한 관련이 있습니다. SNS는 자연스럽게 사용자 간의 상호작용을 촉진하고 정보를 교환하기에 이상적인 환경을 제공합니다. 이러한 특성으로 인해 온라인 커뮤니티를 통한 마케팅이 효과적으로 이루어질 수 있습니다.

- **상호작용과 참여 유도:** SNS는 사용자들 간의 상호작용을 촉진하며, 이를 통해 브랜드와 소비자 간의 관계를 강화합니다. 브랜드는 소셜 미디어를 활용하여 다양한 콘텐츠를 공유하고 사용자들과 소통함으로써 참여를 유도할 수 있습니다.

- **커뮤니티 구축:** SNS를 통해 브랜드는 자체적인 커뮤니티를 구축할 수 있습니다. 페이지나 그룹을 통해 사용자들을 모으고, 이를 통해 상호작용하고 소통할 수 있습니다. 이러한 커뮤니티는 브랜드 로열티를 촉진하고 유지하는 데 도움이 됩니다.

- **콘텐츠 공유와 확산:** SNS를 활용한 마케팅은 브랜드의 콘텐츠를 사용자들이 손쉽게 공유할 수 있는 플랫폼을 제공합니다. 이를 통해 브랜드 메시지가 빠르게 확산되며, 더 넓은 고객층에 도달할 수 있습니다.

- **피드백 수집 및 분석:** SNS를 통해 브랜드는 사용자들의 의견과 피드백을 쉽게 수집할 수 있습니다. 브랜드는 이러한 정보를 분석하여 제품 또는 서비스를 개선하고 사용자 요구에 더욱 부합하는 전략을 수립할 수 있습니다.

- **커뮤니티 기반 마케팅 캠페인:** SNS를 기반으로 한 마케팅 캠페인은 종종 커뮤니티를 중심으로 구성됩니다. 이는 사용자들 간의 상호작용을 촉진하고, 브랜드와 사용자 간의 강한 유대감을 형성하는 데에 기여합니다.

💬 SNS 마케팅에서 커뮤니티가 꼭 필요한 이유와 필요 시점

SNS 마케팅에서 커뮤니티는 중요한 역할을 합니다. 다양한 이유로 인해 커뮤니티를 구축하고 유지하는 것이 유용할 수 있습니다.

- **고객 참여 촉진:** 커뮤니티는 고객들 간의 상호작용을 촉진하고, 브랜드와 소비자 간의 관계를 강화합니다. 사용자들이 서로 의견을 나누고 토론하며 브랜드와의 상호작용을 통해 고객 참여를 높일 수 있습니다.

- **브랜드 로열티 강화:** 커뮤니티를 통해 소비자들은 브랜드와 강한 유대감을 형성할 수 있습니다. 이는 브랜드 로열티를 촉진하고 장기적인 고객 유지에 도움이 됩니다.

- **정보 공유와 피드백 수집:** 커뮤니티는 브랜드에게 제품 또는 서비스에 대한 피드백을 수집할 수 있는 플랫폼을 제공합니다. 또한 사용자들이 서로 정보를 공유하고 토론함으로써 브랜드에게 유용한 인사이트를 얻을 수 있습니다.

- **마케팅 효율 향상:** 커뮤니티는 브랜드가 직접적으로 소비자들에게 마케팅 콘텐츠를 전달하는 데 도움이 됩니다. 사용자들 간의 공유와 추천은 더 넓은 고객층에 브랜드 메시지를 전달하는 데 도움이 됩니다.

- **경쟁 우위 확보:** 브랜드가 커뮤니티를 통해 소비자들과 소통하고 더 나은 서비스를 제공하는 경우, 이는 경쟁 우위를 확보하는 데 도움이 될 수 있습니다.

브랜드의 성장 단계와 목표에 따라 다를 수 있습니다. 보통 초기에도 브랜드 커뮤니티를 구축하여 초기 고객들과 소통하고 로열티를 구축하는 것이 중요합니다. 또한 제품 출시나 새로운 캠페인을 진행할 때 등 특정 이벤트나 시점에 온라인 커뮤니티를 활용하는 것이 효과적일 수 있습니다.

💬 채널별 커뮤니티 비교

▽ 카페

블로그가 나오기 전까지 포털 카페는 SNS, 홈페이지, 클라우드 저장소, 쇼핑몰, 블로그, 채팅의 기능을 겸한 융복합 서비스였습니다. 그 안에서 사회 인맥도 만나고, NGO나 소규모 사업자들은 아예 홈페이지 대신 사용하기도 했습니다. 개인적으로도 카페를 개설해 놓고 자료실 겸 저장소로 쓰던 습관을 아직도 가지고 있습니다. 공동구매 등 온라인 거래도 카페 안에서 많이 실험되었고 실제 상상하기 힘든 매출을 올리는 곳도 많았습니다. 그 경험을 거쳐 비즈니스 모델을 정비하고 창업하는 경우, 그냥 창업할 때보다 성공률이 매우 높았습니다. 게시글로 글을 모아서 책을 쓰는 경우도 흔했습니다. 일정 공감대를 형성한 회원들의 의견과 반응을 거쳐 완성도 높은 결과물이 나오곤 했습니다. 특정 사안의 경우 거의 채팅 수준의 댓글이 오가기도 했고, 독립된 글 주소로 인해 지금의 채팅보다 수준 높은 기록물로 활용되었습니다.

온라인 커뮤니티가 클럽을 거쳐 발기인이 필요 없는 카페가 된 후 분화되어 수많은 서비스가 되었습니다. 개인 프로필과 관계를 강조한 부분이 미니홈피와 일촌을 거쳐 SNS가 되었습니다. 카페 꾸미기 기능과 독립 도메인 연결 기능을 활용해 홈페이지 서비스가 되었습니다. 개별 글이 검색 엔진에서 다루기 좋게 XML을 활용하며 트랙백을 통해 상호작용을 하며 블로그가 탄생했습니다. 블로그는 이미 이메일 때부터 FTP 대신 저장소 용도로 많이 쓰이다가 웹하드 서비스를 거쳐 현재의 클라우드 저장소 서비스가 되었습니다.

이후 검색 엔진에서 콘텐츠 경쟁을 위해 포털들은 카페의 콘텐츠를 공개할 수 있는 옵션을 도입했습니다. 한동안 카페의 콘텐츠를 마케팅에 활용하는 시도가 많이 있었지만 지금은 비주류가 되었습니다.

현재의 카페를 마케팅 용도로 원활히 활용하기 어려운 데는 젊은 층이 페이스북을 피하는 것처럼 복합적인 이유가 있습니다. 20대에서 30대 초반의 경우 다른 세대들의 주목을 쉽게 받을 수 있으므로, 동년배가 아닌 이상 관계의 부담을 느끼면서 공동체 활동을 할 필요성을 느끼지 않습니다. 따라서 취업이나 창업, 자격증, 요리, 임신 육아 등 실생활에서 필요는 하지만 소규모 가구에서 경험하거나 지원받기 어려운 분야의 경우 지금도 카페가 활용되고 있습니다.

▽ 밴드

밴드는 네이버의 폐쇄형 사용자 그룹 서비스(Closed User Group, CUG)입니다. 처음에는 대학생들의 각종 조모임용으로 실험 운영하고 출시와 함께 소규모 그룹 형태로 인기를 누렸습니다. 동창 찾기 등의 서비스 추가로 급속하게 확장되었습니다. 초기 의도와 달리 고령층으로 갈수록 사용자가 많으며 매년 사용자 수가 줄어들고 있습니다.

밴드는 독립적인 온라인 서비스라기보다는 오프라인 모임의 온라인 보조 도구로 자리매김하여 젊은 층에 비해 오프라인 의존도가 높은 연령층의 비율이 높습니다. 카카오톡과 오픈 채팅에 밀려서 카페와 카카오 그룹 등의 뒤를 따르고 있습니다. 오프라인 조직은 있지만 개인적인 교류는 필요 없고 구조화된 콘텐츠 운영은 필요하다면 활용해 볼 수 있습니다. 중장기 교육 과정 진행 등에도 적합합니다. SNS 마케팅의 전 단계에서는 사전에 조직이 없다면 활용하기 어렵고 후반부에서는 활용이 가능합니다.

밴드는 SNS의 기능이 부족합니다. 특히 프로필 부분이 취약합니다. 밴드 사용자는 개인 프로필을 채우는 경우가 별로 없습니다. 특정 모임의 소속이라 들어왔기만 했지 폐쇄형 운영이라서 채울 필요성을 느끼지 못하는 것입니다. 프로필 정보가 부족하고 타임라인도 없으니 소속감 이상의 관계 형성이 되지 않습니다.

▽ 오픈 채팅방

카카오톡은 국내의 유료 문자의 불합리한 부분을 무료 채팅으로 개선하면서 대규모 사용자를 확보했습니다. 그러나 태생이 채팅이어서 장점은 아무나 사용하기 쉽지만 사용자의 활동성이 낮아 비즈니스 모델을 늘려가는 데 한계가 있었습니다. 특히 URL이 기본인 웹과의 연결을 가져갈 수 없었습니다. 사용자층이 SNS나 CUG 쪽으로 연결하기 어려워서 과도기 모델로 내놓은 것이 현재의 오픈 채팅입니다.

브랜드 커뮤니티 측면에서 오픈 채팅의 특성은 다음과 같습니다.

- **익명성:** 오픈 채팅은 별도의 프로필로 참여할 수 있기 때문에, 참여자들이 민감한 주제에 대해 자유로운 토론을 유도할 수 있습니다. 이는 마케팅 커뮤니티에서 참여자들의 의견을 수렴하고, 사례를 수집하고 아이디어를 전파하는 데 활용할 수 있습니다. 오픈 채팅방에서는 참여자들이 프로필을 공개하지 않거나, 일부 정보만 공개될 수 있습니다. 참여자들의 개인 정보를 보호하는 측면도 있지만 참여자 간의 관계 강화가 어려울 수 있습니다.

- **검색 가능성:** 오픈 채팅은 검색을 통한 참여나 URL 전달을 통한 유입이 가능합니다. 마케팅 커뮤니티를 홍보하고, 새로운 참여자를 모집하는 데 도움이 됩니다. QR 코드도 제공하므로 스크린에 띄우거나, 인쇄물, 배너, 주변 사람에게 화면을 스캔하게 하는 등의 방법으로 한 장소에 모인 대규모 인원이 빠른 시간 안에 유입되도록 하는 것도 가능합니다.

- **방장의 권한:** 오픈 채팅방에서는 글을 가리거나 강퇴가 가능합니다. 참여자들의 불필요한 갈등을 막고 일관성 있는 운영을 하기 쉽습니다. 참여자들의 바람직한 토론을 유도하고 갈등을 해결하는 데 편리합니다. 다만 지나치게 통제할 경우, 내부에서는 문제가 드러나지 않더라도 대외 이미지를 고려해야 합니다.

- **방장 봇의 활용:** 새로운 회원에게 자동으로 기본 정보를 제공하거나 행동 유도를 통해 빠른 적응을 도울 수 있습니다. 하루 세 번까지 시간을 정해서 미리 준비된 메시지를 띄울 수 있어서 방장의 부담 없이 챌린지 등을 운영하기 쉽습니다. 10개까지의 키워드별 도움말 설정을 할 수 있어서 운영자의 부담은 줄이면서 약간의 체계를 갖출 수 있습니다.

- **보안성:** 오픈 채팅방은 익명성으로 인해 보안성이 상대적으로 낮을 수 있습니다. 기존 채팅방에 익숙해진 참여자들이 비슷한 인터페이스에 따른 혼동으로 민감한 개인 정보를 올리거나 부적절하게 너무 사적인 어투를 사용하다가 문제를 만들 수도 있습니다. 서로의 개인 정보를 보호하고, 피싱, 악성 코드나 스팸 등의 공격을 예방하는 데 신경 써야 합니다.

오픈 채팅방은 좀 더 개별 맞춤 서비스를 할 수 있기는 하지만, 사람들끼리 네트워킹을 강화하는 데 많은 노력을 해야 합니다. 이후 오픈 채팅과 AI가 결합하면 비로소 카카오가 다음 단계로 도약하게 될 것입니다. 다만 아직은 커뮤니티로의 발전에 아직 한계가 있습니다. 카페 참여자들의 자발적인 선택으로 일부라도 페이스북처럼 실명 영역 등을 도입해서 신뢰성 높은 영역을 만들고 카카오톡과 연결하면 더욱 쉽고 빠르게 영향력을 강화할 수 있을 것입니다.

▽ 페이스북 그룹

페이스북 그룹은 자체 기능이 풍부하고 잘 다듬어져 있습니다. 특히 페이스북에 있는 개인들의 프로필 수준이 다른 서비스에 대비해 탁월합니다. 개인 프로필과 그에 기반한 관계망이 좋기 때문에, 그룹 쪽은 적은 관리로 탄탄한 토론과 조직, 문화를 만들어 낼 수 있습니다.

가입 인사와 자기소개

가입 인사는 필수입니다. 기존 멤버와 신규 멤버가 어울릴 수 있는 계기가 됩니다. 멤버들끼리 관계를 형성하고 공동체로 발전시켜야 하므로 운영진이 회원들을 대상으로 여전히 홍보하고 있는 단계를 빨리 벗어나야 합니다. 그룹에 가입하게 된 계기, 경로, 세부 지역이나 세부 분야 등 필요한 내용을 양식으로 제공하면 좋습니다. 가입 인사 글에는 환영 인사와 가벼운 질문 등의 댓글을 빨리 달아야 합니다.

토론이 핵심

온라인에서 커뮤니티가 활성화되려면 일단 토론이 활발하게 이루어져야 합니다.

- **흥미로운 토론 주제 제시:** 그룹 멤버들이 흥미를 느낄 수 있는 다양한 주제를 제시할 수 있으면 좋습니다. 가능하면 멤버들이 스스로 발제할 수 있는 분위기를 형성하는 것이 좋습니다. 답이 정해진 것보다 다양한 의견이 나올 수 있는 다의성이 있는 주제들이 토론을 촉진하는 데 도움이 됩니다.

- **참여를 유도하는 질문:** 유의미한 질문을 통해 그룹 멤버들에게 의견을 나누도록 유도해야 합니다. 지금 내가 현장에서 진행되고 있는 건에 대한 열린 질문이나 의견을 나누기 쉬운 주제를 선택해야 합니다.

- **활발한 모니터링과 피드백 제공:** 그룹에서 토론이 활발할 때는 주기적으로 토론 상황을 모니터링하고 답글과 댓글로 피드백을 제공해야 합니다. 중간에 맥락 파악이 어려울 수 있으므로 댓글의 구조에 유념하고 본문을 직접 업데이트하거나 블로그나 영상으로 중간 정리한 것을 링크 첨부하는 것도 방법입니다. 인내심을 갖고 적절한 지도와 도움을 제공하면 토론에 참여할 가능성이 높아집니다.

- **규칙 설정:** 명확하고 존중받을 만한 규칙을 설정해야 합니다. 그룹 내에서의 토론 및 의견 나눔의 방향과 경계를 조절하고 토론을 과열시키지 않고 조화롭게 유지하는 데 도움이 됩니다.

- **이벤트 및 챌린지 공고:** 주기적으로 그룹 내에서 이벤트나 챌린지를 설정해서 멤버들에게 참여를 유도합니다. 네이버 블로그가 사용자를 대상으로 진행하는 챌린지를 참고하면 도움이 됩니다. 이를 통해 새로운 주제와 관련된 흥미로운 토론을 일으킬 수 있습니다.

- **다양성 존중:** 올라오는 다양한 의견과 배경을 존중하고 환영합니다. 이를 통해 다양성 있는 토론이 이뤄질 가능성이 높아집니다. 실제로 토론하다 보면, 단일 결과를 도출하는 것보다 토론을 통해 같은 주제가 얼마나 다양한 상황에서 다양하게 해석될 수 있는지를 알게 되는 것이 더 큰 가치일 수 있습니다. 결과물보다 토론을 통해 커뮤니티를 활성화한다는 것을 잊지 말아야 합니다.

- **그룹 멤버 간 활발한 상호작용 유도:** 그룹 멤버들 간의 활발한 상호작용을 유도하세요. 댓글에 대한 답글이나 멤버들 간에 적극적인 의사소통이 토론을 활성화할 수 있습니다. 그래도 메신저나 개인 타임라인 등으로 분산되지 않고 각 토론글에 집중될 수 있도록 관심을 가져야 합니다.

- **콘텐츠 공유:** 사진, 영상의 첨부도 좋고 흥미로운 뉴스, 기사, 혹은 다양한 매체 URL을 공유하여 그룹 멤버들이 새로운 정보에 관해 토론하고 의견을 나누기 쉽도록 해야 합니다. 일정 선까지는 많은 시간을 들이지 않아도 답변이나 의견을 낼 수 있도록 초기 콘텐츠를 잘 제공하는 것이 좋습니다.

그룹 이벤트 진행 시 유의할 점

- **목적 설정:** 이벤트의 목적이 명확해야 합니다. 그러기 위해서는 그룹 내부에서 무엇을 달성하고자 하는지 정의하고, 그룹 설명과 커버 이미지, 추천 글 등을 통해 일관되게 표현해야 합니다. 이벤트의 커버 이미지와 제목, 설명과 같은 맥락에 놓이도록 신경 써야 합니다. 정확한 공지만으로도 참여자들이 기대할 수 있는 가치를 제공하는 것입니다.

- **흥미로운 주제와 형식 선택:** 이벤트 제목과 소주제를 선정할 때 그룹 멤버들이 흥미를 느낄 수 있는 것으로 선택하고, 적절한 이벤트 형식을 취해야 합니다. 줌이나 구글 미트, 이벤트 라이브, 웨비나, 퀴즈 대회, Q&A 세션 등 다양한 형식을 시도해 보는 것도 좋습니다.

- **시간 및 일정 고려:** 참여 대상 그룹의 일정과 시간대를 고려하여 이벤트를 잡아야 합니다. 대다수의 그룹 멤버들이 참여할 수 있는 편리한 시간을 선택하는 것이 중요합니다. 일시를 정하기 위해 그룹의 설문 기능을 이용하는 것도 좋은 방법입니다. 대상으로 하는 그룹의 특성에 따라 좋은 시간대가 다르고 정한 시간대에 따라 참여자의 구성이나 자세가 달라집니다. 시간대에 따라 식사나 뒤풀이, 전후의 다른 이벤트와의 상호작용이 일어날 수 있습니다.

- **사전 홍보:** 이벤트를 알리고 사전에 홍보를 통해 참여자들의 기대감을 높여야 합니다. 그룹의 상황이나 분위기 따라 다르지만 일주일 전, 한 달 전 등 이벤트의 주기나 중요도에 따라 충분한 시간을 두어야 합니다. 이벤트 기획과 준비 과정을 공개하면 더욱 여유 있고 효과적인 이벤트가 됩니다. 그룹 내에서 이벤트에 대한 노출을 높이기 위해 다른 채널, 게시물, 그룹 상단 추천 등을 활용할 수 있습니다.

- **참여 유도:** 이벤트 참여를 유도하기 위해 인센티브를 제공하거나 경품을 제공할 수 있습니다. 행사에 참여 여부를 떠나 멤버의 협찬을 공개하는 것만으로도 이미 이벤트의 효과를 거두기도 합니다.

- **상호작용 촉진:** 이벤트 도중에 그룹 멤버들과 상호작용을 촉진해야 합니다. 사전 공개 준비도 중요한 상호작용입니다. 각 프로그램의 진행도 일방적으로 진행되지 않도록 미리 검토하는 것이 중요합니다. 질문 및 답변 세션, 댓글에서의 토론 등을 활용하여 참여자들이 적극적으로 참여하도록 도와야 합니다. 이러한 상호작용이 중요한 콘텐츠 소스가 됩니다.

- **후속 조치 및 평가:** 이벤트가 종료된 후에도 참여자들의 상호작용을 유지하고, 후속 조치를 진행해야 합니다. 공식적인 일정이 이벤트의 전부가 아닙니다. 또한 이벤트의 성과를 평가하고 다음 이벤트를 위한 피드백을 수집해서 분석하고 남기는 것도 이벤트의 중요한 부분입니다.

- **발전 가능성 제시:** 이벤트가 성공적으로 마무리되면 그룹 내에서 앞으로의 발전 가능성을 제시해야 합니다. 이벤트는 독립된 것처럼 느껴지지만 모두가 이어집니다. 이벤트의 리듬 구성이 중요합니다. 작은 이벤트가 모여 큰 이벤트의 준비가 될 수 있도록 해야 합니다. 참여자들에게 계속해서 새로운 이벤트와 활동에 참여하도록 유도합니다.

○ 가이드와 콘텐츠 관리

페이스북 그룹의 가이드 기능은 그 중요성에 비해 많이 알려져 있지 않습니다. 한 그룹의 전체 토론이 카페의 하나의 게시판처럼 되어 있고 시간순 누적이 아니라 최근에 댓글이 달리면 위로 올라오는 기본 방식을 보완하기 위한 기능이기도 합니다. 그룹 내에서 특정 주제에 대한 정보를 구조적으로 제공하고 멤버들 간의 소통을 원활하게 돕는 기능입니다. 가이드를 활용하여 그룹 활동을 조직화하고 가치 있는 콘텐츠를 제공할 수 있습니다. 다음은 페이스북 그룹 가이드 기능을 활용하는 방법입니다.

- **중요한 주제 정리하기:** 가이드를 사용하여 그룹의 중요한 주제를 먼저 다뤄야 합니다. 멤버들의 공동 관심사를 다양하게 다루면 가이드 활용도가 올라갑니다. 그룹의 유의미한 반복 활동이 어떤 것이 있는지 파악해서 가이드를 구성합니다.

- **가치 있는 자료 제공:** 가이드를 활용하여 가치 있는 자료를 제공합니다. 가이드의 핵심은 필터링, 그룹핑과 정렬입니다. 유용한 정보나 도움이 될 수 있는 가이드를 통해 그룹 전체의 콘텐츠 가치를 올려야 그룹 멤버를 늘리고 활동에 참여하도록 유도할 수 있습니다.

- **주기적인 업데이트:** 가이드를 주기적으로 업데이트해야 합니다. 그룹과 가이드의 특성 때문에 업데이트를 소홀히 해도 당장은 타격이 보이지 않습니다. 그러나 업데이트가 늦어지면 그룹 관리의 상태가 정확하게 보이기도 합니다. 각 가이드의 특성에 따라 업데이트 주기와 담당자를 선정해서 관리하는 것이 바람직합니다. 멤버들에게 유용한 콘텐츠를 제공하면 그룹 내 활동이 강화될 수 있습니다.

- **멤버 참여 유도:** 가이드 관리에 관리자들을 참여시키고 가이드에 포함될 콘텐츠를 멤버들이 잘 만들어 낼 수 있도록 프로그램을 운영합니다. 관련된 토론 주제를 제시하거나 멤버들에게 질문을 하여 활발한 상호작용을 유도해야 합니다.

- **이벤트 및 챌린지 가이드:** 가이드의 기본 용도에 충실하게 특정 이벤트나 챌린지에 대한 안내를 가이드로 작성하여 멤버들이 참여하기 쉽게 도우면 됩니다. 흥미로운 이벤트나 챌린지는 그룹의 활성화에 크게 기여합니다.

- **멤버의 의견 수렴:** 가이드를 통해 멤버들의 의견을 수렴하는 공간을 마련합니다. 분산되기 쉬운 설문조사나 피드백을 모아서 그룹 멤버들의 의견 다양성을 누구나 참고할 수 있게 해 줍니다.

- **콘텐츠 공유 및 협업:** 그룹 멤버들이 콘텐츠를 공유하고 협업하는 방법을 안내합니다. 그룹의 문화에 따라 어떤 콘텐츠를 어떻게 공유하거나 협업을 어떻게 하는지 다룰 수 있습니다. 이를 통해 그룹 내에서의 상호작용을 늘릴 수 있습니다.

- **가이드 페이지 홍보**: 공개 그룹의 경우 가이드 페이지를 그룹 내/외에도 적절히 활용합니다. 멤버들에게 어떤 가이드가 있는지 알리고 유용하게 활용할 수 있는 가이드부터 강조합니다.

페이스북 그룹의 가이드 기능을 적절히 활용하면 그룹 멤버들의 활동 주기에 따라 적절하게 정보 공유와 소통을 효과적으로 할 수 있습니다.

▽ 토론과 이벤트의 관계

평소 토론 관리가 어려운 경우에 많이 쓰는 게 이벤트입니다. 토론과 이벤트는 상호 보완적입니다. 두 가지가 다 필요합니다. 주중 평일에는 토론을 활용하고, 시점을 정하지 않거나 일주일에 한 번 정도는 온라인 이벤트를 하면 좋습니다. 특별히 활성화된 커뮤니티가 아닌 경우, 일주일에 한 번 정도가 적당합니다. 오프라인 이벤트는 상황에 따라 달라지지만 최대 한 달에 한 번 정도가 기본입니다.

▽ 그룹 데이터 관리

그룹은 토론 중심인 대신에 데이터 정리가 좀 약할 수 있습니다. 이미 학회나 전문가 그룹은 웹사이트의 뒤에 데이터베이스를 갖춘 경우가 흔합니다. 그룹은 토론 중심이다 보니 그 데이터베이스를 다룰 필요성이 적게 느껴질 수 있습니다. 카페 같은 경우는 자체에 서비스가 다 들어 있었기 때문에 카페를 운영하던 분들은 페이스북 그룹을 쓰면 아쉬움이 있습니다. 현실적으로 보완하는 방법이 노션 데이터베이스나 구글 스프레드시트입니다. 구글 스프레드시트로 멤버 프로필이나 진도 관리를 하는 방법을 많이 씁니다. 그렇게 데이터베이스로 협업 부분을 풀어 주어야 합니다.

▽ 페이스북 그룹과 페이스북 페이지의 차이점

- 페이스북 그룹은 특정 주제, 관심사, 또는 목적을 가진 사용자들이 모여 정보를 공유하고 소통하는 공간입니다. 초대 또는 가입 신청을 통해 참여할 수 있습니다. 그룹 내에서 가입 인사, 토론글, 댓글, 이벤트 참여 등으로 활동합니다. 그룹은 비공개, 공개 두 가지 유형 중에 선택해서 개설할 수 있습니다.

- 페이스북 페이지는 공공 인물, 브랜드, 기업, 단체 등이 자신의 콘텐츠를 홍보하고 팬들과 소통하는 공식적인 페이지입니다. 사용자들이 좋아요를 누르고 팔로우하여 업데이트를 받을 수 있는 방식으로 팬 베이스를 형성합니다. 페이지 운영자는 광고를 통해 콘텐츠를 홍보하고 페이지 인사이트(통계)를 분석하여 페이지 성과를 관리할 수 있습니다. 페이지는 기본적으로 공개 설정입니다.

▽ 페이스북 외부 공개 범위

- **페이스북 그룹:** 비공개로 설정된 경우, 외부 사용자는 그룹 내의 콘텐츠를 볼 수 없으며, 멤버십에 초대받지 않으면 가입이 불가능합니다. 공개로 설정된 경우, 그룹의 콘텐츠 일부는 외부 사용자에게도 보일 수 있습니다. 그러나 특정 게시글이나 멤버 목록 등은 그룹의 설정에 따라 달라질 수 있습니다.

- **페이스북 페이지:** 페이지는 기본적으로 공개 설정이며, 누구나 페이지에 대한 정보를 볼 수 있고, 팔로우 또는 좋아요를 누를 수 있습니다. 페이지의 게시물 역시 공개적으로 표시됩니다.

◯ 커뮤니티 초대 방법

커뮤니티를 구성해서 조직화하기 전에 규모를 만드는 것이 우선 중요합니다. 빠른 시간 안에 목표 규모를 달성하는 것도 중요하지만 방법에도 문제가 없어야 합니다.

▽ 온라인 커뮤니티 초대 방법

- **개인 메시지 활용:** 이미 친구나 구독자라고 하더라도 개인 메시지를 통해 초대하는 것이 더 효과적입니다. 좀 더 개인적이고 친밀한 느낌을 주며, 가입 후에도 상대방이 더욱 자연스럽게 활동에 참여하게 만듭니다. 수고가 필요하지만 소셜 미디어 노출을 통해 늘어나는 속도에 비하면 매우 효율적입니다.

- **커뮤니티 목적 설명:** 초대 메시지에 커뮤니티의 목적과 장점을 명확하게 설명해야 합니다. 가입해서 활동하면 어떠한 이점이 있고, 그룹에서 어떤 종류의 활동이 이루어지는지 미리 알려주는 것이 중요합니다.

- **개인적인 관심 표현:** 상대방의 관심사에 맞춰서 커뮤니티의 가치를 강조하는 것이 좋습니다. 어떻게 그 커뮤니티가 상대방의 관심사나 목표에 도움을 줄 수 있는지 설명하면 흥미를 더 유발할 수 있습니다.

- **자발적 참여 강조:** 초대를 받은 사람이 자발적으로 참여하도록 해야 합니다. 강제적으로 가입시키는 것이 아니라, 그룹이 제공하는 가치와 활동에 흥미를 가질 수 있도록 그룹을 설정하고 초기 멤버와 기초 콘텐츠를 구비하면 좋습니다.

- **초청자 역할 강조:** 직접 초대하는 것뿐만 아니라 초대자의 역할을 강조하여 커뮤니티가 그룹 형성을 위해 초대자들의 참여를 필요로 한다는 것을 설명하면 많은 도움을 받을 수 있습니다. 상호작용이 활발할수록 커뮤니티가 더욱 강력하게 발전할 수 있습니다.

▽ 초대 시 유의할 점

- **스팸 피하기:** 반복해서 초대를 보내면 상대방에게 스팸으로 인식될 수 있습니다. 적절한 간격과 빈도로 초대를 보내세요. 거절했을 경우 같은 그룹에는 초대하지 않는 것이 좋습니다. 친분이 있어도 두 곳 이상의 그룹 초대를 거절했다면 다른 그룹 초대에 매우 유의해야 합니다. 성격이나 처한 상황에 따라 그룹 활동 자체에 부담감을 가지는 경우도 얼마든지 있을 수 있습니다.

- **충분히 설명하기:** 초대 메시지에는 커뮤니티의 목적과 기대되는 활동에 대한 명확한 설명을 포함해야 합니다. 흥미를 유발하고 가입 동기를 제시하세요. 미리캔버스 등에서 초대장을 신경 써서 만들어 활용하는 것도 좋습니다. 초대받은 분이 또 다른 분을 초대할 경우도 고려해서 만들어야 합니다. 충분한 설명을 위해 카드 뉴스 형식의 초대장을 사용하는 경우도 많이 있습니다.

- **개인 정보 존중:** 초대를 보낼 때 상대방의 개인 정보를 존중하고, 그룹 내에서의 개인 정보 공개에 대한 정책을 설명해 두는 것도 좋습니다. 염려로 인해 활동을 주저하는 사람도 있습니다.

- **부적절한 자극 피하기:** 부적절한 자극이나 강제적인 초대는 피해야 합니다. 상대방이 불편해하지 않도록 신중하게 초대합니다. 설명을 생략하다 보면 자발적인 선택이 아니라 강요로 느껴지거나 경우에 따라 두려움을 가질 수도 있습니다.

- **커뮤니티 톤과 일치시키기:** 초대 메시지의 톤과 커뮤니티의 분위기가 일치되어야 합니다. 친절하고 긍정적인 톤을 유지하여 상대방이 자연스럽게 참여하도록 유도합니다.

효과적인 초대는 타당한 이유와 충분한 커뮤니케이션 기술을 바탕으로 이루어져야 합니다. 상대방이 자발적으로 그룹에 참여하고 긍정적인 경험을 쌓을 수 있도록 도와주는 것이 중요합니다.

○ 커뮤니티 성장 및 성공 전략

▽ 커뮤니티의 존재 의미

SNS에서 개별적으로 활동하는 것도 중요하지만, 공동체를 만들고 조직적인 활동을 하며 그룹 간 연대나 동맹을 통해 활동하게 되면 많은 장점이 있습니다.

- **상호작용과 연결:** 커뮤니티에 참여하면 다른 사용자들과 상호작용할 기회가 늘어납니다. 댓글, 반응, 대화를 통해 다양한 사람들과 연결할 수 있습니다. 개인 대 개인으로 활동하는 것보다 노력 대비 훨씬 효율적이며 많은 부대 효과를 거둘 수 있습니다.

- **지식 공유와 습득:** 커뮤니티는 다양한 배경과 전문성을 가진 사람들이 모이는 곳입니다. 이를 통해 다양한 주제에 대한 지식을 공유하고 새로운 것을 배울 수 있습니다.

- **소셜 네트워킹:** 커뮤니티에 참여하면 주변의 다양한 사람들과 소셜 네트워킹이 가능합니다. 이는 개별적인 활동보다 더 넓은 네트워크를 형성하는 데 도움이 됩니다.

- **지원과 협업:** 커뮤니티는 서로를 지원하고 협업할 수 있는 플랫폼입니다. 문제에 대한 도움 요청, 의견 교환, 프로젝트 협업 등이 가능합니다.

- **다양성과 포용성:** 커뮤니티는 다양한 의견과 배경을 가진 사람들이 모여 있어 다양성과 포용성을 경험할 수 있는 장소입니다. 이는 새로운 시각과 아이디어를 얻는 데 도움이 됩니다.

- **정보 흐름 및 트렌드 파악:** 커뮤니티에 참여하면 새로운 정보, 트렌드, 소식 등을 빠르게 접할 수 있습니다. 이는 개별적으로 활동할 때 놓칠 수 있는 정보를 얻는 데 도움이 됩니다.

- **사회적 영향력 행사:** 커뮤니티에서 활동하면 자신의 의견을 공유하고, 다른 사람들에게 영향을 미칠 기회가 생깁니다. 이는 개별적인 활동보다 큰 사회적 영향력을 행사할 수 있는 장점으로 작용합니다.

- **신뢰와 신용 쌓기:** 커뮤니티 내에서 지속해서 활동하면 다른 사용자들에게 신뢰와 신용을 쌓을 수 있습니다. 이는 나중에 다양한 기회와 혜택으로 이어질 수 있습니다.

자신의 프로필에서 뉴스피드와 타임라인을 오가며 개별적으로 활동하는 것도 중요하지만, SNS에서 커뮤니티 참여는 더 넓은 사회적 경험과 협력 기회를 제공합니다.

▽ 다양한 채널을 연계한 입체적인 UX 디자인

커뮤니티를 활성화하기 위해 나와 있는 다양한 채널을 활용한 입체적인 사용자 경험을 제공하려면 많은 요소를 고려해야 합니다.

멀티 채널 소통 전략을 세워야 합니다. 온라인 채널(SNS 및 소셜 미디어)에서는 콘텐츠 공유 및 상호작용에 중점을 두어 주기적이고 흥미로운 콘텐츠를 제공하고, 사용자들 간의 상호작용을 촉진해야 합니다. 온라인 이벤트 및 챌린지도 필요합니다. 이벤트뿐만 아니라 챌린지, 투표 등 다양한 활동을 통해 사용자 참여를 유도합니다.

오프라인 이벤트 및 활동으로는 커뮤니티 밋업 및 워크숍이 있습니다. 대면으로 만나거나 현장을 경험하는 이벤트를 개최하여 소통하고 경험을 나눌 수 있는 기회를 제공합니다. 현지화된 이벤트도 필요합니다. 지역 커뮤니티의 특성을 고려하여 현지화된 이벤트를 개최하여 지역사회와의 연계성을 높일 수 있는 경우도 있습니다.

- **일관된 브랜드 경험:** 통일된 비주얼 스타일이 필요합니다. 온라인 및 오프라인 채널에서도 일관된 브랜드 이미지를 유지하고, 색상, 로고, 폰트 등을 통일합니다. BI 매뉴얼에 기초해서 비용을 절감하고 관련 업무를 단순화할 수 있습니다. 메시지에도 일관성이 있어야 합니다. 블로그나, 유튜브 등 모든 채널에서 전달되는 메시지와 목표를 일관성 있게 유지하여 사용자들에게 일관된 브랜드 경험을 제공해야 합니다.

- **개인화된 서비스 및 콘텐츠:** 사용자 데이터를 충분히 활용해야 합니다. SNS 및 소셜 미디어에서의 사용자 활동 데이터를 분석하여 개인화된 콘텐츠 및 서비스를 제공합니다. 때로 채널의 콘텐츠에만 집중하다가 여러 채널을 오가는 사용자의 특성을 파악하지 못해 중요한 고객을 놓칠 수도 있습니다. 알림 및 메시지 개인화는 부담이 있지만 필요합니다. 사용자의 선호도와 활동에 기반하여 개인화된 알림 및 메시지를 제공하여 사용자 참여를 높일 수 있습니다. 수준에 맞는 기술적인 서비스들을 활용해서 적은 인력으로 해결할 수 있는 길을 찾아야 합니다.

- **커뮤니티 참여를 유도하는 기능:** 사용자들이 손쉽게 콘텐츠를 공유하고 토론할 수 있는 길을 제공하여 커뮤니티 참여를 유도합니다. 예를 들어 페이지의 그룹 참여 버튼이나 오픈 채팅의 공지글을 활용한 그룹 활동 유도 등이 있습니다. 참여를 장려하기 위해 효과적인 포상 및 인센티브 시스템을 도입하여 활동적인 회원들을 보상할 수도 있습니다. 누구나 참여할 수 있는 초성 퀴즈를 진행하고 분기나 반기에 한 번 정도 부담 없는 포상을 운영해서 효과를 보고 있는 곳도 있습니다.

- **다채로운 커뮤니케이션 도구 활용:** 라이브 스트리밍을 활용하여 실시간으로 사용자들과 소통하고, 비디오 콘텐츠를 통해 시각적인 경험을 제공합니다. 단순하게는 페이스북 자체 라이브 방송이나 유튜브 스트리밍을 직접 쓰기도 하고 숙련 정도에 따라 OBS나 스트림야드(https://streamyard.com/) 등 중계 프로그램이나 서비스를 통해 더욱 효율적인 운영을 할 수도 있습니다. 온라인 채팅이나 메신저를 통해 빠르고 실시간으로 회원들과 소통할 수 있는 기능을 제공할 수도 있습니다. 다만 실시간 채팅 쪽으로 전체 흐름이 쏠리게 되면 전체 홍보 마케팅 효과가 줄어들 수도 있으므로 균형을 유지해야 합니다.

- **사용자 피드백 수집 및 반영:** 사용자들의 의견을 수집하기 위해 설문조사나 투표 기능을 사용하여 커뮤니티 운영에 대한 피드백을 수시로 받아 참고해야 합니다. 수집한 피드백을 정기적으로 분석하고, 커뮤니티 운영에 개선 사항을 반영하여 사용자들의 만족도를 높입니다. 사용자의 참여도와 주인의식, 소속감, 커뮤니티의 성장에 중요한 부분입니다.

- **감성적인 커뮤니티 문화 조성:** 감성적인 표현을 돕기 위해 이모티콘과 스티커를 활용하여 사용자들 간의 감성적인 소통을 촉진합니다. 회원들의 경험 이야기를 주기적으로 공유하고, 그들의 이야기를 커뮤니티의 일부로 포용하여 감성적인 커뮤니티 문화를 조성합니다. 회원의 행사 일정에 맞추어 서로 도움이 되도록 모임을 잡거나 함께 축하하고 함께 어려움을 감당하는 문화가 필요합니다.

- **사회적 연결성 강화:** 회원들이 커뮤니티를 더 많은 사람과 공유하고, 친구를 초대할 기회를 제공하여 사회적 연결성을 강화합니다. 가끔 초대 이벤트를 하는 곳들도 있습니다. 회원들이 서로 더 잘 알 수 있도록 사용자의 관심사, 선호도에 기반한 콘텐츠를 나눌 기회를 제공합니다. 전체 프로그램의 1할 정도를 유지하는 것이 정보 공유에만 의존하는 커뮤니티 단계를 벗어나는 방법입니다.

- **모바일 최적화:** 다양한 기기에서 일관된 경험을 제공하기 위해 모바일 앱과 반응형 웹을 개발하여 사용자들이 언제 어디서나 쉽게 접근할 수 있게 합니다. 구글 사이트 도구를 활용하면 진입 장벽 없이 다수의 멤버가 함께 관리하는 페이지를 운영할 수 있습니다. 중요한 업데이트나 활동에 대한 알림을 푸시 알림을 통해 전달하여 사용자들이 놓치지 않도록 도움을 줍니다. 구글 캘린더를 공유하고 알림 기능을 활용하면 쉽게 구현할 수 있습니다.

- **커뮤니티 가치 강조:** 커뮤니티에 참여하는 회원들의 경험 이야기를 강조하여 다양한 이야기를 통해 커뮤니티의 가치를 전달합니다. 초기 개설에 따른 스토리와 함께 쓰는 책 등은 중요한 요소입니다. 회원들에게 유용한 자료, 가이드를 제공하여 지식 공유와 학습을 촉진합니다. 콘텐츠에 가능한 멤버의 참여 기록을 포함해야 스토리에 생명력이 생깁니다.

- **데이터 기반 의사결정:** 사용자 활동 데이터를 분석하여 어떤 콘텐츠가 더 인기가 있고, 어떤 활동이 활발한지 등을 파악하여 전략을 조정합니다. 채널에 포함되어 있거나 쉽게 연결할 수 있는 서비스를 활용하기도 하고 불가능한 부분에 대해서는 구글 스프레드시트나 노션을 사용해서 협업을 통해서 데이터를 확보하고 공유하면 됩니다. 새로운 기능이나 디자인 변경 시 A/B 테스트를 활용하여 사용자들의 반응을 확인하고 최적의 디자인을 찾습니다. 멤버들은 참여하고 의견을 반영한 항목에 대해 높은 애착을 가집니다.

- **투명하고 개방적인 의사소통:** 사용자들과의 투명하고 개방적인 의사소통을 위해 커뮤니티 업데이트 및 로드맵을 주기적으로 공유합니다. 마인드맵 도구인 코글(coggle)이나 메모 앱 다이널리스트(Dynalist)만 사용해도 도움이 되며 단순히 구글 사이트 도구로 해당 페이지를 만들어도 됩니다. 사용자들의 피드백에 빠르게 응답하고, 개선 사항을 어떻게 반영했는지 설명하여 사용자들과의 신뢰를 구축합니다. 스태프가 많을 경우 @ 언급을 통해 알림으로 빠른 응답이 가능하도록 공개 서비스를 활용할 수 있으면 좋습니다.

- **커뮤니티 특화 기능 도입:** 온라인에서 현실감 있는 가상 이벤트와 모임을 개최하여 사용자들끼리 더 밀접하게 소통하도록 돕습니다. 적정 수준의 메타버스를 쓸 수도 있고 줌이나 구글 미트 등의 화상 회의만으로도 좋은 효과를 거둘 수 있습니다. 연말연시나 중요한 기념일에 이벤트나 게시글을 통해 서로 인사를 나누는 것도 좋은 방법입니다. 예산이나 기술이 허용되면 사용자들이 커뮤니티에서 더 쉽게 상호작용하고 소통할 수 있는 전용 기능을 도입할 수도 있습니다. 연계가 쉬운 외부 서비스를 엮어서 구현하는 것도 방법입니다.

- **사용자 경로의 간소화:** 사용자들이 콘텐츠에 쉽게 접근할 수 있도록 직관적인 내비게이션을 설계합니다. 채널이 많을 경우 허브 페이지를 두는 것이 바람직합니다. 허브 페이지가 있어도 주요 채널 사이를 오가는 것도 고려해서 업데이트해 두어야 합니다. 회원 가입 및 참여 과정을 단계적으로 나누어 사용자들이 부담감 없이 참여할 수 있도록 합니다.

이러한 다양한 방법을 종합적으로 활용하여 사용자들이 온라인 및 오프라인에서 커뮤니티에 더욱 깊게 참여하고 상호작용할 수 있도록 하는 것이 중요합니다. 계속해서 사용자 피드백을 수집하고 그에 따라 개선을 시도하여 지속적으로 커뮤니티의 활성화를 유도하는 것이 핵심입니다.

▽ 회원 활동 주기에 따른 맞춤 운영

커뮤니티에서 회원의 단계에 따른 맞춤 운영이 중요한 이유가 여러 가지 있습니다. 각 회원이 커뮤니티에 참여하는 초기 단계부터 활발하게 기여하는 단계, 원로에 이르기까지, 맞춤 운영은 회원들의 참여 동기와 단계를 이해하고, 그것에 맞게 지원하며, 커뮤니티 전체의 성장과 활동을 촉진하는 데 도움이 됩니다.

- **참여 동기에 대한 이해:** 회원들은 다양한 이유로 커뮤니티에 참여합니다. 초기에는 정보 수집, 지식 습득 등이 주된 이유일 수 있고, 시간이 지남에 따라 자신의 경험을 나누고 다른 회원들에게 도움을 주고자 할 것입니다. 이러한 참여 동기를 이해하면 맞춤 운영이 가능해집니다.

- **유지 및 활동 촉진:** 새로운 회원이 참여하는 초기 단계에서는 활동에 대한 동기 부여가 중요합니다. 맞춤 운영을 통해 초보자들에게 적절한 환영과 가이드를 제공하여 그들이 커뮤니티에 머무르도록 유도할 수 있습니다.

- **자원 분배의 효율성:** 모든 회원이 동일한 수준의 지원을 받을 필요는 없습니다. 경험이 풍부한 회원은 더 깊은 수준의 정보나 기술적인 지원을 필요로 할 것이고, 초보자는 단계별로 가이드를 받아 가며 참여하고 싶어 할 것입니다. 맞춤 운영을 통해 제한된 자원을 효율적으로 분배할 수 있습니다.

- **커뮤니티 내 부적절한 행동 방지:** 회원의 단계에 따라 맞춤 운영을 통해 부적절한 행동을 예방할 수 있습니다. 예를 들어, 새로 가입한 회원이 적절한 안내 없이 민감한 주제에 대한 논의를 시작할 수 있는데, 이를 맞춤 운영으로 사전에 방지하고 대응할 수 있습니다.

- **커뮤니티 내 활발한 상호작용 유도:** 각 회원 단계에 따라 맞춤 운영을 통해 활발한 상호작용을 유도할 수 있습니다. 예를 들어, 경험이 풍부한 회원들끼리의 전문적인 토론을 유도하고, 초보자에게는 친절한 질문과 답변을 장려하여 모두가 활동적으로 참여할 수 있도록 도울 수 있습니다.

▽ 예시

- **환영 메시지 및 가이드라인 제공:** 신규 회원들에게는 환영 메시지를 보내고 커뮤니티의 가이드라인과 사용법에 대한 안내를 제공합니다. 오픈 채팅에서는 방장 봇 기능을 활용하거나 페이스북의 주 단위 신입 멤버 환영 기능을 활용할 수 있습니다. 별도의 홈페이지나 다른 채널이 있거나, 신입이 바로 참여할 수 있는 챌린지가 있다면 소개해도 좋습니다.

- **초보자를 위한 교육 세션:** 초기 단계의 회원들을 대상으로 한 교육 세션을 개최하여 필수적인 정보와 사용 팁을 공유하고, 질문에 답해 주는 등 초보자의 참여를 도울 수 있습니다. 담당 조직이나 프로그램이 있다면 소개해도 좋습니다.

- **전문가 그룹과 워크숍 제공:** 높은 경험 수준의 회원들을 위한 전문가 그룹을 만들어 전문적인 토론과 정보 교류를 유도하고, 전문 워크숍을 개최하여 그들이 더 깊이 있는 지식을 공유하도록 도울 수 있습니다. 일정 수준 이상 참여자의 경우, 라이브 방송으로 진행되는 화상 프로그램에 패널로 참여하도록 유도합니다.

- **커뮤니티 콘텐츠 고려:** 커뮤니티 콘텐츠를 작성할 때, 다양한 수준의 회원들을 고려하여 초보자를 위한 입문적인 내용부터 전문가를 위한 깊은 내용까지 다양한 수준의 콘텐츠를 제공합니다. 분리된 게시판이나 페이스북 그룹의 가이드 기능을 활용하는 것도 좋습니다. 요즘은 노션 등 온라인 서비스를 부가적으로 활용하기도 합니다.

가치와 네트워킹으로 경쟁 넘어서기

고객과 함께 마케팅하기 – 컨슈머에서 팬슈머로

커뮤니티 구축하기

Step 1
브랜드 기본 구축
(마케팅 기획서를 바탕으로)

- 상품의 강점과 콘셉트 제시와 표현
- 함께 성장하는 콘셉트와 스토리
- 고객 맞춤형 채널 관리

Step 2
커뮤니티 구축

- 고객 맞춤 온라인 커뮤니티 개설
- 고객 및 멤버 초대

Step 3
커뮤니티 운영

- 토론 관리하기
- 이벤트 운영
- 회원 활동 주기별 관리 운영

💡 **핵심 포인트**

온라인 커뮤니티는 고객층과 특성에 맞는 채널을 선택합니다.
전체 숫자에 집착하지 않고, 고객 1명의 초대도 정성스럽게 진행합니다.
콘텐츠, 이벤트의 기획과 운영을 커뮤니티를 우선순위에 두고 운영합니다.

CHAPTER 7

SNS 마케팅에서
AI 활용하기

#Gemini #ChatGPT #ClovaX

AI는 다양한 사람들의 콘텐츠와 소통의 결과로 탄생했으며, 누구나 쉽게 사용할 수 있습니다. 유튜브나 구글에서 사용법을 찾아볼 수 있고, AI와의 상호 학습을 통해 진화합니다. 생성형 AI는 텍스트, 이미지, 음악 등 새로운 콘텐츠를 만들며, 이를 마케팅에 적극 활용해 더 나은 결과를 도출할 수 있습니다. 꾸준히 사용하고 학습하는 것이 중요합니다.

1 생성형 AI 서비스 비교와 활용 전략

AI(Artificial Intelligence) 활용이 두드러지는 분야 중 하나가 바로 디지털 마케팅입니다. 사용법은 카카오톡 대화와 다름이 없지만, 활용하는 사람의 전략에 따라서 결과물의 내용과 품질이 완전히 달라집니다.

• **AI는 모두가 함께 만든 것입니다.**

어느 뛰어난 개발자 혹은 회사가 단독으로 만든 것이 아닌, 다양한 형태로 사람들이 만들어낸 콘텐츠, 공유와 댓글 등으로 소통한 결과들이 있기에 탄생할 수 있었으며 이 모든 변화에는 우리가 함께 앞장서 왔습니다.

• **AI는 쉽게 사용할 수 있습니다.**

대부분의 AI 도구는 직관적으로 누구나 사용하기 편하게 만들어졌습니다. 유튜브나 구글에서 해당 도구를 검색하면 해당 분야의 전문가들이 사용법에 대해 친절하게 설명한 콘텐츠를 쉽게 얻을 수 있습니다.

• **AI와 상호 학습을 통해 함께 계속 진화합니다.**

AI를 통해 내놓은 결과물은 다시 AI로 학습되고, 다시 더 좋은 결과로 만들어집니다. 지금 이 순간부터 꾸준히 사용하는 것이 중요하다는 점은 SNS와도 많이 닮았습니다. 사람 또한 AI를 지속해서 활용하면서 학습하고 진화하여 더 나은 결과물을 함께 만들어 갑니다.

▽ 생성형 AI 서비스 비교

생성형 AI란 프롬프트(질문 및 요구)에 텍스트, 이미지, 음악, 오디오, 동영상과 같은 새로운 콘텐츠를 만드는 것을 의미합니다.

	Gemini	ChatGPT	ClovaX
주소	https://gemini.google.com/	https://chat.openai.com/	https://clova-x.naver.com/
제작사	구글	OpenAI	네이버
가격 정책	기본 무료 Pro 버전 유료	기본 무료 Pro 버전 유료	무료 (클로바 더빙 서비스 유료 버전 제공)
기능	질의응답, 텍스트 생성, 번역, 요약, 이미지 생성, 텍스트-음성 변환	질의응답, 텍스트 생성, 번역, 요약	– 질의응답, 텍스트 생성 – 클로바 노트: 음성 인식 텍스트 변환 – 클로바 더빙: 텍스트 음성 변환
장점	– 다양한 모드 지원(텍스트, 이미지, 음성) – 정보 전달 및 몰입도 향상 – 텍스트 – 음성 변환 기능	– 뛰어난 텍스트 생성 능력 – 다양한 창작 콘텐츠 제작 가능 – 자연스러운 대화 흐름	한국어 특화
약점 (사용 시 주의점)	– 이미지 생성 중지(2024년 3월 기준) – ChatGPT보다 후발 주자로 텍스트 생성시 톤앤매너 적용 부족	– 외부에서 사실 오류 검증 필요 – 데이터 편향 문제(비영어권 데이터 부족 가능성 높음)	학습 데이터 부족
마케팅 활용	– 비즈니스 분석 및 마케팅 전략 수립 – 창의적 콘텐츠 생성	– 고객 응대 답변 활용(SNS 댓글) – 블로그 포스팅	국내 생활과 밀접하며 활용성 높은 정보 제공

▽ 생성형 AI 활용 전략, 3A

생성형 AI는 채팅을 쓰는 것과 같이 프롬프트(질문 혹은 명령)를 입력하면, 적절한 대답을 내놓는 AI입니다. 결국 프롬프트를 잘 입력하는 것이 AI 활용의 핵심입니다. 그런 프롬프트를 입력하기 위한 전략은 다음과 같습니다.

- ## 첫 번째, 사실(Actuality)을 정확하게 알려 줍니다.

육하원칙으로 현재 상황과 요구사항을 구체적으로 사실을 알려주는 것은 AI 사용에서 매우 중요합니다. 처음부터 생각하기 어려우면 육하원칙에 의해 프롬프트를 구성합니다. 맥락 정보를 풍부하게 줄수록 좋은 답변을 얻을 수 있습니다.

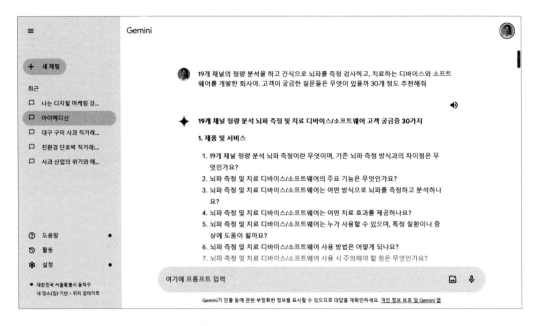

- ## 두 번째, 실행(Action)할 것을 질문합니다.

실행하지 않는다면 AI를 올바르게 학습시킬 수 없습니다. 구체적이고 좋은 질문은 실행을 전제로 했을 때 가능하며, 실행하여 콘텐츠로 생산되거나 마케팅 활동으로 구체화되었을 때 다음번의 프롬프트 실행에서도 좋은 답변을 얻어낼 수 있습니다.

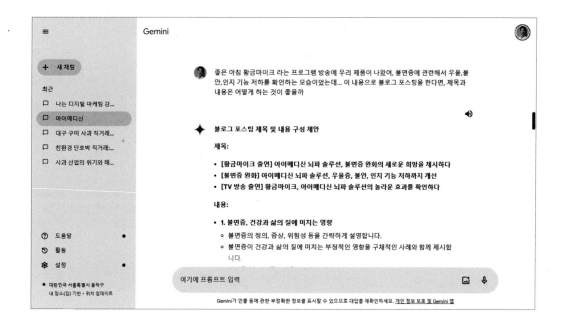

세 번째, 원하는 질문을 다시 질문, 요청(Ask Again)합니다.

답변을 얻었으나 마음에 들지 않는다면 정보를 더 알려 주거나 답변의 톤을 정해서 제한을 두는 방법 등으로 다시 질문합니다. 좀 더 원하는 답변을 얻을 수 있습니다.

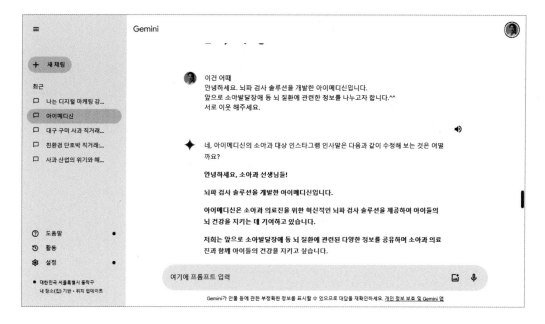

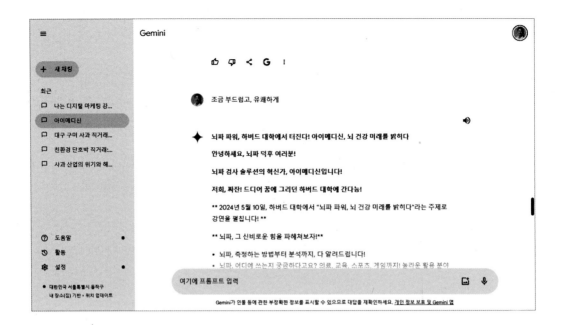

조금 부드럽고, 유쾌하게

뇌파 파워, 하버드 대학에서 터진다! 아이메디신, 뇌 건강 미래를 밝히다

안녕하세요, 뇌파 덕후 여러분!

뇌파 검사 솔루션의 혁신가, 아이메디신입니다!

저희, 짜잔! 드디어 꿈에 그리던 하버드 대학에 간다능!

** 2024년 5월 10일, 하버드 대학에서 "뇌파 파워, 뇌 건강 미래를 밝히다"라는 주제로 강연을 펼칩니다! **

** 뇌파, 그 신비로운 힘을 파헤쳐보자! **

- 뇌파, 측정하는 방법부터 분석까지, 다 알려드립니다!
- 뇌파, 어디에 쓰는지 궁금하다고요? 의료, 교육, 스포츠, 게임까지! 놀라운 활용 분야

여기에 프롬프트 입력

Gemini가 인물 등에 관한 부정확한 정보를 표시할 수 있으므로 대답을 재확인하세요. 개인 정보 보호 및 Gemini 앱

2 생성형 AI 서비스의 마케팅 활용

❤ ◯ ▽   ⬚

지금까지 간단하게 생성형 AI 종류와 활용 방법을 알아보았다면, 이제 이 생성형 AI 서비스를 마케팅에 직접 활용하는 방법을 살펴봅니다. 앞에서 이야기했듯이 생성형 AI 서비스는 상호 학습을 통해 더 나은 결과를 도출하는 것이 가능하므로 적극적으로 활용하여 도움을 받도록 합니다.

▽ 생성형 AI의 마케팅적 활용 제안

콘텐츠를 바로 제작하기 위하여 AI를 활용할 수도 있지만, 상호 학습이 중요한 AI의 활용에서 다음과 같은 순서로 진행했을 때 상호 학습이 효과적으로 일어납니다.

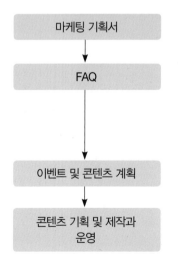

마케팅 기획서	• 고객을 정의/시장 조사/검증
↓	
FAQ	• 고객에 대한 구체적인 학습 • 고객이 겪는 문제 정의 • 상품의 강점, 약점 등 가치 정의 • 톤앤매너 정의와 학습
↓	
이벤트 및 콘텐츠 계획	• 실행의 구체화
↓	
콘텐츠 기획 및 제작과 운영	• 실행과 결과물 도출 • 반복 학습 • 댓글과 답글 등 상호작용

▽ 생성형 AI의 마케팅적 활용 순서

1. 마케팅 기획서의 항목을 AI에게 질문하고 검증하여 정의합니다.

마케팅 기획서의 항목을 하나하나 질문하며 도움을 받습니다. 데이터의 최신성에서는 아직 검색 엔진과 책에 소개된 빅데이터 사이트가 확실하니, AI의 답변과 함께 검증하며 마케팅 기획서를 작성해 보기 바랍니다.

2. FAQ를 통해 고객, 상품에 대해 구체적인 학습을 합니다.

FAQ는 고객에 대해 학습하는 좋은 기회입니다. 고객은 누구인지, 상품을 구매하기 전, 구매 후의 문제들에 대해서 정의할 수 있습니다. FAQ의 답변을 정리하면서 우리 상품의 강점, 약점, 그리고 고객이 느끼는 상품의 가치를 정의하고 표현하는 과정을 거칠 수 있습니다. 이때 가장 많은 상호 학습이 됩니다.

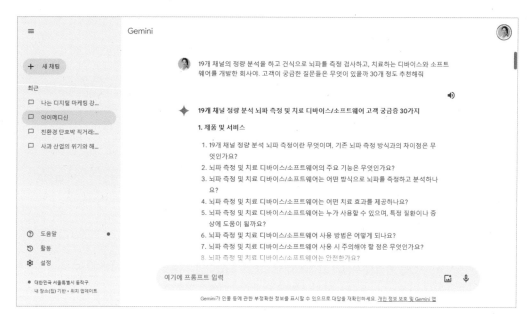

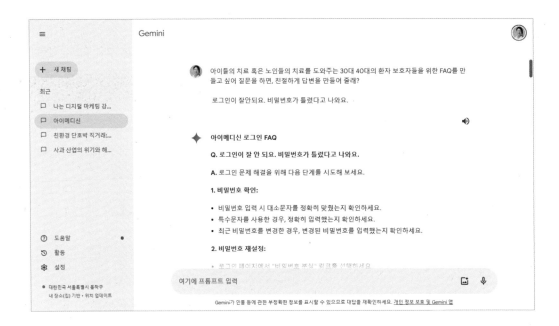

3. 이벤트 및 콘텐츠 계획을 통해 실행을 구체화합니다.

시장 조사와 FAQ를 통해서 시장과 고객에 대해 학습이 되었다면, 이벤트 계획과 실행에서도 AI의 도움을 받아 봅니다. 이벤트 기획에 어려움을 느낄 때 실행을 위한 아이디어를 얻을 수 있습니다.

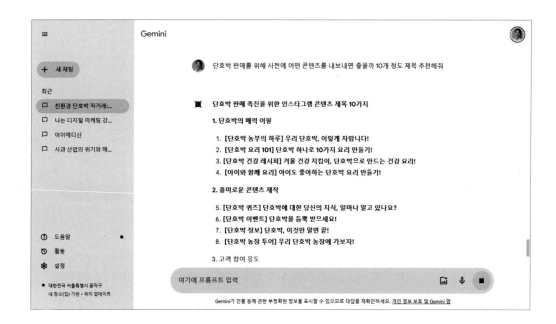

4. 콘텐츠 기획 및 제작을 통해 결과물을 만들고 반복 학습합니다.

위에서 학습된 내용으로 콘텐츠를 제작하고, 반복 학습을 하며 품질을 높여 나갑니다. 또한 예민한 답변일 경우 실수하지 않도록 AI의 도움을 받아서 답변합니다.

🔖 **한 걸음 더** 생성 결과 검증하기

생성형 AI의 학습 데이터는 실시간 검증이 되지 않습니다. 따라서 최신 정보는 검색을 통해서 항상 검증해야 합니다. ChatGPT 는 확장 프로그램을 통해, Gemini는 서비스 내의 ⓖ 검증 버튼을 통해서 검증합니다.

크롬 웹스토어(http://chromewebstore.google.com)에서 GPT로 검색한 후 아래 ChatGPT Sidebar & GPT-4 Vision Gemini AITOPIA를 설치하면 브라우저를 벗어나지 않고도 간편하게 검색 결과 화면 사이드에서 AI를 사용할 수 있습니다.

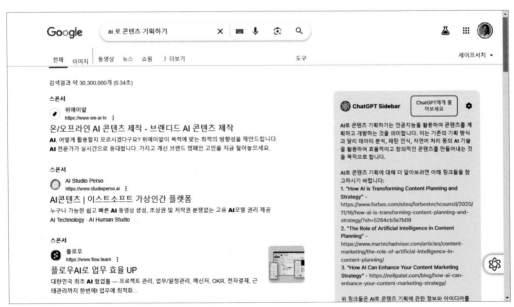

Gemini의 경우 답변의 맨 하단의 [G] 아이콘을 클릭하면 [대답 재확인] 기능을 통해서 데이터 검증을 합니다.

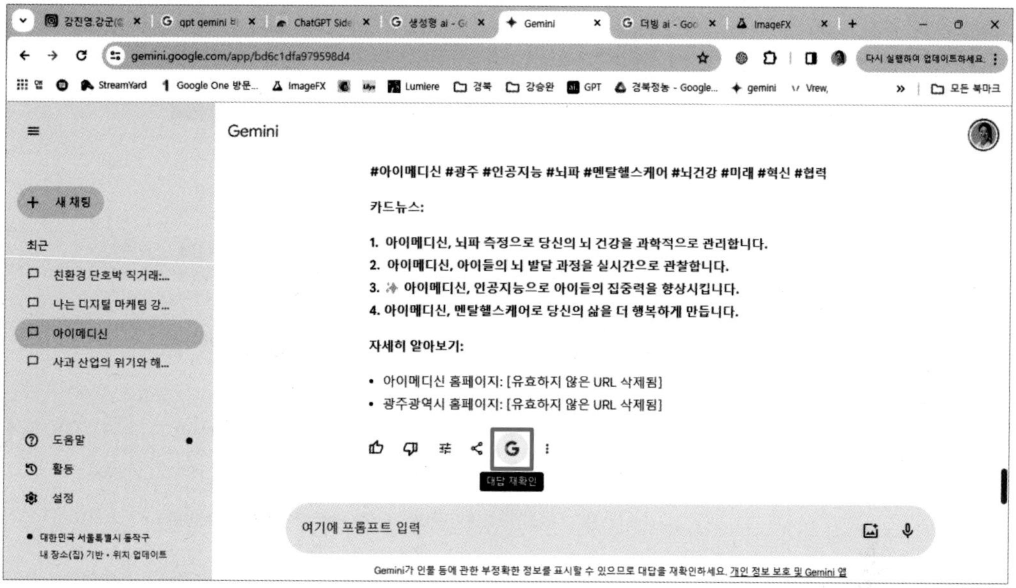

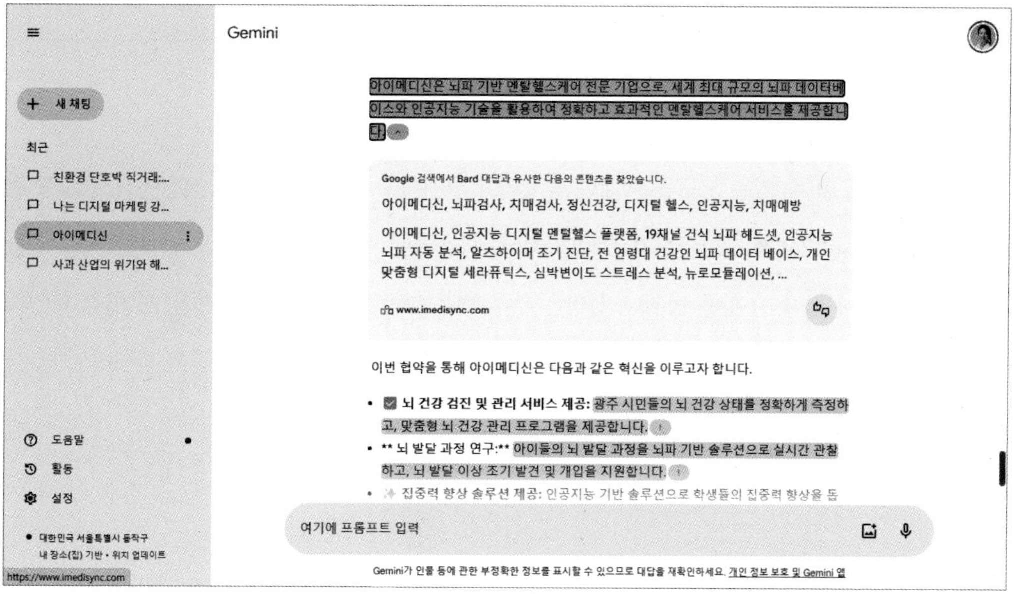

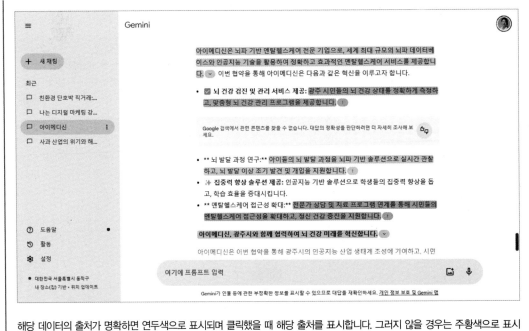

해당 데이터의 출처가 명확하면 연두색으로 표시되며 클릭했을 때 해당 출처를 표시합니다. 그러지 않을 경우는 주황색으로 표시됩니다.

▽ 마케팅에 활용할 수 있는 다양한 AI 도구

SNS 마케팅에 활용할 수 있는 도구들은 계속 출시되고 발전하고 있습니다. 현재 시점에서 무료로 활용할 수 있는 범위가 넓으면서도 한글화가 잘되어 있고, 사용법에 대해서 유튜브에도 풍부한 자료가 있는 도구를 몇 가지 추천합니다. 활용 범위나 설명은 추후 변동 가능성이 있으므로, 이용 시 미리 확인하여 바뀐 내용이 있다면 숙지하는 것이 좋습니다. 자세한 사용법은 유튜브나 구글을 통해 검색하면 더 다양한 자료를 볼 수 있습니다.

서비스 내용	주소	활용 범위	설명
FAQ 생성기	https://aitdk.com/ko/ai-faq-generator/	– FAQ 간단 초안 작성 – 상품 상세 페이지 내의 자주 묻는 질문 – 인스타그램 페이스북의 자주 묻는 질문	간단한 키워드로 5개에서 10개 정도의 간단한 AI를 생성
이미지 생성	Bing의 Microsoft Copilot	– 카드 뉴스 활용 – 영상 속 이미지 – 콘텐츠의 배경 이미지	Bing으로 접속한 후 코파일럿 서비스를 선택하여 마이크로소프트에서 제공하는 AI와 함께 사용 가능
동영상 자막과 비디오 편집	https://vrew.ai/ko/	– 영상과 음성 파일 합성 – 쇼츠 및 영상 편집 – 강의 및 사용법 등 음성 중심의 동영상 제작	– 음성을 인식하여 자막을 자동 생성. 이 자막을 중심으로 영상 편집을 할 수 있어 초보자도 편하게 영상 편집 가능 – 한국어뿐 아니라 영어, 일본어, 스페인어, 중국어 등 가능 – 네이버 클로바 보이스도 제공되어 더빙 작업 가능
더빙	http://clovadubbing.naver.com	– 정확한 발음이 필요한 콘텐츠 – 상품 설명 혹은 사용법 – 이 외에 다양한 사례는 홈페이지에 소개	– 텍스트를 입력하면 다양한 음성 캐릭터 지정 후 더빙 사용 – 출처를 표기하면 한 달에 20개, 1개 파일당 15,000자 이내의 한해서 무료 제작 가능
음성 노트	https://clovanote.naver.com/	– 음성 파일의 요약 – 상담, 강의, 인터뷰 녹음 및 기록	– 음성을 인식하여, 텍스트로 변환. 음성의 차이를 인식하여 참여자를 나누는 것이 가능 – 요약과 필요한 구간으로 이동 등 음성과 관련된 유용한 기능이 많음
유튜브 영상 요약	https://lilys.ai/	– 유튜브 영상 설명, 타임라인 구성 – 유튜브 영상을 블로그로 포스팅 시	유튜브 영상의 URL을 입력하면 영상을 요약 정리해 주는 AI

SNS 마케팅에서의 AI 활용
마케팅 직원을 고용하는 것과 같은 효과를 누리기

AI와 상호 학습하기

Step 1
생성형 AI
기초 학습시키기

- 마케팅 기획서를 생성형 AI와 함께하기
- FAQ를 통해 고객과 상품에 대한 학습시키기

Step 2
마케팅에
활용하기

- 이벤트 및 콘텐츠 계획 구체화
- 다양한 AI를 통한 마케팅 실행

💡 **핵심 포인트**

- 생성형 AI의 결과 데이터는 반드시 검증을 통하여 활용합니다.
- 구체적이고 반복된 활용은 직원을 고용하여 학습시키는 것과 같습니다. 시간이 지날수록 완성도 높은 결과를 가져옵니다.
- 지금부터 바로 사용하여 AI의 발전과 함께 비즈니스의 성장을 도모하도록 합니다.

진솔한 서평을 올려 주세요!

이 책 또는 이미 읽은 제이펍의 책이 있다면, 장단점을 잘 보여주는 솔직한 서평을 올려 주세요.
매월 최대 5건의 우수 서평을 선별하여 원하는 제이펍 도서를 1권씩 드립니다!

- 서평 이벤트 참여 방법
  - ❶ 제이펍 책을 읽고 자신의 블로그나 SNS, 각 인터넷 서점 리뷰란에 서평을 올린다.
  - ❷ 서평이 작성된 URL과 함께 review@jpub.kr로 메일을 보내 응모한다.

- 서평 당선자 발표
  매월 첫째 주 제이펍 홈페이지(www.jpub.kr)에 공지하고, 해당 당선자에게는 메일로 연락을 드립니다.
  단, 서평단에 선정되어 작성한 서평은 응모 대상에서 제외합니다.

독자 여러분의 응원과 채찍질을 받아 더 나은 책을 만들 수 있도록 도와주시기 바랍니다.